Nicht ungeschoren davonkommen

Das Buch

Die Forschung über den Zweiten Weltkrieg behandelt den deutschen Mann in Uniform als ein geschlechtsloses Wesen. Daß aber Soldaten zu allen Zeiten und in allen Kriegen im Ausland Liebschaften hatten, sich verlobten und nicht selten heirateten, scheint aus unserem Bewußtsein gänzlich verschwunden zu sein. Vergessen und verdrängt worden ist die »horizontale Kollaboration«. Vergessen worden sind Verfolgungen und die drakonischen, ungerechtfertigten und unmenschlichen Strafen, die Soldatengeliebte nach dem Ende des Zweiten Weltkrieges zu erleiden hatten.

Ebba Drolshagen bekämpft mit diesem Buch auf beeindruckende Weise das Klischee der »Deutschenmädchen«, indem sie nach den wirklichen Lebensumständen jener Zeit fragt. Sie hat das Schicksal dieser Frauen erforscht, ihre Motive, ihr Leben nach der Besatzung und die Reaktionen der restlichen Bevölkerung. Sie hat die Wirklichkeit der Soldatengeliebten und ihrer Kinder umfassend dokumentiert und sie so uns allen wieder ins Gedächtnis zurückgerufen.

Die Autorin

Ebba D. Drolshagen, 1948 geboren, wuchs in Deutschland und Norwegen auf. Sie hat Linguistik studiert und lebt heute als Autorin und Übersetzerin in Frankfurt am Main.

Ebba D. Drolshagen

Nicht ungeschoren davonkommen

Die Geliebten der Wehrmachtssoldaten im besetzten Europa

Propyläen Taschenbuch

Propyläen Taschenbuch 2000
erscheint in der Econ Ullstein List Verlag GmbH & Co. KG, München

Umschlagkonzept u. -gestaltung: Morian & Bayer-Eynck
Titelabbildung: © Noak/Nystrøm
Abbildung im Innenteil: Robert Capa/Magnum/Focus
Druck und Bindearbeiten: Ebner Ulm
Printed in Germany
ISBN 3-612-26709-4

Wir stehen also vor einem ersten Problem: daß nämlich der Versuch des Erhellens nicht zum Verrat oder sogar zur Verdunklung gerät. Das Wort »erhellen« kann übrigens zu einer gefährlichen Falle werden, wenn man glaubt, man könne einfach in alles Licht bringen. Ich glaube, das Erhellen bringt zwar Licht ins Dunkel, enthüllt aber auch, was dem Licht widersteht, deckt einen dunklen Grund auf.

Edgar Morin

Viele haben mir auf die eine oder andere Weise geholfen, dieses Buch zu schreiben.
Ich danke allen, besonders:

Den Frauen und Männern, die mir ihre Geschichte erzählt haben und ungenannt bleiben möchten, sowie

Rut Brandt
Bärbel Buchwald
Dag Ellingsen
Jan Olav Flatmark
Birgit Jochens
Bernd Leineweber
Kåre Olsen
Ernestine von der Osten
Luise Pusch
Micheline Rampe
Brigitte Rauch-Linder
Klaus Theweleit
Klaus Wagenbach
Anette Warring
Theresa Wobbe
und
Christoph Hennig

Aus stilistischen Gründen spreche ich verkürzt von »Soldaten der Wehrmacht«, »deutschen Soldaten« oder »Wehrmachtsangehörigen«, ich meine aber »Angehörige der Wehrmacht und der SS- und Polizeiverbände«, es sei denn, ich sage explizit etwas anderes.

Quantifizierungen wie »viele«, »manche«, Angaben wie »selten«, »häufig«, »immer« geben den Eindruck wieder, den ich durch meine Recherche und die Interviews bekommen habe.

Ich sehe mein Buch als einen Beitrag zur Entschleierung von »Geschichtsmythen«, zu denen auch das einseitige, unzutreffend idealisierte Bild gehört, das in den besetzten Ländern nach Kriegsende über das Verhalten der Bevölkerung und der Widerstandskämpfer verbreitet wurde. Wenn ich über die andere, die bislang meist vertuschte Seite der Besatzungszeit spreche, dann geschieht dies weder in der Absicht, die Haltungen, den Einsatz und den Mut der Patrioten und Widerstandskämpfer in den besetzten Ländern zu bagatellisieren oder gar lächerlich zu machen, noch liegt mir daran, diese Menschen abzuwerten, um dadurch das gängige Bild der Freundinnen der Wehrmachtssoldaten aufzuwerten.

Vorwort

Ebba Drolshagens Buch zu den *geschorenen Frauen* setzt ein mit der Betrachtung einer Reihe von Fotos, weltberühmt, die »wir alle« irgendwann einmal »gesehen« haben, flüchtig oder mit Schrecken im Auge, gestreift vielleicht nur, kurz aufgenommen und dann weggestellt irgendwo, abgespeichert – geisternde Bilder von Frauen mit geschorenen Schädeln, Schrecken im Gesicht. Diese Fotos funktionierten gegen Ende des 2. Weltkriegs und kurz danach als weltweites Zeichen eines Triumphs: komprimierte Siglen der mit jedem Tag sicherer werdenden Niederlage der Nazi-Deutschen seit der Landung der Alliierten in der Normandie im Juli 1944 (– obwohl das Mittel des Scherens selber viel älter ist). Die Fotos zeigen Frauen aus Ländern, die von den Deutschen besetzt gewesen waren, Frauen, die mit den deutschen Soldaten oder Offizieren angeblich oder wirklich kollaboriert hatten, und zwar in jener Art und Weise, die der normale Sprachgebrauch grob unter dem Namen »horizontale Kollaboration« verbucht. Die Fotos zeigen die Bestrafung dieser Frauen durch die Befreiten, die Schur als Brandmarkung für die gehabten Lüste von »Sexualität mit dem Feind«, sie waren für ihre Urheber Bilder eines Sieges und einer gelungenen Rache, Bilder einer *Wiedergutmachung* also. Für Ebba Drolshagen sind sie emblematische Darstellungen eines Unrechts, Unrechts, das diesen Frauen geschehen ist nicht nur in jenem Moment, sondern in all den Jahren seither und in vielen Fällen bis jetzt.

Das erste Unrecht: nicht des Nazis selber hatte man habhaft werden können, als er hastig floh vor den heranrückenden

Alliierten, – aber der Frauen, auf denen seine Hand gelegen hatte, und sie hatten es zugelassen. »Gewisse Frauen« bekamen es ab – ein nicht ganz unbekannter Zug der Gerechtigkeitsherstellung in der Psyche geschlagener Nationen, die sich, befreit, strahlend und moralisch sauber, erheben aus dem Staub der Niederlagen. Die historische Niederlage wird, retrospektiv, auf »der Frau« abgeheftet, auf der nicht genügend widerstandswilligen Frau. In den Geschorenen wird dieser Vorwurf zum Denkmal, in ihm *reinigt* sich der Rest vom Vorwurf des nicht (genügend) geleisteten Widerstands. Auf diese Weise gingen die Bilder ein in den Bestand der emotionalen Haushalte der verschiedenen Länder.

Da dies so klar und sicher sich vollzog wie ein Naturgesetz, wurde nicht erst viel gefragt nach den wirklichen Lebensumständen dieser Frauen, nach der Art ihrer Beziehungen zu den deutschen Soldaten, etwa nach deren politischer Relevanz für Fragen der Kriegführung. Ihre »Schuld«, die – ein funktionierendes Rechtssystem vorausgesetzt – immer erst einmal hätte festgestellt werden müssen, stand fest von vornherein; sonst hätte der *Reinigungsprozeß*, als der ihre öffentliche Scherung angelegt war, nicht ablaufen können. Die Schuld dieser Frauen galt, in welchen Ländern immer, als ausgemacht, sie stand in den Zeitungen, sie war in den Mündern der Kämpfer des jeweiligen Widerstands, sie war in den Mündern der jeweils neuen Herrschaft, die, in beinah jedem Land, so *rein* war, wie kaum eine Herrschaft zuvor, folgte sie doch auf den Naziterror, auf den *Nazidreck*, als autorisierte neue Sauberkeit selbst.

Das fixierte Bild der Geschorenen hat, wie alle Frauenbilder, die im politischen oder religiös Öffentlichen eingesetzt werden, allerdings eine Rückseite, eine überraschende sogar, historisch wie aktuell: sie zeigt das strahlende Bild einer Heldin, exakt: der *Retterin*.

Das Mädchen & der Fremde … das Mädchen & der fremde Soldat … dies ist eine uralte Geschichte, oft dargestellt. Nie hing ihre Darstellungsart dabei ab von der tatsächlichen Art der Beziehungen zwischen diesen beiden. Sie hing vielmehr ab vom Ausgang der jeweiligen kriegerischen oder kolonialistischen Unternehmung, in deren Rahmen sie geschah. Anders: sie figurierte immer im Rang eines *Staatsakts*. Staatsakte sind Angelegenheiten von Geschichtsschreibung; und Geschichtsschreibung ist bekanntlich eine Angelegenheit der Sieger. »Das Mädchen«, das »den Soldaten« berührt, bewegt sich in ihrem Visier; bewegt sich im Feld öffentlich-staatlich codierter Weiblichkeit, bewegt sich im Feld von Mythen & Ikonen.

Das historisch älteste Kolonialunternehmen – die älteste Mythe – unserer ›abendländischen‹ Geschichte, die erste große Seefahrt, *handelt* von einem Mädchen und dem (fremden) Soldaten. Es sind Jason und Medea am Strand von Kolchis, ca. 1000 Jahre vor unserer Zeit. Jason, der Seefahrer und Eroberer, auf der Suche nach dem Gold der Fremde, das hier *Goldenes Vließ* heißt, gewinnt dieses Gold und seinen Krieg durch die Hilfe der jungen Königstochter Medea, die sich in ihn verliebt am Schwarzmeerstrand – es sind fast immer Mädchen so um die zwölf herum und Königstöchter, die in dieser Rolle erscheinen in den Epen und Historiographien. Zwölf: das heißt, im Heiratsalter, dem Moment, in dem sie eintreten in die Vater-Ökonomie; als *Königs*tochter vertreten sie das Land, repräsentieren es mit ihrem Körper, der sich dem Fremdling hingibt, wissend: dies ist – in den Augen des Vaters und des Vaterlands – Verrat.

Verrat auch ihrem eigenen Gefühl nach: Medea ist *zerrissen* in dem, was sie tut. Eine sehr eingehende Darstellung ihrer Zerrissenheit liefert uns einer ihrer späten Bewunderer; Ovid, am Anfang unserer Zeitrechnung, im Siebten Buch der *Metamorphosen*. Jason, der frisch gelandete Fremde, der das *Vließ* fordert, der Feind ihres Vaters, des Königs Äetes, »zündet gewaltige Glut in der Brust der äetischen Jungfrau«, schreibt Ovid. Sorgfältig entwickelt er die Verwandlung seiner Medea in eine Kollaborateurin. Ihr Verstand sagt ihr, sie sei dabei, einen Fehler zu machen. Sie sträubt sich gegen die Glut, das Fieber, das sie in sich spürt, es macht sie unfrei. Ovid:

Nachdem sie lange mit sich gerungen hat und die rasende Leidenschaft durch Vernunft nicht überwinden konnte, sprach sie: »Vergeblich, Medea, leistest du Widerstand: Irgendein Gott stellt sich dir entgegen, und es sollte mich wundern, wenn es nicht dies ist – oder etwas Ähnliches – was man Liebe nennt. (...) Warum habe ich Angst, er, den ich eben erst gesehen habe, könnte umkommen? Warum ist meine Furcht so groß? Schüttle die Flammen ab, die deine jungfräuliche Brust ergriffen haben, wenn du kannst, Unselige!

Und sie antwortet sich:

Wenn ich's könnte, wär ich gesünder.« (...).

Was verzehrst du dich in Liebe zu einem Ausländer, Königstochter? (...) Auch unser Land kann dir einen Gegenstand für deine Liebe bieten. (...) Wen kann er nicht, selbst wenn ihm alles andere fehlte, durch sein Aussehen rühren? Mein Herz hat er ganz gewiß gerührt. (...) Soll ich also das Reich des Vaters verraten?

Sie sagt sich, sie *solle* das nicht, aber sie tut es. Das Wort »Verrat« fällt bei Ovid, und es fällt das Wort vom »Hergelaufenen« für den Fremdling Jason. Diesem hilft sie, halb wider Willen, mit ihren Zauberkräften gegen den Vater. Und Ovid fühlt mit ihr: denn in der Tat, fügt er ein, war Jason »an jenem Tag besonders schön«.

Sie flieht mit ihm, sie heiraten unterwegs, der Vater verfolgt sie mit seinen Schiffen, sie entkommen nur knapp und mit Hilfe anderer anwohnender Schwarzmeervölker.

Hätte der Vater sie eingeholt, hätten wir Medea als erste der Geschorenen, am Strand des Schwarzen Meers, 1000 Jahre v.u.Z.; aber die Griechen siegen in dieser Kolonisierungsgeschichte; die Schriften zeigen uns Medea als Retterin und Frau des Helden, 2 Knaben entspringen der Verbindung. Erst später ergeht es Medea (der Asiatin, der Barbarin) dann übel im weißrassis(tis)chen Griechenland.

1500 Jahre später, zu Beginn unserer »Neuzeit«, um 1520 und um 1600, in der frühen Kolonisierungsgeschichte der beiden

Amerikas, sehen wir die Aztekin La Malinche und die Algonkin-Frau Pocahontas, die den jeweiligen Eroberern, den Spaniern und Engländern, in entscheidenden Gefahrensituationen beistehen und ihren Männern, Hernán Cortés bzw. John Smith und John Rolfe »in Liebe ergeben« sind; sie wechseln das Land, sie wechseln die Religion, sie heiraten Angehörige des Eroberervolks.

Pocahontas, die in Hunderten von Romanen, Bühnenstücken, Gedichten, Liedern, Gemälden und Filmen gefeierte *Retterin* der ersten Siedler von Jamestown, und die öffentlich geschorene norwegische Verräterin, die mit einem deutschen Soldaten ging, sind ein- und dieselbe Frau unter den Bedingungen der je verschiedenen Sieger. Siegt der Besatzer/der Kolonist, wird die Frau der Besiegten, die ihre Kultur verließ und ihm zuerst *die Gaben* brachte – Nahrung, Hilfe, ihren Körper – zur Heldin des *Neuen Bunds*, zur Mutter des Siegs und der Neuen Nation. Siegt der Besatzer/der Kolonist nicht, wird er vertrieben, ist sie jene, die »das Land« – durch ihren Körper – dem Feind übergab, ist sie eine Verräterin, hat sie sich schuldig gemacht der schmutzigsten Kollaboration.

La Malinche/Doña Marina: *her heart belonged to Cortés,* wird ihr Biograph Salvador de Madariaga schreiben … Urmutter aller Mexikanerinnen … die Mutter von *»la raaaaza!«* … so auch für eine starke feministische Fraktion von Chicanas … stattlich gemalt von Diego Rivera in Mexico City … Verräterin für andere Fraktionen … furchtbare Medea ihres Volks … Schauen Sie ins Internet! Da wird der Fall täglich verhandelt, wie auch der der »Urmutter Pocahontas« … »Verräterin«, »Überläuferin«, oder »Mother of us all« …

Geschoren wurden sie, zu ihrer Zeit, nicht, besonders La Malinche/Doña Marina, nicht. Sie heiratet drei spanische Männer im Lauf ihres Lebens, Besatzungssoldaten, und überlebt alle drei. Cortés schätzt sie vor allen Frauen ihres Landes … sie dolmetscht für ihn … er macht ihr ein Kind … aztekische Scherer treten nicht in Aktion … ihnen fehlt ein gewonnener Krieg …

Natürlich hätten wir die Filme, Songs und Romane mit norwegischen, französischen, serbischen *La Malinches* im Falle eines Nazi-Siegs ... mit *der Frau*, die am wirkungsvollsten »den Deutschen« an entscheidender Stelle half; ein deutscher Sieg in Frankreich hätte eine »Jeanne d'Arc«-Figur erzeugt, die durch ihren kühnen Einsatz die deutsche Besatzung vor dem finstersten Fiasko bewahrte – eine Frau aus Spionagezusammenhängen, aus dem Nachrichtenwesen vorzugsweise: Jeanne Pocahontas, im Kino gespielt von *Arletty*, die den entscheidenden Funkspruch abfängt oder den ultimativen Entschlüsselungs-Code beibringt – auf dem Hintergrund der Liebe zu einem deutschen Offizier, einem »Harald Schmidt« in lachender Uniform.

... jetzt hatten wir, statt dessen, »die strafende Gerechtigkeit des befreiten Volkes« ...???

Vor mir liegt ein Text aus Frankreich von 1972, eine Diskussion zwischen Michel Foucault und einer Gruppe französischer Maoisten, vertreten durch ihren Sprecher »Victor«.[1] Foucault, der profilierte Kritiker des bürgerlichen Justizapparats und der Aktivist Victor verhandeln die Idee bzw. die Notwendigkeit der sog. *Volksjustiz*. Die beiden sind sich einig, daß übliche institutionelle Gerichte in Fragen der Beleidigung des Volkes, wie etwa der Kollaboration mit dem Feind und des damit verbundenen »Verrats«, nicht zuständig sein können für Prozeß und Verurteilung: vorm bürgerlichen Gericht würden die schlimmsten politischen Schurken erfahrungsgemäß freigesprochen. Selbst ist also das Volk im Moment der spontanen Zornes-Entladung, es schnappt sich die Täter und urteilt und richtet selber, und richtet richtig, aus dem Gerechtigkeitsgefühl der Tilgung von geschehenem Unrecht. Einig sind sich beide aber auch darin, daß es im Eifer des gerechten Vollzugs zu gewissen Ungerechtigkeiten kommen kann. So können etwa geschickte Demagogen die Situation dazu ausnutzen, mißliebige Konkurrenten zu beseitigen; private Rechnungen zu begleichen unterm Siegel der Volksjustiz, oder nachbarliche und auch eheliche Querelen austragen. Wie ist dem entgegenzusteuern? Der Maoist Victor empfiehlt die Form von Tribunalen, unter der Leitung von Parteileuten, die die auftretenden »Fehler der Massen« erkennen und korrigieren würden. Victor wird konkret:

Zur Zeit der Befreiung (1944) gab es verschiedene Aktionen der Volksjustiz. Ich nehme absichtlich eine zweideutige Aktion der Volksjustiz (...) Ich spreche von den Mädchen, denen man den Kopf kahlgeschoren hat, weil sie mit den »Boches« geschlafen hatten. (...) In der Tat ist der Handel mit dem »Boche«, im fleischlichsten Sinn des Wortes, etwas, das den Patriotismus verletzt; es handelt sich da wirklich um einen physischen und moralischen Schaden, der dem Volk angetan wird. Und doch ist es eine zweideutige Aktion der Volksjustiz. Warum? Ganz einfach weil die weiblichen Kollaborateure, die wirklichen Verräter unbehelligt blieben, während man das Volk damit ablenkte, diesen Frauen den Kopf zu scheren. Man hat es also zugelassen, daß diese Aktionen der Volksjustiz vom Feind manipuliert wurden, nicht von dem alten Feind, der Nazi-Besatzung, die militärisch einer Niederlage entgegenging, sondern von dem neuen Feind, das heißt, der französischen Bourgeoisie.«

»Welche Lehre«, fragt Victor, ist aus solchen Fehlgriffen zu ziehen? Antwort: *Keinesfalls die, daß die Massenbewegung unreflektiert handelt, denn schließlich gab es ja einen Grund für die Bestrafung dieser Mädchen, die mit deutschen Offizieren geschlafen hatten.*

Für Victor passieren Fehler in der Verurteilung vor allem, wenn die verurteilende Masse nicht unterm Kollektiv einer Partei steht, der »richtigen« Partei, die ein Tribunal abhält. Ein solches hätte erkannt, daß die Frauen mit sexuellen Kontakten zu den Deutschen Kollaborateurinnen zweiten oder dritten Grades nur wären. Ungleich wichtiger wäre die Bestrafung der *wirklichen*, der politischen Kollaborateurinnen mit (scheinbar) sauberer Weste, der Vichy-Frauen aus der bürgerlichen Führungsschicht gewesen.

Foucault widerspricht feurig. Nicht wegen der zu Bestrafenden, sondern wegen der Form des *Tribunals*. Für ihn enthalten Tribunale alle wesentlichen Formelemente der bürgerlichen Gerichte; dem ist unmöglich zu entkommen. Foucault:

Um auf dein vorheriges Beispiel zurückzukommen. Wenn die Leute sich auf die Frauen gestürzt haben, um ihnen den Kopf kahlzuscheren, so deshalb, weil man den Massen die Kollaborateure vorenthalten hat, die ihre natürlichen Feinde gewesen wären und auf die man die Volksjustiz angewendet hätte. Man hat sie ihnen vorenthalten mit dem Argument: »Oh, die sind zu schuldig, wir werden sie vor ein Gericht stellen«; man hat sie ins Gefängnis gesteckt und sie vor ein Gericht gebracht, das sie natürlich freigesprochen hat. In diesem Fall hat das Tribunal eine Alibirolle gegenüber den Aktionen der Volksjustiz gespielt.« (...)

Die Massen werden eine Art und Weise finden, mit ihren Feinden abzurechnen, mit denen, die ihnen individuell oder kollektiv Schaden angetan haben; sie werden Methoden des Gegenschlags finden, die von der Bestrafung bis zur Umerziehung gehen, die Form des Tribunals aber muß in unserer Gesellschaft (...) vermieden werden.

Dieser Wortwechsel umreißt die Diskussionslage in wünschenswerter Klarheit. Beiden geht es allein um die Verurteilungs- und Bestrafungsform. Daß die Frauen, über die hier in der denkbar abstraktesten Form zu Gericht gesessen wird, *den Patriotismus verletzt* und dem »Volk« – wer immer das sei – einen *physischen und moralischen Schaden* tatsächlich zugefügt haben, daß »dem Volk« also etwas *angetan* worden ist, steht nicht in Frage. So schreitet »das Volk« – wer immer das sei – spontan zur Justiz und vollzieht seinen »Racheakt«, so möchte es Foucault. Oder: ein Tribunal hält seine Sitzung ab – diesmal das der Revolution oder der Befreiung – und fällt seinen Spruch, so wünscht es sich Victor.[2] Alle beide bemerken nicht, daß die *Schuld* der Frauen, die sie als Beispiels-Objekte zum Austragen ihrer Meinungsverschiedenheit gewählt haben, auch von ihnen als feststehende Tatsache genommen wird. Die Schuld wird so wenig debattiert wie der Vorgang, mit dem sich Gruppen von Menschen zum »Richter« machen in solchen Abläufen und zum »Vollstrecker« der »Urteile« gleich dazu. Wollte man, *bei klarem Verstand,* diese historisch so schwer erkämpfte Gewaltentrennung unter den Tisch kehren bei der Verwerfung der Verfahrensweisen der bürgerlichen Justiz? Es handelt sich nicht etwa um Kleinigkeiten: für Frankreich sind ca. 10000 Fälle von

»Volksjustiz« verschiedenster Art für die ersten Monate nach der Befreiung von der deutschen Besatzung aktenkundig, die Dunkelziffer ist riesig; man schätzt die Zahl der Fälle auf etwa hunderttausend.

Die beiden Herren *sind* tatsächlich nicht bei Verstand. Wie es so oft geht, wenn ein »Victor« und ein »Michel« sich die Welt argumentatorisch untereinander aufteilen, jeder in der Glut seiner geschmiedeten und manchmal sogar geschmeidigen Argumente, vollkommen den Körper der Welt vergessend, der hier tranchiert und drapiert wird auf die politischen Schaufensterauslagen, in diesem Fall der Körper der Frauen, die (angeblich) sexuell, moralisch und politisch delinquent geworden sind; jener Wesen also, die – von den Mauerwerken solcher Diskussionen aus gesehen – immer schon irgendwie in der (Unter)Welt der Delinquenz sich befinden, von wo sie hervorgezogen werden können als illuminative *Beispiele* für diesen oder jenen historischen *Recht-Sprechungs-Akt*.

Ebba Drolshagens Buch über die geschorenen Frauen verläßt ganz und gar die Welt solcher Diskussionen, bzw. es betritt sie gar nicht erst; die Welt des »primären Selbstläufer-Urteils«, der selbst ein Michel Foucault hier nicht entkommt, dem niemand absprechen wird, sein Leben lang als *Einreißer* solcher Diskurs-Gefängniswände agiert zu haben.

Was heißt denn »Volksjustiz« überhaupt. Hier nichts anderes als: das *Urteil* steht immer schon: schuldig; in Frage stehen nur noch Vollstreckungsweisen. Da dem vollstreckenden »Volk«, das sich nach dem »Straf-Akt« so schnell wieder auflöst wie es sich gebildet hat, das Mittel der zeitlichen Streckung von Strafen durch Gefängnisse u.ä. nicht zur Verfügung steht, hat es nur Strafmittel, die auf der Stelle ihre gesamte Wirkung entfalten: das ist vor allem das Todesurteil, dann sind es Akte von einschneidender Gründlichkeit, Abstempelungsakte wie eben das Scheren. Das Erschießen wird in der Regel als Tötungsform bevorzugt, weil es den größten Anschein von »Gerechtigkeitsvollzug« liefert. Erhängen sähe zu sehr nach Lynchjustiz aus,

Verbrennen zu sehr nach Inquisition und Folter; solche Anklänge werden vermieden vom urteilenden und strafenden »Volk«, aber es *ist* Lynchjustiz, und Folter meistens dazu.

Die Gewißheit, einem Unrechtsakt beizuwohnen, blieb aber ausgeschaltet gegenüber den Frauen besetzter Länder, die sexuellen Kontakt hatten mit deutschen Soldaten (und manchmal nicht einmal diesen), die dafür öffentlich geschoren wurden nach dem Ende der deutschen Besatzung in Aktionen der sog. »Volksjustiz« und oftmals weiter bestraft wurden von der regulären Justiz danach. Das Unrechtsbewußtsein blieb ausgeschaltet, fast bis heute. Kaum jemand sprach für sie, auch später nicht, niemand entschuldigte sich, niemand erwog überhaupt eine Betrachtung der möglichen *Verschiedenartigkeit* von Motiven für solche Beziehungen, niemand wollte Näheres von diesen Frauen wissen; schon gar nicht, wenn es um die Kinder ging, die aus den Beziehungen resultierten (– eine der wenigen Ausnahmen: Marguerite Duras).

Ebba Drolshagen nimmt, im deutschen Sprachraum als erste, die Lebenswirklichkeit jener Frauen erst einmal überhaupt zur Kenntnis und ernst. Sie knüpft dabei an französische, dänische und norwegische Publikationen der letzten Jahre an; in Deutschland ist dies die erste Publikation, die sich mit den Schicksalen dieser Frauen, ihrer Männer und Kinder in den beteiligten Ländern befaßt. Daß sie so lange ein »weißer Fleck« im öffentlichen Bewußtsein bleiben konnten, bezeichnet ein ganz spezielles Kapitel deutscher Vergangenheits-Begehung: man könnte meinen, »jenseits« der bekannten Naziverbrechen. Denn hier lagen Verbrechen, derer man sich auf breiter Front selbst hätte »schuldig« bekennen müssen, erstmal ja nicht vor und später nicht unbedingt. Sie *kommen* manchmal hinzu, in der Verleugnung von Kindern; in der Annahme falscher Identitäten, in der Entwicklung vieler Betrugsmanöver beim Spurenverwischen. Die Mehrheit scheint aber »unbeteiligt« an diesen Vorgängen. Dennoch hat sich das deutsche Nachkriegsbewußtsein (und zwar in beiden deutschen Staaten) auch mit *dieser* Kriegsfolge – den Geliebten deutscher Besatzungssoldaten und deren Kindern, kein bißchen – nicht die Bohne, möchte man sagen – belasten wollen.

Wie immer, wenn man sich die Geschichte näher anschaut, stellt sich allerdings heraus, daß die Deutschen sehr wohl einen *record* auch in dieser Angelegenheit haben. In einem neueren Band zur Geschichte der Stadt Ulm im Zweiten Weltkrieg findet man zwei Fotos aus der Ulmer Tageszeitung vom Sept. 1940. Sie zeigen eine Scheraktion an einer jungen deutschen Frau auf dem Ulmer Marktplatz mit vielen Zuschauern. Grund: die ›untilgbare Schmach‹ ihrer ›rassenschänderischen‹ Beziehung zu einem französischen Kriegsgefangenen. Als »Polenhure« geschoren wurde eine andere Deutsche in Fellbach 1941, deren Liebesverhältnis mit einem Polen bekannt geworden war; der Pole wurde gehängt; und viele solche Fälle mehr; ein Runderlaß des Reichsministers des Innern vom 8. März 1940 drohte jedem »Fremdvölkischen«, der/die »mit einem deutschen Mann oder einer deutschen Frau geschlechtlich verkehrt oder sich ihnen sonst unsittlich nähert«, mit der Todesstrafe. Ein Nazi-Merkblatt an die Bevölkerung Vorarlbergs und Tirols von 1941 zum Umgang mit Kriegsgefangenen und Fremdarbeitern schließt mit den Zeilen: »Ihr werdet nicht wollen, daß einst die Kinder fremder Völker in eurem Land leben. Denn dann wäre unser Kampf umsonst!« – Die Deutschen und Österreicher schoren also nicht wegen des Vorwurfs der politischen Kollaboration, sie schoren zur Durchsetzung ihres vorrangigen Kriegsziels der sexuellen und blutmäßigen »Reinerhaltung der Rasse«.[3]

Die Leser des vorliegenden Buchs werden in ganz andere Wirklichkeiten geführt. Es wird ihnen, nach einer Weile, als eher selbstverständlich erscheinen, daß diese oder jene Norwegerin sich während der langen Besatzungszeit der Deutschen in Norwegen, zumal in dünnbesiedelten Gebieten und einem relativ ereignislosen Alltag, in einen deutschen Soldaten im Café schlicht und wirklich verliebt haben könnte; und jener in sie; den Krieg –

der sowieso nicht zu sehen war – hin oder her; und auch den fernen Herrn Hitler mit seinem *Weltkrieg* hin oder her. Auch daß eine spezielle Sorte »Objektwahl«, in der der deutsche Soldat als *Fremder* die entscheidende Rolle spielte, die Verliebtheit ausgelöst haben kann, erscheint dem Leser nicht als abwegig. Man vergißt auch immer, daß viele der Besatzten im Alltag als Unterdrückte leb(t)en. Der Eroberer und seine Armee bieten eine Chance, da ein bißchen dran zu drehen. Mit solchen Fragen oder Betrachtungsweisen ist aber »nicht einmal im Traum« herangegangen worden an diese Frauen. »Liebe« ist das letzte, was ihnen zugestanden worden wäre.

So ist *Nicht ungeschoren davonkommen* auch ein Buch über und gegen die Übergriffigkeit all jener, die glauben, sie dürften, mit Berufung auf eine »Landeszugehörigkeit«, eine sog. Nationalität, in die Liebesangelegenheiten sog. Landeskinder sich urteilend einmischen in Situationen, in denen sich dies Land, angeblich oder wirklich, in Gefahren befindet: Es geht dabei letztlich um Fragen wie »Wem gehört die Frau«, »Wem gehören die Babies«, auch darum, daß Liebe nie »nur privat« ist, sondern Gegenstand von Gesetzen und kulturellen Regeln, und um die Möglichkeit so (scheinbar) absurder Formeln wie »nationaler Ehebruch«.

»Dies Buch schließt eine Lücke«, sagen Vorwörter gern, um dem, was ihnen auf dem Fuße folgt und anhängt, die Schwere eines definitiven »Must« zu verleihen. Dies hier schließt keine Lücke, es öffnet vielmehr eine; und je weiter diese Lücke sich öffnet, desto sichtbarer wird, daß sie viel zu groß ist, um von einem *Buch* geschlossen werden zu können und von nur *einem* Buch. Ebba Drolshagens Untersuchung ist ein Anfang, einer jener Anfänge, die im Deutschland der letzten 5 Jahre verstärkt gemacht werden beim Versuch, sich der Geschichte des 2. Weltkriegs neu zu nähern; besonders sichtbar ist das in der Shoa-Forschung und in der Erforschung der Rolle der Wehrmacht bei der Judenvernichtung und der Ermordung anderer Zivilisten in den besetzten Ländern des Ostens. Es gibt Tausende lebender *Enkel* der Tätergenerationen, die gerade nicht – wie der gängigste Dummschnack gerne möchte – »die Wunden der Vergangenheit« für geschlossen halten und für erledigt, sondern diese spüren als *eigene* Verwundung. Ca. 50 Jahre nach traumatischen historischen Ereignissen öffnet sich ein jeweils neuer Blick der Nachkommenden auf die Geschehnisse – weniger belastet von der direkten intergenerationellen Auseinandersetzung zwischen Tätern und Opfern, Tätern und ihren Kindern wie auch Opfern und ihren Kindern.

Der Umgang mit der Vergangenheit löst sich zunehmend heraus aus den Komplexen schwerster Schuldzuweisungen und zwanghafter Rechtfertigungsmechanismen; und dies verspricht fruchtbarer zu werden als die Bemühungen der älteren Historikergenerationen seit WW II insgesamt. Sowieso ist es wünschenswert, daß die Beschäftigung mit der deutschen Geschichte, gerade mit der jungen Geschichte, sich dabei aus den Engführungen der historischen Zünfte befreit. Kaum ein universitärer Fachbereich hat sich derart behindert gezeigt von der deutschen Vergangenheitslast wie der der Historiker (mit ihren Namen will ich dies Vorwort nicht belasten). Es besteht ein Bedarf nach Büchern wie diesem, die ihren Gegenstand angehen ohne »wissenschaftliche Totalabsicherung« nach allen Seiten (bei der oft nichts rauskommt als Stacheldrahtverhau), sondern mit einer Mischung aus persönlicher Involviertheit, O-Ton-Recherche, gefächerter Fragestellung und erzählerischer Lebendigkeit. Bücher, die nichts primär »beweisen« wollen, sondern ihre Ergebnisse während ihrer Suche *finden*. Dies wollte zunächst nicht mehr als ein Essay werden, die Autorin machte sich auf die Suche, in Dänemark, und besonders in Norwegen, und fand mehr, als sie wollte; fand sich schließlich mit einem Buch; jener Art Buch, die bis zu ihrem Ende einen *Zuwachs* haben; daran erkennt man die gewachsenen Bücher; (– & wieviele kriegt man vorgesetzt, deren letztes Kapitel, das fünfundzwanzigste, nur ihr erstes wiederholt).

Klaus Theweleit

Einleitung

Eine Freundin, von mir befragt, was ihr Vater im Krieg gemacht habe, erzählte mit deutlicher Erleichterung, er sei zwar bei der SS gewesen, habe aber den ganzen Krieg bei einer dieser »Champagner-Kompanien« in Frankreich zugebracht. Was er da konkret getan hat, wußte sie nicht.

Mit ihrer Unkenntnis darüber, was die Soldaten taten, wenn sie nicht kämpften, steht sie nicht allein, denn das nicht-militärische Leben der Soldaten im Krieg – falls man überhaupt davon sprechen mag, daß ein Soldat im Krieg ein »nicht-militärisches« Leben hat – ist bislang kaum erforscht. Zudem sind die Worte »Wehrmacht« und »Wehrmachtssoldat« eng mit den besetzten Ostgebieten und der Ostfront verbunden. Nur wenige denken dabei auch an die vielen anderen Länder, die die Deutschen überfallen hatten und besetzt hielten. Wir wissen wenig darüber, wie der Alltag der Front- und Besatzungssoldaten verlief, wie sich das jahrelange Zusammenleben von Zivilbevölkerung und Besatzern gestaltete.

Erste Hinweise finden sich auf privaten Fotos. Fotos wie jene, die mir eine Bekannte zeigte. Ihr Vater hatte sie während des Krieges in Norwegen gemacht – sie zeigen Soldaten bei Gefechtsübungen und verschiedenen militärischen Tätigkeiten, vor allem aber zeigen sie junge, vergnügte Männer in Uniform oder Zivilkleidung auf Skiern, beim Picknick, beim abendlichen Trinken, beim Fußballspielen, und immer wieder mit Frauen – Norwegerinnen. Wer waren diese Frauen?

Die Frage ist natürlich scheinheilig, schließlich meinen alle zu wissen, wer sie waren: In Norwegen nannte man sie *tyskertøs*, in Dänemark *tyskerpige*, in Holland *moffenhoure*, in Frankreich *femme à boches*, auf den Kanalinseln *jerrybag* – es scheint, als habe jede europäische Sprache ein Wort für sie, und alle bedeuten das gleiche: ›Deutschenmädchen‹ oder ›Deutschenflittchen‹. In Deutschland gibt es dieses Wort nicht, daher fehlt uns das Gefühl dafür, daß ›Deutschenmädchen‹ – dessen Anklang an ›Schwarzwaldmädel‹ völlig in die Irre führt – überall ein böses, furchtbares Schimpfwort war und noch heute als solches verstanden wird. Auch die deutsche Nachkriegsentsprechung ›Amiflittchen‹ (das allerdings, wie mir scheint, weniger stigmatisierend war als ›Deutschenmädchen‹) bezeichnet eine Frau, die sich mit dem Feind einließ. Dieses abfällige »sich mit den Besatzern einlassen« ist eine nahezu zwingende Wendung – kaum jemand sagt: Sie sind mit den Soldaten tanzen gegangen, haben sich von ihnen aushalten lassen, haben mit ihnen geschlafen oder gar: sie waren in sie verliebt.

Liebesbeziehungen zu deutschen Soldaten galten in den besetzten Ländern als Kollaboration, viele Frauen wurden nach Kriegsende dafür wie Verbrecherinnen bestraft. Aber welcher Art waren ihre Beziehungen zu den Soldaten wirklich? Ging es vor allem um die sprichwörtlichen ›Strümpfe und Schokolade‹? Warum waren und sind ›Besatzerbräute‹ generell bei ihren Landsleute so verhaßt?

Solche Fragen, die der Person und dem Schicksal des ›Besatzerliebchen‹ gelten, seiner Stellung und Funktion im Kontext der besetzten und befreiten Nation, sind in einigen europäischen Ländern inzwischen zum Gegenstand historischer und sozialwissenschaftlicher Forschung geworden. In Deutschland entstehen erste Arbeiten über die Freundinnen der alliierten Soldaten nach 1945, aber mit den Freundinnen der deutschen Wehrmachtssoldaten hat sich noch niemand befaßt – sie werden nicht als Teil der deutschen Geschichte begriffen, weder Kriegsgeschichte noch Soziologie, Psychologie, Anthropologie oder die Frauenforschung haben sich an ihnen und ihrem Schicksal interessiert gezeigt oder sie auch nur als möglichen Forschungsgegenstand wahrgenommen. Sie sind keineswegs ein »Tabu«, denn wir wissen ja von ihnen, unter anderem, weil sie »bei Kriegsende geschoren wurden«. Über sie zu sprechen, erregt keinen Anstoß.

Ganz anders in Dänemark oder Norwegen: Als im Frühsommer 1997 in einer norwegischen Zeitung ein Interview mit mir über meine Recherchen erschien, erfuhr ich, daß sich mehrere »betroffene« Frauen über den Artikel empört hatten, weil sie fanden, es sei endlich an der Zeit, daß man sie in Ruhe lasse. Das überraschte mich. Ich hatte die Brisanz meiner Recherche in Norwegen völlig falsch eingeschätzt, vermutlich, weil das Thema Kriegskinder in der norwegischen Medienlandschaft seit über zehn Jahren einen festen Platz hat. Doch über sie kann man offenbar reden, weil sich im Prinzip alle einig sind, daß den »unschuldigen Kindern« Unrecht geschehen ist. Über »die Frauen« hingegen gibt es keinen Diskurs und schon gar keinen Konsens – sind sie immer noch ein heikles, ein tabuisiertes Thema.

Obwohl das in Deutschland nicht so ist, berührt das Reden über die Liebesbeziehungen auch hier ein Tabu – das aber bemerkenswerterweise nicht der Frau, sondern dem deutschen Mann, genauer der Tatsache gilt, daß er weder auf Schokolade noch auf Gewalt angewiesen war, um an Frauen heranzukommen. Im Gegenteil: Zahllose Frauen in Nord- und Westeuropa wandten sich *freiwillig* und *aus Zuneigung* einem Deutschen in Uniform zu, weil sie ihn charmant, wohlerzogen und gutaussehend fanden.

Nun kann allein die Bemerkung, daß sich in Norwegen und Dänemark, auf den Kanalinseln, selbst an den meisten Orten in Frankreich fast alle Wehrmachtsangehörigen »persönlich korrekt« benommen haben, Proteststürme auslösen. Warum aber darf nur über das Furchtbare gesprochen werden, das die Deutschen taten, warum nicht darüber, daß in Norwegen oder Dänemark alte Menschen, selbst jene, die entschieden gegen die Deutschen waren, sagen, die Soldaten hätten sich gegenüber der Zivilbevölkerung »tadellos und korrekt« benommen – »im Vergleich zu Osteuropa geradezu wie Pfadfinder«, so ein Norweger mit leichtem Spott.

Es mag überzogen wirken, einem deutschen Buch über »die Geliebten der Wehrmachtssoldaten« solche Beteuerung voranzuschicken – handelte es sich doch bei den Soldaten um jene Männer, die unsere Mütter und Großmütter geheiratet haben. Aber es gibt erhebliche Widerstände gegen die unbestreitbare Tatsache, daß sich die Deutschen in manchen besetzten Ländern über lange Zeit gut erzogen benahmen – so, als beabsichtige man, mit dem Klischee vom »korrekten Deutschen« oder »anständigen Wehrmachtssoldaten« alles zu bestreiten, was wir über das Dritte Reich, die Verbrechen gegen die Zivilbevölkerung in ganz Europa, die Wehrmacht in Osteuropa, über die SS wissen, als beabsichtigte man, mit diesem einen Satz eine neue Rechnung aufzumachen und für jeden »netten Jungen in Uniform« einen ermordeten Juden abzuziehen, oder einen gepeinigten Polen, einen verhungerten Sinti, eine erschlagene Russin, eine vergewaltigte Jugoslawin, einen zu Tode gefolterten Widerstandskämpfer, ein lebendig verbranntes französisches Kind – als wolle man, indem man das zugesteht, auch nur ein einziges Unrecht der Nationalsozialisten rechtfertigen oder abstreiten. Das Bedrohliche, Unverständliche, Unheimliche an »meinem« Thema ist aber gerade, daß der Zwanzigjährige, der in Dänemark oder auf den Kanalinseln eifrig, aufrichtig und offenbar mit Erfolg bemüht war, bei der Zivilbevökerung einen guten Eindruck zu machen, sich nur wenige Wochen später in den besetzten Ostgebieten an den allgemein bekannten Verbrechen beteiligen konnte. Der tiefste Horror des Dritten Reiches liegt für mich nicht zuletzt darin, daß beides in demselben Menschen existieren und getrennt, aber mit gleicher Intensität, gelebt werden kann.

Es gibt offenbar eine Amnesie – eine gewollte Amnesie, die das »korrekte Verhalten« der deutschen Soldaten ebenso betrifft wie ihr Sexualleben. Darüber wurde – wie über alles, was das Dritte Reich und den Krieg betraf – nach 1945 geschwiegen, doch anders als vieles, was nach und nach ans Tageslicht gekommen ist, bzw. von Wissenschaftlern und Wissenschaftlerinnen, von Journalisten und Journalistinnen unter Mühen und gegen erhebliche Widerstände ans Tageslicht gezerrt werden konnte, ist das Sexualleben der Soldaten bis heute ein nahezu unangetastetes Thema geblieben. Das ist nicht allein dadurch erklärbar, daß Fragen danach aus verständlichen, ja zwingenden Gründen hinter der Aufdeckung und Erforschung von Verbrechen zurücktreten mußten, die vor allem (aber nicht nur) in Osteuropa geschahen. Der deutsche Mann in Uniform ist ein geschlechtsloses Wesen geblieben – es sei denn, er vergewaltigte.

Daß die Wehrmachtssoldaten (wie Soldaten zu allen Zeiten und in allen Kriegen) im Ausland Liebschaften hatten, daß sie sich verlobten, und daß nicht wenige sich eine Ehefrau aus dem Krieg mitbrachten, scheint aus dem Bewußtsein der Deutschen gänzlich verschwunden zu sein. Es dauerte erstaunlich lange, bis mir klar wurde, daß das kein Zufall sein kann. Die Kriegsgeneration wollte auch an diesen Punkt nicht mehr rühren, den nach dem Zweiten Weltkrieg geborenen Deutschen, die inzwischen in den Medien und Universitäten das Sagen haben, fällt es offenbar leichter, sich ihre Väter (und Großväter) als Mörder in Polen denn als Weiberhelden in Norwegen vorzustellen. Das hat vermutlich (auch? vor allem?) damit zu tun, daß sie (wie jede Generation vor und nach ihr) gar nicht auf die Idee gekommen wäre, daß ihre Eltern über erotisches und sexuelles Wissen verfügen könnten. So konnte es geschehen, daß die Nachkriegsgeneration die »Deutschenmädchen«, die dem Charme des Vaters erlagen, überhaupt nicht zu Kenntnis nahmen, und selbst im Traum nicht auf die putzige Frage verfallen wären, ob die etwa gleichaltrige Pensionsbesitzerin auf den Kanalinseln, die Kollegin in Holland oder die Kassiererin im französischen Supermarkt vielleicht eine Halbschwester oder – schließlich war der Onkel während des Krieges dort – ein Cousine sein könnte.

Darüber ließe sich lange und mit durchaus vergnüglichen Seitenhieben in viele Richtungen lästern, gäbe es nicht einige Alarmsignale, was geschieht, sobald jemand wagt, die sexuell aktiven Soldaten zu erwähnen. In ihrem Film »BeFreier und Befreite« und dem gleichnamigen Buch über die Massenvergewaltigungen, die im April/Mai 1945 vor allem durch Soldaten der Roten Armee in Berlin geschahen, spricht die Filmemacherin Helke Sander auch über die sexuellen Beziehungen deutscher Wehrmachtssoldaten zu osteuropäischen Frauen und wirft die Frage auf, wieviele Nachkommen sie gezeugt haben mögen. In einer vernichtenden Kritik des Films heißt es, Sander habe »beträchtliche Energien darauf verwendet, den Abfluß deutschen Spermas im Europa des Zweiten Weltkriegs hochzurechnen« – ein eigenartiges Bild, das mehr über seine Autorin als über Sanders Film zu sagen scheint und völlig außer acht läßt, daß es bei diesem »Abfluß deutschen Spermas« auch um die geschwängerten Frauen und die Kinder geht. Die Kritik gipfelt in einem veritablen Totschlagargument: »Die Vorstellung von den massenhaften Zeugungs- und Geburtsvorgängen als Subgeschichte des zweiten Weltkriegs bekommt ihre makabren Seiten, wenn sie auf dem Hintergrund des erweiterten Szenarios millionenfacher Vernichtung und Tötung gesehen wird.«[1] Das ist – ich bin versucht zu sagen: selbstverständlich – völlig absurd und zudem gefährlich, weil es auf geradezu stalinistische Weise bestimmte Fragen nicht nur als unseriös, ja unmoralisch anprangern, sondern offenbar verbieten will: Es gibt Realitäten, über die muß geschwiegen werden. Was aber hat die Anzahl der von Deutschen zwischen 1933 und 1945 Ermordeten mit der Zahl der von deutschen Wehrmachtsangehörigen zwischen 1939 und 1945 in Europa gezeugten Kinder zu tun?

In den letzten Jahren hat eine Entmythologisierung der Kriegszeit begonnen, und wir müssen feststellen, daß vieles nicht so war, wie wir bislang glaubten. Lange gültige, aber einseitige und daher unzutreffende Bilder über die Angehörigen der deutschen Wehrmacht werden demontiert. In verschiedenen europäischen Ländern erscheinen neue Bücher über die Besatzungszeit, die Verdrängtes und Vertuschtes ans Tageslicht holen, die die Haltung der Zivilbevölkerung und des Widerstands gegen die Deutschen in einem weniger heroischen Licht erscheinen lassen und dem offiziellen Bild über diese Zeit tiefe Risse zufügen. Jetzt werden zum ersten Mal Wehrmachtsbordelle in Frankreich sowie Wehrmachtsbordelle und Vergewaltigungen in Osteuropa erforscht, das erforderliche Akten- und Quellenstudium ist schwierig, aber doch »wissenschaftlich« möglich. Diese Arbeiten widmen sich ausschließlich der »dunklen« Seite der Sexualität – Zuneigung kommt nicht vor. »Gefühle« sind ein heikles Terrain, das Wissenschaftler und Wissenschaftlerinnen gern umschiffen. Wie soll man »Liebe« wissenschaftsfähig machen? Wie mißt man sie, wie kriegt man sie in eine Statistik, wie soll man darüber promovieren?

Daher ist dieses Buch keine wissenschaftliche Arbeit – zumindest nicht, wenn man »wissenschaftlich« mit den Kriterien deutscher Promotionsordnungen gleichsetzt. Ich wollte über Leerstellen in unseren Geschichtsbüchern und in unserem Reden über den Zweiten Weltkrieg nachdenken, über Lücken in dem, was die Kriegsgeneration erzählt hat, in dem, was die Nachkriegsgeneration, zu der ich gehöre, an ihren Eltern wahrgenommen hat und noch wahrnimmt. Das Buch handelt von Verdrängung, der Verdrängung privater, intimer Erlebnisse in einem Krieg, von dem wir aus gutem Grund immer nur das Morden gesehen haben – und nie den jungen Mann, der einsam war und sich nach Nähe und Liebe oder auch nur nach einem Frauenkörper sehnte. Es geht um die Verdrängung, daß solche Sehnsüchte nicht allein durch Vergewaltigung und Bordellbesuche gestillt wurden, daß sich Frauen in sie verliebten, weil sie sie als Männer charmant, gutaussehend, zuvorkommend – kurz: attraktiv fanden. Es geht darum, daß die meisten Männer, die den Krieg überlebten, nach Hause zurückkehrten und an diese Freundinnen kaum mehr als sentimentale Erinnerungen behielten, während solche Verbindungen im Leben zahlloser Frauen tiefe und nie zu löschende Spuren hinterlassen haben – sei es, daß sie von ihren Landsleuten brutal bestraft wurden, ein uneheliches Kind bekamen oder – was relativ selten vorkam – ihren Geliebten heirateten und ihr Land verließen, um mit ihm in Deutschland zu leben.

Ich wollte die Geschichte dieser Frauen als Gruppe nicht nur anhand von historischen Fakten, Statistiken und Archivmaterial darstellen, sondern ich wollte ihnen ihre Individualität und damit ihre Würde zurückgeben. Ich wollte Geschichten erzählen über einen Aspekt des Krieges, von dem wir, wie ich meine, zu wenig wissen, Geschichten von törichten und von mutigen Frauen, von jungen Leuten, die sich verlieben, und von Zeiten, die nicht danach waren. Der deutsche Soldat und die Norwegerin, die Dänin, die Holländerin – wie erwachsen das klingt, und wie jung sie häufig waren: sechzehn, siebzehn, vielleicht zwanzig, selten älter als dreißig Jahre. Halbe Kinder. Junge Leute, sagte eine Norwegerin bei einem Interview, sind doch einfach neugierig aufeinander. Es geht mir ausschließlich um »die Liebesbeziehung« – eine äußerst vage Definition, die keinen anderen Sinn haben kann als den, die Art von Beziehung, die im Mittelpunkt des Buches steht, von Prostitution auf der einen und Vergewaltigung auf der anderen Seite abzugrenzen. Die Geschichten der Frauen haben leider selten ein Happy End, auch wenn nur wenige so tragisch enden wie ihre berühmten Schwestern auf der Bühne, die »Besatzungsliebchen« Madame Butterfly, Miss Saigon – oder auch Medea.

Während die offizielle Geschichtsschreibung in Deutschland diese Frauen nie, in den ehemals besetzten Ländern selten und dann auch nur knapp und widerwillig erwähnt, sind sie in der Bevölkerung der ehemals besetzten Länder als Sinnbild der Kollaboration sehr präsent. Ich werde Behauptungen nachspüren, die über diese Frauen aufgestellt wurden, aber ganz offensichtlich falsch sind: Behauptungen wie die, daß sie dumm, leichtfertig, berechnend, häßlich seien, oder auch, daß sie, *und nur sie,* dem Feind mit offenen Armen entgegengelaufen seien, während alle aufrechten Staatsbürger und Patrioten jeden Kontakt zu den Besatzern strikt mieden. Ich möchte wissen, wer diese Lügen in die Welt gesetzt hat, warum sie so populär werden konnten, wem sie dienten und warum sie heute noch geglaubt werden.

Ich weiß nicht, ob es möglich ist, über Liebesbeziehungen in Ost- und Südosteuropa anders als belletristisch zu schreiben –

mir jedenfalls fehlt dafür jede Voraussetzung. Daher handelt mein Buch ausschließlich von Nord- und Westeuropa, und ich konzentriere ich mich aus mehreren Gründen auf Norwegen und Dänemark: Ich beherrsche die Sprachen, was für die Recherchearbeit unabdingbar war, insbesondere für die Interviews mit Zeitzeugen und die Auswertung der wenigen, aber eminent wichtigen Forschungsarbeiten, die in den beiden Ländern zu dem Themenkreis bereits erschienen sind. Über andere Länder und aus anderen Ländern habe ich wenig Material gefunden, hervorheben möchte ich das wunderbare Buch von Alain Brossat über die »tondues« in Frankreich, sowie Madeleine Buntings hervorragende Studie über die deutsche Besatzung der Kanalinseln (beide Bücher wurden bisher nicht ins Deutsche übersetzt).

Die deutsche Wehrmacht war in Norwegen ein anderer Feind als auf den Kanalinseln, für die Angehörigen der Wehrmacht, der SS- und Polizeiverbände galten in Dänemark andere Vorschriften hinsichtlich Fraternisierung und Eheschließungen als in Frankreich. Doch so unterschiedlich die Besatzungsgeschichten sind, die Frauen, die sich mit den feindlichen Soldaten zusammentaten, wurden immer und überall gleich behandelt. Um zu verdeutlichen, daß die Diffamierung der Frau, die sich mit »dem Feind« verbindet, ein generelles Phänomen ist, das nicht allein mit dem Dritten Reich und der speziellen Entstehungsgeschichte der deutschen Besatzung erklärt werden kann, ziehe ich als Vergleich hin und wieder die US-Armee und deren Soldaten heran, und zwar als Besatzungsmacht auf Island und im Nachkriegsdeutschland.

Ein Kollege, den ich gebeten hatte, das Manuskript zu lesen, und der wenig über meine Biographie weiß, sagte anschließend, ihn habe während der Lektüre die Frage beschäftigt, was das Thema ›Besatzungsliebchen der Wehrmacht‹ mit der Autorin zu tun habe, die den ungewöhnlichen Vornamen Ebba trage, skandinavische Sprachen spreche und offenbar ein Nachkriegskind sei. Ich reagierte zunächst unwirsch, weil es mir unlauter, ja billig schien, mein Interesse für dieses Thema monokausal auf meine Familiengeschichte zu reduzieren – schließlich leben in Deutschland abertausende Menschen in etwa meinem Alter, die eine ausländische Mutter und einen deutschen Vater haben, ohne daß (soweit ich weiß) einer oder eine von ihnen deswegen über Kriegslieben forscht oder schreibt. Inzwischen aber sehe ich, daß dieser Kollege recht hat und ich meinen Leserinnen und Lesern die Spekulation über meinen biographischen Hintergrund – und das heißt vor allem: über meine Mutter – ersparen sollte. Da ich ihr, wie all meinen Gesprächspartnerinnen, zugesichert habe, daß ihre Anonymität als Zeitzeugin gewahrt bleibt, kann ich nur sagen, daß sie gebürtige Norwegerin ist und nach dem Krieg nach Deutschland kam. Mein Vater war als Soldat nicht in Norwegen, ich wurde 1948 geboren, bin also kein deutsch-norwegisches »Kriegskind«.

Edgar Morin schreibt, man solle »nicht wie die Gläubigen sein, die immer finden werden, was sie suchen, weil sie die erwartete Antwort bereits vorweggenommen haben«. Ich versichere Ihnen, daß ich dieses Buch mit sehr vielen Fragen und ohne Antworten begonnen habe. Jede Antwort, die ich im Laufe der Arbeit fand, schien sich sofort in zwei neue Fragen zu verwandeln, und so beende ich das Buch ohne eine einzige Antwort, die ich als endgültig erachten mag, aber mit neuen, anderen Fragen. Und das ist nicht das Schlechteste.

E.D.D.

Die im Lichte

Gedanken zu einem Bild von Robert Capa

Das Bild zeigt eine große, eilig gehende Menschenmenge, deren Anfang und Ende nicht zu erkennen sind. Sie befindet sich auf einer gepflasterten, von alten Häusern gesäumten Straße, vermutlich in einer Kleinstadt. Am Ende der Straße weht eine Fahne – vielleicht die französische Tricolore. Für Frankreich spricht auch die Baskenmütze, die der Mann rechts vorn trägt. Der Zeitpunkt läßt sich nur ungenau bestimmen, die Kleidung der Frauen verweist vage auf die Mitte unseres Jahrhunderts.

Die Menge hat einen klar definierten Mittelpunkt. Alle – Kinder, Männer und Frauen jeden Alters – schauen gebannt auf eine Frau mit einem Säugling. Alle blicken sie an, recken die Hälse, um sie besser zu sehen. Weiter hinten werden Kinder auf Schultern gehoben, fast so, als gelte es nicht nur, etwas Einmaligem beizuwohnen, sondern auch, etwas zu lernen. Warum das so ist, verrät das Bild nicht, es bleibt ebenso unklar wie die Beziehung zwischen der Frau und den vielen Menschen, die Frage, was sie getan oder gesagt hat, um zum Mittelpunkt zu werden, ja mehr noch: Wer sie überhaupt ist. Ihr fehlt nicht nur ein Name, ihr fehlt auch alles andere, was ihr eine Identität geben könnte: Hinweise auf Schicht, Beruf oder Familie. Alles spricht dafür, daß sie die Mutter des Säuglings ist, den sie auf dem Arm trägt. An der Frau ist nur zweierlei auffallend: Zum einen sind auf ihrer Stirn merkwürdige Kreise aufgemalt, zum anderen ist sie glatzköpfig. Das Kind hingegen hat eine dichte schwarze Haarmähne.

Die Frau wird angesehen, ja angegafft, nicht aber angetastet, die Menge scheint dies auch nicht vorzuhaben. Mutter und Kind sind offensichtlich *das* große Ereignis, ihretwegen hat man sich versammelt. Die Frau scheint dem jedoch keine Beachtung zu schenken, es kaum zu bemerken. Ihre Gefühle sind nicht zu erkennen, ihre Aufmerksamkeit und ihre Blicke gelten ausschließlich dem Kind, das sie im Arm hält – aus Sorge? Oder weiß sie nicht, wohin sie sonst blicken sollte? Folgte man nur ihrem Blick, man könnte meinen, die Aufregung gelte nur dem Kind, nicht der Frau.

Die Anordnung erinnert an eine der klassischen Szenen des Christentums – alle schauen auf die Ur-Dyade Mutter und Kind, während die Mutter völlig in die Betrachtung des Kindes versunken scheint. Madonnen-Abbildungen sind Szenen der Verehrung und der Anbetung – darum handelt es sich hier nicht, doch es ist schwer zu sagen, warum das so eindeutig ist: Ein – nur ein – Grund ist wohl, daß in den Gesichtern derer, die unmittelbar vor und neben der jungen Frau gehen, nicht Ehrfurcht liegt, sondern Neugier und Erregung, allerdings doch wohl auch, etwas wie Scheu und Ernst.

Das Bild hat alle Elemente eines Festes, doch auch darum handelt es sich offenbar nicht, denn es fehlt das Moment der *freudigen* Erregung. Auch herrschen weder Aufruhr noch Panik, es gibt nur diese eilige, zielgerichtete Bewegung, an der alle teilhaben und die aus dem Bild herauszuführen scheint – daß es sich nicht um einen Akt der Verehrung, sondern der Verstoßung, des Ausschlusses handeln könnte, wird vielleicht am ehesten an dieser Hast deutlich, mit der die Menschen voranstürmen. Das Geschehen scheint einer Ordnung oder Regeln zu folgen, die alle kennen – der Gedanke an eine Zeremonie drängt sich auf, denn niemand wirkt überrascht, alle scheinen ihren Platz im Ablauf der Dinge zu kennen. Der französische Historiker Alain Brossat schreibt in seinen Überlegungen zu Robert Capas berühmten Bild, es wirke, als begleiteten die Bürger eine Pestkranke zu den Toren ihrer Stadt.

Das Bild gibt uns ebenso wenig Hinweise darauf, wer die anderen Abgebildeten sind, wie darauf, was sie in diesem Augenblick tun, was ihm vorausging, was in der Minute oder dem Jahr danach geschehen wird. Und doch wissen wir nicht nur, daß das Bild am 18. August 1944 in Chartres gemacht wurde, wir wissen auch, um welche historische Situation es geht: Nach vier Jahren Besatzung ist Frankreich gerade befreit worden. Die Frau mit dem Kind wird beschuldigt, Beziehungen zu deutschen Soldaten gehabt zu haben, einer von ihnen ist vermutlich auch der Vater des Kindes auf ihrem Arm. Deswegen wird sie der ›horizontalen Kollaboration‹ und des Verrats an ihrem Volk beschuldigt, zur Strafe hat man sie geschoren und treibt sie nun durch die Menge.

Darüber hinaus aber wissen wir inzwischen auch mehr über diese konkrete Szene und diese konkrete Geschorene, denn nachdem Brossart in seinem Buch *Les Tondues* diesem Bild ein ganzes Kapitel widmete, schrieben ihm Bürger und Bürgerinnen aus Chartres, Zeugen und Mitwirkende der Szene. Viele Abgebildete kannten sich persönlich, denn die junge Frau mit dem Neugeborenen stammte aus Chartres, sie war das sprichwörtliche ›Mädchen von Nebenan‹. Was die Briefen über sie berichten, ist völlig widersprüchlich: Während die einen sagen, ihr einziges Vergehen habe darin bestanden, die Geliebte eines Deutschen gewesen zu sein, versichern andere, sie habe Franzosen, die illegal Radio hörten, an die Deutschen verraten. Vielleicht hat sie sich der Denunziation schuldig gemacht, vielleicht nicht – nach so vielen Jahren wird sich nicht mehr feststellen lassen, wer recht hat.

Capa hat an jenem Tag weitere Fotos gemacht, sie zeigen Frauen, die von bewaffneten und uniformierten Männern in einen großen Innenhof oder auf einen Platz geführt und geschoren werden. Auch über diesen Bildern liegt jene eigenartige Ruhe und jener gesammelte Ernst des bereits ausführlich besprochenen Bildes. Die Frauen wehren sich nicht, protestieren offenbar nicht einmal. »Ein Mädchen scheren, weil es in Liebe einem offiziellen Feind seines Landes angehörte, ist ein Absolutes an Scheußlichkeit und an Dummheit zugleich«, schreibt Marguerite Duras in dem Roman *Hiroshima Mon Amour.* Diese Methode, die Freundinnen deutscher Wehrmachtsangehöriger zu demütigen und zu brandmarken, sprach sich trotz strenger Pressezensur in Windeseile überall im besetzten Europa herum: Bereits im September 1940 wurden in Dänemark Frauen geschoren, die sich öffentlich mit deutschen Soldaten gezeigt hatten. In allen besetzten Ländern glichen sich – während des Krieges ebenso wie in den Tagen der Befreiung – die Methoden der Bestrafung, und die Aktionen beschränkten sich keineswegs auf die wenigen unübersichtlichen Tage unmittelbar nach der Befreiung. In Tournon im Departement Drôme erschien Monate später eine Zeitungsmeldung, man habe gerade einige Frauen geschoren: »Es ist niemals zu spät, Gutes zu tun. Auch die Stadt Tournon soll ihre Geschorenen haben.«[1] Im September 1945 erschien in einer norwegischen Tageszeitung folgender Artikel:

Haarschnitt mit Siegessalut!
Amüsante Deutschenflittchen-Aktion in Loddefjord

Es kommt leider vor, daß Menschen das Recht selbst in die Hand nehmen und Landesverräter von geringerem Kaliber bestrafen. Das passierte u.a. mit einer Frau in Loddefjord: Dort hatten einige Jugendliche eines Samstagabends gefeiert, als die Rede auf eine Deutschenfrau von der gröbsten Sorte kam. Man schlug Scheren vor, was von der angeheiterten Versammlung sofort einstimmig gutgeheißen wurde. Die Gruppe zog zu dem Haus, wo die Frau wohnt. Die verschloß die Tür und schickte einen Unterhändler hinaus, in dem Versuch, sich freizukaufen. Das hatte keinen Erfolg. Die Jugendlichen fanden eine Leiter, enterten den Balkon und eroberten das Haus von oben nach unten, in bester Soldatenmanier. Die Frau ahnte ihr Schicksal und schickte einen Unterhändler hinaus. Drei Jungen sollten die Erlaubnis bekommen, sie zu scheren, solange sich sich sonst anständig benahmen.

Und so wurde die Frau nach allen Regeln der Kunst geschoren. Einer aus der Gesellschaft wollte sie photographieren, aber sie sprang ihn an, so daß das Bild leider nichts wurde. Im gleichen Augenblick erklangen drei donnernde Schüsse. Das war die Gesellschaft, die nach bester alliierter Sitte mit drei Dynamitpatronen Siegersalut gab.

Wir heißen diese Art von ›rettsoppgjør‹ [rechtliche Ahndung von Verbrechen während der Besatzungszeit] selbstredend nicht gut, aber die Geschichte ist so amüsant, daß wir nicht das Herz hatten, sie unseren Lesern vorzuenthalten.[2]

Diese »Scheußlichkeit«, wie Duras es nennt, hat als Bestrafung für sexuelle Unbotmäßigkeit eine sehr lange Tradition. Schon Tacitus (55–120) berichtet, daß die Germanen Frauen als Strafe für sexuelles Fehlverhalten schoren. Und im Märchen von Rapunzel geht es einzig und allein um den Zusammenhang von Haaren, Verführungskraft und Sexualität: Das Mädchen, von einer Zauberin zum Schutz ihrer Jungfräulichkeit in einen hohen Turm verbannt, zieht den heimlichen Geliebten buchstäblich mit den Haaren zu sich empor. Als das Liebespaar die Flucht plant, kommen sie gar nicht auf die Idee, daß Rapunzel selbst den Turm verlassen könnte, indem sie sich den Zopf abschneidet und ihn am Fenster befestigt, um daran herabzugleiten. Als jedoch die Zauberin entdeckt, daß Rapunzel entjungfert und geschwängert ist, schneidet sie ihr die Haare ab, läßt sie am eigenen Zopf zur Erde hinabklettern und verstößt sie. Auch die Geschichte der Loreley behandelt die starke sexuelle Verführungskraft von Frauenhaar, der Männer sich nicht widersetzen können, und das sie ins Verderben stürzen kann.[3]

Langes, offen getragenes Haar ist (nicht nur bei Frauen, wie der Fall Samson beweist), ein Symbol für Stärke, Lebenskraft und freie Sexualität, kurze oder geschorene Haare sowie die Tonsur stehen für Disziplin, Zölibat oder ein Leben nach strengen Gruppenregeln. In manchen Gesellschaften war, bzw. ist es üblich, daß sich die Frau nach der Eheschließung das Haar abschneidet oder es verhüllt. Sie zeigt damit an, daß sie »unter die Haube gekommen ist« – also nicht mehr frei ist, daß sie keinen Mann mehr bezaubern darf, da sie, ihre Attraktivität und ihr Körper jetzt nur noch einem einzigen Mann gehören.

Was hat Capas Geschorene sich wirklich zuschulden kommen lassen? Hat sie schwere Schuld auf sich geladen, wie jene »schöne neunzehnjährige Hélène de Tranze, die mit 14 aus ihrem Elternhaus in Paris fortlief und in einer Besserungsanstalt landete«, bevor sie am 9. Juli 1945 in Paris mit zwanzig anderen französischen und georgischen Gestapoagenten vor Gericht gestellt wurde? Eine gefährliche Agentin, überdies vermutlich die einzige Frau in einer Gruppe von zwanzig Männern, wurde in Frankreich vor Gericht gestellt, und eine norwegische Tageszeitung bringt die Meldung unter der Überschrift: »Französisches Deutschenflittchen ist Groß-Denunziantin«.[4] Oder hat sie »nur« mit einem Deutschen geschlafen (als dessen Ehefrau sie heute vielleicht in Ihrer Nachbarschaft wohnt)?

Waren die Freundinnen der Soldaten wirklich, wie die Widerstandsbewegungen behaupteten, *grundsätzlich* ein Sicherheitsrisiko für die illegale Arbeit? Gab es triftige Gründe dafür, sie zu hassen? Wieviele waren tatsächlich Spitzel oder Verräterinnen? Viele wurden der Denunziation oder des Landesverrates beschuldigt, manche nach der Befreiung nur kurz verhaftet, manche monatelang ohne juristische Grundlage interniert, einige wurden angeklagt, vor Gericht gestellt und nach Prozessen zu mehrjährigen Gefängnisstrafen verurteilt. Kein Gesetz hatte Fraternisierung welcher Art auch immer verboten, aber nach den norwegischen Tageszeitungen des Jahres 1945 zu urteilen, scheint es, als seien große Teile der Bevölkerung geradezu besessen davon gewesen, die Frauen zu bestrafen. Die Polizei und die Gerichte legten ihre Befugnisse äußerst weit aus – und in vielen Fällen ging die Straßenjustiz den Verhaftungen und Gerichtsverfahren voraus. Sie bediente sich, wie andere Arten der Schikane auch, eines Repertoires an Strafen, das offenbar in allen Ländern gleich war: Betont zu Schau getragene Mißachtung, »Schneiden«, Beschimpfen, Kündigung von Arbeitsplatz und Wohnung. Die Handgreiflichkeiten umfaßten

Anspucken, Verprügeln, teilweises oder völliges Entkleiden, Abschneiden der Haare, oft gefolgt vom Scheren des Kopfes, Aufmalen von Hakenkreuzen auf Stirn, Wangen, Rücken, Brust oder Gesäß, und zwar mit Lippenstift oder Pech. Danach wurden die Frauen durch die Straßen gejagt oder an einem entlegenen Ort ausgesetzt. Vergewaltigungen gehörten in keinem Land, über das ich Berichte habe, zum ›Repertoire‹, auch wenn sie vermutlich vereinzelt vorkamen. Es gibt einige wenige Fälle, in denen die Frauen ermordet oder, in Frankreich, standrechtlich erschossen wurden. Aus Skandinavien sind mir Fälle bekannt, wo Frauen sich nach einer solchen öffentlichen Demütigung selbst töteten.

Bei den ›spontanen‹ Aktionen der Straßenjustiz wurden manchmal mehrere Frauen auf offenen Lastwagen stehend durch die Stadt gefahren, wobei sie handgemalte Schilder um den Hals tragen, auf denen in der Landessprache z. B. ›Deutschenhure‹ oder (in Dänemark) ›feltmadras‹ (›Feldbett‹) stand. Als ich diese Fotos zum ersten Mal sah, fiel mir ein Bild ein, das während des Dritten Reichs in Deutschland gemacht worden ist. Es zeigt eine Frau inmitten einer Menschenmenge. Sie trägt ein Schild um den Hals: »Ich bin am Ort das größte Schwein und laß' mich nur mit Juden ein.«

Neben ihr auf dem Bild steht der Mann, der wohl ihr Geliebter war. Er teilt ihre öffentliche Schmach. Nicht so auf Capas Chartres-Bildern. Auf ihnen, wie auf nahezu allen Bildern, die zwischen Sommer 1944 und Frühsommer 1945 in den befreiten Gebieten von solchen Szenen gemacht wurden, fehlt der Mann – genauer: der Deutsche. Er fehlt als der Liebhaber, um dessentwillen die Geschorenen den Namen ›Deutschenhure‹ bekam. Er fehlt als der Vater des Kindes, das ihm den Namen ›Deutschenkind‹ verdankt, der in allen besetzten Ländern ein Schimpfwort war. Hatte das Dritte Reich großen Wert darauf gelegt, zumindest einen groben Überblick über die Zahl der europäischen Nachkommen ihrer Soldaten zu behalten, endete mit der Kapitulation jedes deutsche Interesse an ihnen.[5] Von da an waren sie nur noch und ausschließlich die Kinder ihrer Mutter und deren Nation. Und es fehlt der Mann als Feind, als verhaßter Deutscher, als Nazi. Der ehemalige Besatzer kommt bei diesen Bestrafungen nicht vor – und das nicht, weil er nicht verfügbar gewesen wäre. Es wird häufig vergessen, daß sich die Deutschen in den besetzten Ländern am Tage der Kapitulation ja nicht einfach in Luft auflösten, sondern zu Hunderttausenden und mitunter noch monatelang im Land blieben, bis sie nach Deutschland zurückkonnten.

Doch der deutsche Soldat ist eindeutig und klar erkennbar von ›uns‹, d.h. der besetzten und jetzt befreiten Nation, geschieden; er ist der Andere, der Fremde, der auf der falschen Seite stand und steht. Bei der Bestrafung der ›Deutschenflittchen‹ hingegen geht es um eine rein nationale Angelegenheit, es dreht sich um das Ausdeuten der Abtrünnigen: »Sie ist vor allem Negativ, aus der verliebten Frau wird ohne große Umstände eine Verräterin, ein Spitzel, auf die sich alle Haßgefühle der Befreiung projizieren lassen.«[6] Die Gesichter der Beteiligten in Chartres zeigen, daß es um etwas Ernstes geht, und das ist die klare Trennung zwischen denen, die auf der richtigen, und denen, die auf der falschen Seite gestanden haben. Mit der Ausdeutung jener, die das Volk verraten haben, bekommt das Böse in den eigenen Reihen ein Gesicht, das dann buchstäblich als gefährliche Ansteckungsquelle bezeichnet und (buchstäblich oder bildlich) aus der Stadt hinausgeführt werden kann. Nicht zufällig finden diese ›Säuberungen‹ in einem Raum statt, der weder eindeutig dem Krieg noch eindeutig dem Frieden zuzurechnen ist. Er ist der Ort des Übergangs vom Alten zum Neuen. Hier muß das Alte gereinigt, verbannt oder verbrannt werden, um den neuen Anfang, eine ›Stunde Null‹ zu ermöglichen. Es war der Raum, in dem sich jene Bürger und Regierungen der besetzten Länder, die sich dem Nationalsozialismus durchaus nicht so entschieden entgegengestellt hatten, wie es später dargestellt wurde, ihres Patriotismus, ihrer Rechtschaffenheit und der Rechtmäßigkeit des Staates versicherten, den sie nun wieder übernahmen.

Die vermeintlich ›spontanen‹ Aktionen einzelner, aufgebrachter Bürger waren weder so spontan noch so ›illegal‹, wie es in den Geschichtsbüchern jener Länder (soweit sie darüber überhaupt eine Silbe verlieren) heute dargestellt wird. Gegen Spontanität spricht allein die banale Tatsache, daß es zum Scheren einer mitgeführten Schere und eines Rasiermessers bedarf. Und was die Behauptung der Illegalität angeht, so beweisen zahllose Fotos, Zeitschriftenartikel und Polizeiprotokolle, daß – zumindest in den Ländern, über die ich Daten habe – bewaffnete und uniformierte Widerstandskämpfer an den Strafaktionen der ersten Nachkriegstage und -wochen beteiligt waren. Diese Widerstandskämpfer waren in dieser Übergangszeit die inoffizielle Repräsentation der Staatsmacht, was den offiziellen Charakter der Reinigungen unterstreicht. Wenn die Widerstandsbewegungen dieser Länder ihre Teilnahme heute mehr oder weniger entschieden bestreiten und derartige Ausschreitungen als ›Ausrutscher‹ einiger weniger männlicher Jugendlicher darzustellen versucht, dann deswegen, weil diese demütigenden Bestrafungen inzwischen verfemt sind. Sie gelten in Norwegen und Dänemark als der einzige düstere Fleck auf dem ansonsten strahlenden Bild der friedlichen Befreiungstage, und der ›Scherer‹, der die Bestrafung durchführte, genießt einen äußerst schlechten Ruf: Er ist der anonyme Anti-Held, er ist mittelmäßig, sexuell frustriert, er kompensiert ein Leben ohne Liebe und voll bitterer Desillusionierungen.[7] Er war während des Krieges untätig, ergreift in allerletzter Minute die allerletzte Möglichkeit, um seine patriotische Gesinnung zu beweisen, und sucht sich dafür das schwächste Opfer aus, dessen er habhaft werden kann. Fragen wie denen, warum er dafür so viel Zustimmung und Aufmerksamkeit bekam, warum offenbar niemand den Versuch unternahm, ihn daran zu hindern, für wen und in wessen Auftrag er das tat und was eigentlich nach vollzogener Strafe zerstört oder wiederhergestellt war, sind in Europa bisher nur sehr wenige Wissenschaftler und Wissenschaftlerinnen nachgegangen.[8]

Jede Besatzungsgeschichte ist eine andere – die deutsche Wehrmacht war in Norwegen ein völlig anderer Feind als auf den Kanalinseln, in Frankreich, Jugoslawien oder Rußland. Und diese Besatzungen waren wiederum völlig andere als die der Alliierten – nicht nur des Nachkriegsdeutschlands, sondern auch die der Amerikaner und Briten auf Island während des Zweiten Weltkriegs. Immer und überall aber entstehen Liebesbeziehungen zwischen Besatzungssoldaten und den Frauen der besetzten Nation, immer und überall sind die Frauen Angriffen seitens ihrer Landsleute ausgesetzt. Die Namen, die für die Freundinnen der Soldaten benutzt wurden, leugnen Wärme, Nähe oder gar Liebe und unterstellen Berechnung und Ehrlosigkeit. Die Geliebten der deutschen Soldaten hießen *tyskertøs, moffenhoer, jerrybag, les femmes à boches* oder *la salope qui a bochi*, was *Deutschenflittchen, Deutschenhure, Deutschenliebchen* oder *Deutschenmädchen* bedeutet, Worte, die es auf Deutsch nicht gibt. In Deutschland gibt es nur *Ami-, Russen-, Tommy- oder Franzosenflittchen*. ›Hure‹ und ›Flittchen‹ sind selbstredend nicht gleichbedeutend mit ›Prostituierte‹, zum Beweis dafür bedürfte es kaum der folgenden, ganz und gar unglaublichen Passage aus Brossats *Les Tondues*:

Am 8. September 1944, vierzehn Tage nach der Befreiung Perpignans, spricht auch der brandneue Républicain du Midi *von Gerechtigkeit. Der Artikel ist überschrieben »Frauen, die intime Beziehungen zu Deutschen hatten, werden geschoren«. Der Artikel erklärt, worum es geht: »Das Libérations-Komitee des Departments hat beschlossen, daß mit Ausnahme der Prostituierten in den öffentlichen Häusern die Frauen, die intime Verbindungen mit den Deutschen hatten, den Kopf geschoren bekommen sollen.*[9]

Kehren wir damit zu Capas Bild zurück: Wir sehen eine Frau, die vermutlich keine Prostituierte war. Sie wurde geschoren, weil ihr – was immer sie sonst noch getan haben mag, vor allem vorgeworfen wurde, mit einem (oder mehreren) Soldaten der Besatzungsarmee sexuelle Beziehungen unterhalten zu haben. Der

Schriftsteller André Chamson läßt eine solche Frau zu ihrer Verteidigung sagen: »Ja, ich habe mit Deutschen geschlafen. Mit irgend jemanden muß man schließlich schlafen, und ihr wart nicht da.« Aber sie schliefen auch mit Deutschen, wenn, wie in Dänemark und Norwegen, ihre Landsleute nicht auf dem Schlachtfeld, sondern zu Hause waren. Es war also nicht nur ›sexueller Notstand‹, der die Frauen in die Arme des Feindes trieb, und die lange Geschichte der Besatzungen beweist, daß es auch nicht, wie eine weitere häufig gehörte Erklärung lautet, allein die Verlockungen von Schokolade und Seidenstrümpfen (im Nachkriegsdeutschland dann die legendären »Nylons«) waren. Auf die Idee, daß es sich tatsächlich um *Liebe* gehandelt haben könnte, kommen in diesem Zusammenhang offenbar nur Schriftsteller. In seinem Roman *Dix jours en août* schreibt Bernard Frirell über eine Frau, die der ›horizontalen Kollaboration‹ beschuldigt wurde, sie habe mit Entsetzen begriffen, daß der Fall von Paris bedeute, daß ihr geliebter Klaus die Stadt würde verlassen müssen. »In ihrer Seele gibt es weder Verrat noch der Wunsch nach Kollaboration – sie ist vor allem eine verliebte Frau. Hätte man sie gefragt, sie hätte gesagt, daß sie selbstverständlich hoffe, daß Frankreich siege. Was für eine Frage! Ihr innigster Wunsch sei allerdings, daß die Deutschen in Paris blieben.«[10]

Sie liebte ihren Klaus und wollte mit ihm zusammen bleiben – was läge näher? So ist die Liebe. Zudem lebte sie, wie viele Europäerinnen während des Zweiten Weltkrieges, in einer Zeit und einer Gesellschaft, die weder Standeserwägungen noch Vermögensverhältnisse, sondern einzig und allein *Zuneigung* zwischen den Partnern als legitimen Heiratsgrund wertete. Das gesellschaftliche Diktat der Liebesheirat – es sei besonders herausgestellt, weil es für das Thema so überaus wichtig ist –, gesteht der Frau eine sehr große Freiheit zu: Sie ist in der Wahl ihres Partners völlig autonom. Sie darf, ja *muß* allein nach dem Kriterium entscheiden, ob sie ihn liebt, und zwar ohne, daß Eltern oder Gesellschaft sich einmischen und über sie zu bestimmen versuchen. Vielleicht hatte Capas Geschorene dieses Recht für sich in Anspruch genommen, und falls es so war, war sie vermutlich der Ansicht, dies sei ganz allein ihre Privatsache und habe nicht das geringste mit Politik zu tun. Zu den drängendsten Fragen, auf die ich mit diesem Buch eine Antwort suche, gehören die, warum viele ihrer Landleute das ganz anders sahen, warum sie für diesen Irrtum so teuer bezahlen mußten – und warum bei weitem nicht alle Frauen, die sich ›mit dem Feind einließen‹, wie das hieß und noch heißt, auf diese oder ähnliche Weise der Straßenjustiz anheim fielen.

Eine von ihnen ist Lucie. Sie hat, inzwischen siebzig Jahre alt, vor einigen Jahren die Geschichte ihres Lebens mit Hans aufgeschrieben. Die unveröffentlichten Lebenserinnerungen beginnen mit dem Einmarsch der Deutschen in Frankreich, als Lucie fünfzehn Jahre alt war, und zwar mit den folgenden, erstaunlichen Worten: »Als damals grün uniformierte Soldaten unser kleines Städtchen über Nacht in Aufruhr brachten, tat sich für die Gymnasiastin, die ich war, eine neue, exotische Welt auf.« Eine neue, exotische Welt – es ist Krieg in Europa, das weitere Schicksal Frankreichs ist gänzlich ungewiß, der militärische Feind und Sieger marschiert in ihrer Heimatstadt ein – und das erste, was in ihrer Erinnerung auftaucht ist, daß etwas Aufregendes passierte! *Endlich*, ist man versucht hinzuzufügen, denn offenbar teilten ihre Mitbürger im Grunde Lucies Gefühle. Sie schreibt weiter: »Rückblickend müssen die Uniformierten wie Marsmenschen ausgesehen haben: bedrohlich in ihren Monturen, hoch in ihren Fahrzeugen. Nur die Kinder freuten sich, als Bonbons auf ihre Köpfe regneten. Die übrige Bevölkerung war still, abweisend, ja erschreckt. Die meisten hatten sich in ihr Schicksal bereits ergeben, und dennoch waren sie nicht feindselig. Feindselig war dagegen die politisierte, patriotische und frustrierte Jugend, zu der ich gehörte.

Mit der Zeit glätteten sich jedoch die Wogen; spätestens dann, als sich die Marsmenschen freundlich zeigten und lachend in die Läden einfielen. Das Städtchen wachte auf, in den Cafés ging es bunt zu, ja man sprach miteinander.«

Bald erzählte man sich, in der Kommandantur sitze ein Dolmetscher, der überaus bemüht sei, es allen Franzosen recht zu machen. Lucie und eine Freundin waren neugierig, und da in solchen Zeiten des Umbruchs die Gesetze und Regeln des vergangenen Monats nicht mehr selbstverständlich Gültigkeit haben, war rasch ein Vorwand gefunden, um zur Kommandantur zu gehen und sich den Mann anzusehen, über den die ganze Stadt tuschelte: »Auf den ersten Blick kam er mir uralt vor, und in der schlechtsitzenden grünen Kluft nicht sonderlich fesch. Aber er hatte einen festen Händedruck, eine wohltuende Stimme, schöne dunkle Augen und feingliedrige Hände. War es das? Zwischen uns hat es jedenfalls sofort gefunkt: le coup de foudre!« Hans war tatsächlich uralt: Achtundzwanzig.

Aus dem Formular, das sie auf der Kommandantur ausfüllte, erfuhr er ihren Namen und ihre Adresse und kurze Zeit später stand er vor der Tür ihres Elternhauses, »auf der Suche nach Quartieren«, wie er sagte. Als er sich beim Vater beiläufig nach besonderen Weinsorten erkundigte, improvisierte dieser eine Weinprobe, zu der die Mutter Brot und Käse auftischte. Bald war er häufiger Gast im Haus, und als er seinen 29. Geburtstag feiern wollte, bat er Lucies Eltern, Lucie zu diesem Anlaß in ein besonders gutes Restaurant ausführen zu dürfen.

»Sie erlaubten es. An jenem Abend hat mich dieser Mann, so verschieden von meinen Jugendfreunden, bezaubert. Er strahlte eine solche Wärme, eine solche Ernsthaftigkeit aus! Und er wagte tatsächlich von Verlobung zu reden.

So einfach haben es ihm meine Eltern jedoch nicht gemacht. Im Beisein meiner Großeltern mußte er wie ein Rechtsanwalt dafür plädieren, die Gegenwart analysieren, die Zukunft mit mir in schillernden Farben präsentieren. Mein Großvater sagte, es sei doch Krieg, er kenne sich aus. Mein Vater sagte nur immer wieder, ich sei zu jung. Ich sagte nichts und schaute nur meine Mutter an. Sie fand schließlich aus dem Dilemma heraus: ›Verlobung ja, aber die Braut bleibt bis zum Ende des Krieges bei uns zu Hause, bis der Bräutigam sie abholen kann.‹ ›Zut!‹, dachte ich. ›Und wenn der Krieg nun dreißig Jahre dauert?‹

Nach der Kriegserklärung gegen Rußland mußte er unser Städtchen ver-

lassen, aber ehe er es tat, traf er eine Vorsorge. Inzwischen waren einflußreiche französische Bürger unserer Stadt seine Freunde geworden, in deren Heim er stets ein gerngesehener Gast war. Das nutzte er jetzt aus. Er erzählte jedem einzelnen von unserer offiziellen Verlobung und bat um persönlichen Schutz für mich. Dem ›Commandant‹, wie sie ihn liebevoll nannten, versprachen sie alles, was er wollte.«[11]

Eine ganz normale Liebesgeschichte, möchte man meinen. Ein Mann und eine Frau begegnen sich, vergucken sich ineinander, er findet einen Vorwand, sie zu besuchen, kann die Eltern der jungen Frau für sich gewinnen, sie verloben sich. Doch vieles an diesen Erinnerungen ist äußerst bemerkenswert – angefangen damit, daß Lucie, die sich als »politisiert, patriotisch und frustriert« bezeichnet, die Besatzung als exotisch und aufregend empfand und aus reiner Neugier in die Kommandantur ging – was bei dieser politischen Haltung die zu meidende Höhle des Löwen hätte sein sollen. Aber nicht nur sie, auch die anderen Bewohner arrangierten sich offenbar umgehend mit den neuen Gegebenheiten – mehr noch, das Städtchen blühte auf. Mit den vielen fremden jungen Männern kam Leben in die Stadt, Geschäfte und Cafés machten mehr Umsatz – wer würde es denn als Fraternisierung oder gar Wirtschaftkollaboration auslegen, wenn die Buchhandlung Wörterbücher, das Café Eclairs an sie verkauften? Und es war für einen wohlerzogenen, französisch sprechenden Deutschen offenbar überhaupt kein Problem, von der – dazu noch vorgetäuschten – militärisch-beruflichen Ebene binnen eines einzigen Besuchs auf eine freundschaftlich-private zu wechseln und zum wohlgelittenen Freund des Hauses und der geliebten Tochter zu werden. Als die Familie entscheiden sollte, ob man sie diesem Mann zur Frau geben kann, lauteten die Gegenargumente: Es ist Krieg, sie ist zu jung – Argumente von erschütternder Banalität, denn sie hätten ebenso zugetroffen, wenn beide Franzosen, beide Deutsche oder beide Holländer gewesen wären. Es spielte offenbar nicht die geringste Rolle, daß dieser Krieg zwischen ihren beiden Nationen ausgetragen wurde, daß er Soldat der feindlichen Armee war, daß er Deutscher war, daß die Verbindung Lucie in dem Städtchen hätte kompromitieren können.

Hans' Sorge um seine Verlobte zeigt allerdings, daß es in dem heiteren Zusammenleben zwischen Deutschen und Franzosen, das Lucie zeichnet, schon damals Mißtöne gegeben haben muß. An dieser Stelle ihrer Lebenserinnerungen schwebt über der vermeintlichen Idylle bereits das Bild der Geschorenen von Chartres: Hans begriff bereits zu diesem frühen Zeitpunkt – 1941 –, daß sich die freundschaftliche Atmosphäre zwischen Besatzern und Besetzten verändern würde, wenn die Besiegten zu Siegern werden würden, und daß Lucie dann wegen ihrer Verbindung zu einem Deutschen als Landesverräterin und Spitzel gebrandmarkt werden könnte. Um dies zu verhindern, packt er, bemerkenswert klug und strategisch geradezu genial, die Honoratioren der Stadt bei ihrer Ehre. Die Geschichte von Hans und Lucie werde ich an anderer Stelle weitererzählen, vorweggenommen aber sei, daß Lucie weder während der Besatzungszeit noch danach angetastet wurde. Sie selbst sagte mir, daß in ihrer Heimatstadt, wo es viele deutsch-französische Liebesbeziehungen gegeben habe, keine Frauen geschoren worden seien.

Lucie und viele, viele andere Frauen wie sie tauchen in keiner Erzählungen über die ›Deutschenmädchen‹ auf. In Umkehrung des Satzes, daß man nur sieht, was man weiß, gilt hier, daß man nur weiß, was man sieht. Und man sieht nur die im Lichte, heißt es – das Licht sind die Fotos, Zeitungs- und Polizeiberichte, in denen nur jene erwähnt werden, die der Straßenjustiz anheim fielen, verhaftet oder interniert wurden.

Wer auf der Straße überfallen wurde, verzichtete meist auf eine Anzeige, und die Provinzzeitungen verstanden sich damals noch nicht als Boulevardblätter, die bevorzugt Inoffizielles und Anrüchiges berichten. Daher ist die Dunkelziffer der von der Straßenjustiz betroffenen Frauen immens hoch, sind die wenigen Statistiken, die der Frage nachgehen, wie das ›typische Deutschenmädchen‹ aussah, äußerst dubios. Schenkt man ihnen Glauben, war es das ›Verbrechen der Dienstmädchen‹ – darüber war man sich bemerkenswerterweise in so unterschiedlichen Ländern wie Norwegen und Frankreich völlig einig. Zutreffender wäre wohl zu sagen, daß in den Statistiken vor allem jene auftauchen, die niemanden hinter sich hatten, die allein waren, die sichtbar wurden – denn die Frage, wer in diesen Jahren als ›Deutschenflittchen‹ galt, war durchaus auch eine Frage der Klassenzugehörigkeit: Wenn diese Frauen als Kollaborateurinnen das Böse der Besatzungszeit verkörpern sollten, mußten sie einer anderen gesellschaftlichen Schicht als der politischen und gesellschaftlichen Nachkriegselite des Landes angehören, die definierte, was Recht und Unrecht war und dabei natürlich darauf achtete, sich selbst und »ihre Frauen« nicht ins Unrecht zu setzen. Die grenzenlose Verachtung für die Schwachen, die den Mob immer antreibt und die auch hinter den Übergriffen gegen die »Deutschenmädchen« stand, traf Lucie auch darum nicht, weil sie nicht schwach *war*: Als behütete Bürgerstochter hatte sie nicht nur ihre Eltern, sondern auch die maßgeblichen Familien der Stadt auf ihrer Seite. Diese paßten auf sie und die anderen jungen Frauen ihres Städtchens auf und sorgten dafür, daß ihnen nichts zustieß.

Die Norwegerin Petra H. hingegen entsprach nahezu lückenlos dem Klischee vom ›typischen Deutschenmädchen‹. Sie hatte seit 1942 in dem Küstenstädtchen Ålesund als Küchenhilfe im Kasino der deutschen Wehrmacht gearbeitet und war mit deutschen Soldaten befreundet. Später verlobte sie sich mit einem von ihnen. 1943 geriet sie mit einer etwa gleichaltrigen Friseuse – Ingrid R. – in Streit, weil diese herumerzählte, Petra H. habe Kopfläuse. Als Petra H. sie zur Rede stellte, beschimpfte Ingrid R. sie als ›Deutschenhure‹ und ›Deutschenschwein‹, worauf Petra H. sagte, das werde ihr noch leid tun. Um es Ingrid R. heimzuzahlen, erzählte sie am folgenden Tag ihrem deutschen Vorgesetzten von dem Streit und den Beleidigungen. Er schrieb einen Bericht, den Petra H. – als »Zeugin« – unterschrieb. Die Folge davon war, daß Ingrid R. zur Gestapo bestellt wurde, wo man sie verwarnte und ihr sagte, sie habe es nur ihrer Jugend zu verdanken, daß sie wegen dieser Äußerung nicht zwei Jahre Gefängnis bekomme.

Im September 1945 wurde die inzwischen zwanzigjährige Petra H. in Ålesund vor Gericht gestellt und wegen Denunziation zu anderthalb Jahren Zwangsarbeit verurteilt, außerdem wurden ihr die bürgerlichen Ehrenrechte auf zehn Jahre aberkannt.[12] Dabei ging es um so wenig: An sich war es bloß eine lächerliche Zänkerei zwischen zwei Teenagern, wie sie alle Tage vorkommt und die nicht im geringsten politisch ist. Dafür wurde die eine fast zu einer Gefangenen der Gestapo, die andere erhielt eine harte Strafe und büßte vielleicht ihr Leben lang für ihre – ja, wofür eigentlich? Dummheit? Gehässigkeit? Rachsucht? Wichtigtuerei? Kollaboration? Es steht völlig außer Zweifel, daß sie Ingrid R. denunziert hat. Aber es stellt sich die Frage, ob sie deswegen eine Denunziantin ist. Macht es den Denunzianten aus, daß er (sie) aus politischen Motiven handelt? Muß er (oder sie) abschätzen können, welche Folgen die weitergereichte Information haben kann?

Capas Bilder aus Chartres sind nicht darum so bemerkenswert, weil sie exemplarisch zeigen, was mit den Frauen getan wurde, die im besetzten Frankreich – oder im übrigen Europa – Beziehungen zu deutschen Wehrmachtsangehörigen hatten, sondern weil sie an der Grenze zum Klischee einen Mythos spiegeln, eine Schlüsselerzählung, die in ihrer Schlichtheit und Verdrehung die Geschichte so wiedergibt, wie wir sie gern hätten.[13] Es herrscht noch immer die Sehnsucht, Klarheit in die Verwirrung jener Zeit zu bringen, die Schuldigen von den Unschuldigen zu trennen. So hörte ich in den Monaten der Arbeit an diesem Buch von ganz verschiedenen Seiten immer wieder, es sei doch empörend, wie man diese Frauen behandelt habe, damals seien ja sogar *Unschuldige* geschoren worden. Darin schwingt die Auffassung, daß jene Frauen, die tatsächlich mit Deutschen ins Bett gegangen waren, keineswegs *schuldlos* waren und daher auch zu Recht bestraft wurden. Es erinnert an Vergewaltigungsprozesse: Der Angeklagte ist nur schuldig, wenn die vergewaltigte Frau beweisen kann, daß sie ein ehrbares Leben führte und ihn nicht provoziert hat.

Um zu begreifen, warum die Frau mit dem Säugling als entehrt und schuldig galt, um das Capa-Bild wirklich verstehen zu können, müssen wir auf die Zeit davor, auf die deutsche Besatzung von Frankreich schauen. Wir müssen wissen, wie die Menschen damals lebten, in Nordnorwegen oder in der französischen Provinz, worin sich das Leben der Frauen von dem der Männer unterschied. Was war mit Chartres und dieser Frau, bevor Capa sie am 18. August 1944 fotografierte? Wie ging ihr Leben am 19. August weiter? »Wie ist ihr Leben und das des Kindes geworden? Was für eine Gesellschaft ist das? Wie sieht sie die Sexualität der Frauen? Welche Vorstellungen hat sie von Schande und Erniedrigung?«[14]

Es ist eine vermutlich recht sichere Annahme, daß sich alle, die damals dabei waren, heute schämen: jene, die geschoren, geschlagen, geschändet haben, jene, die untätig zugesehen haben, jene, die gestraft wurden, und vielleicht auch die deutschen Soldaten, um derentwegen das alles geschah. Doch um die für alle schmerzliche Geschichte zu vertuschen und die Scham zu verbergen, muß erneut das Opfer herhalten: Wer zu diesem Thema forscht und darüber schreibt, bekommt immer und immer wieder zu hören, man solle die Frauen endlich in Ruhe lassen, sie hätten wirklich genug gelitten.

Dabei geht es doch um viel mehr als ›nur‹ um das Schicksal der Frauen. Es geht darüber hinaus auch um völlig anderes: Wie definiert ein Volk, wer zu ihm gehört und wer nicht? Was gestattet es seinen Bürgern, vor allem: Was gestattet es seinen *Bürgerinnen*? Es geht um Verbrechen, Liebe und Tod – die Königsthemen der Zerstreuungsliteratur und der großen Auflagen, wie Brossat schreibt, das bevorzugte Terrain des Romanciers und der Horror eines jeden Historikers. Es ist auch das große Gefühlstheater, aus dem sich wesentliche Teile der abendländischen Literatur und der Hollywood-Produktion speisen. Es geht nicht nur um *sex and crime*, es geht um Ehre, Stolz, Mut, Treue, Würde, um Haß, Scham, Schuld, Angst, Erleichterung, Feigheit, Neugier, Rachsucht, Stigmatisierung, Ächtung, um Vaterlandsliebe, Verrat – und nicht zuletzt um die verbotene Liebe, um die Frage, ob die beiden, die nicht zueinander dürfen, doch noch zueinander kommen, oder ob sie, wie Romeo und Julia, tragisch enden werden.

Ob es ein Happy End gab oder nicht, hing im Zweiten Weltkrieg häufig allein von der Nationalität die Liebenden ab: Deutsche Soldaten durften eine Norwegerin, nicht aber eine Französin heiraten, amerikanische Soldaten konnten mit vergleichweise geringen Formalitäten ihre isländische, britische oder italienische Freundin ehelichen, während die Heirat mit einer Deutschen oder einer Japanerin zunächst verboten war und später, als sich dieses Verbot nicht aufrecht erhalten ließ, durch bürokratische Hürden äußerst erschwert wurde.

Wir schauen auf Capas Foto und sehen die Zeit der Besatzung, die Kriegsjahre, Hitler, die Gestapo, deutsche Soldaten und SS-Leute, die Mitläufer, Kriegsgewinnler, Spitzel und Verräter der besetzten Länder, die Konzentrationslager und Folterkeller, die Bomben, das Leid, die Schikane – aber auch die Kapitulation, den Sieg der Allierten, das Glück des Friedens. Das alles taucht vor unseren Augen auf, wenn wir das Bild sehen, das am 18. August 1944 in Chartres entstand. Capas Geschorene ist als Sinnbild des besiegten Nationalsozialismus von den Freuden des Friedens ausgeschlossen. Sie ist ein Symbol für das, was verhaßt war und nun zum Glück vorüber ist, für alle, die Schuld auf sich geladen haben – sie ist der Gegensatz zu allen anderen auf dem Bild, die nicht schuldig wurden. Sie steht für das Schmutzige und Vergiftete im »Volkskörper«, darum wird sie aus der Gemeinschaft ausgestoßen.

Eigentlich aber ist auf dem Bild doch nur eines zu sehen: eine junge Frau mit einem Neugeborenen. Eine Frau, die keine Haare hat. Die alle anstarren. Und über die wir nichts wissen.

Bist du mein, so soll mein Freund dich haben

Die Frau als Eigentum

Frauen, die sich mit Soldaten der feindlichen Armee ›einlassen‹, waren immer und überall Schikanen ausgesetzt. Das galt für die Länder, die während des Zweiten Weltkrieges von der deutschen Wehrmacht überfallen und besetzt wurden ebenso wie für das von den USA besetzte Japan, für Korea und später Vietnam. Da sich die Deutschen und Amerikaner im Krieg mit diesen Ländern befanden, mag es verständlich, ja zwingend erscheinen, daß die Bevölkerung Frauen ablehnte, die mit den Feinden Kontakte unterhielten und ihnen nicht nur *nicht* das Gefühl gaben, unerwünscht zu sein, sondern ihnen überdies das Leben angenehmer machten.

Das Problem erweist sich allerdings schon bei flüchtiger Betrachtung als viel komplexer. Zum einen gibt es in besetzten Ländern zwischen Zivilbevölkerung und Besatzungsarmee immer viele und viele unterschiedliche Kontakte. Es entstehen Freundschaften, Bekanntschaften und Geschäftsbeziehungen, die zum Nutzen des Einheimischen sind – die Palette reicht vom Bäcker, der einem Soldaten, der in seinen Laden kommt, ein Brötchen verkauft (und daran verdient) bis zu Kriegsgewinnlern und Denunzianten, die aus Gewinn- oder Geltungssucht, ihre Landsleute hintergehen oder sogar in Lebensgefahr bringen. In dieses Spektrum zwischen Zuneigung, materiellem Vorteil und Verrat reihen sich die Freundinnen der Soldaten ein. Über die Frage, ob sie ihrem Land mit ihrem Verhalten schaden, gehen die Meinungen ebenso weit auseinander wie darüber, ob sie eher mit dem Bekannten des Besatzungssoldaten oder dem Denunzianten vergleichbar sind.

Zum zweiten geschieht diese Diffamierung nicht nur in Ländern mit einer feindlichen, sondern auch in Ländern mit einer sogenannten ›freundlichen‹ Besatzung – wie Island, das während des Zweiten Weltkriegs erst von Großbritannien und dann von den USA besetzt war. Diese Besatzung geschah in Absprache mit der isländischen Regierung, die die Bevölkerung bat, im Umgang mit den Besatzern ›höflich, aber patriotisch‹[1] zu sein. Dennoch reagierten auch die meisten Isländer ausgesprochen negativ auf alle Verbindungen zwischen Isländerinnen und Besatzungssoldaten.

Auf der Suche nach einer Antwort auf die Frage, warum diese Beziehungen so entschieden und so einhellig abgelehnt werden, muß der Blick von den konkreten Besatzungssituationen zunächst auf andere, grundsätzliche Fragen gelenkt werden – beispielsweise, wie Männer die Konkurrenz um Frauen austragen. Nehmen wir an, die Männer einer Gruppe (nennen wir sie die Wir-Gruppe) haben bei ›ihren‹ Frauen das Geschlechter-Terrain bislang allein beherrscht. Was geschieht, wenn Männer einer anderen Gruppe (die Ihr-Gruppe)[2] auftauchen und der Eindruck entsteht, daß sie mit der Wir-Gruppe in sexuelle Konkurrenz um die Frauen der Wir-Gruppe treten?

Typischerweise äußert die Wir-Gruppe zunächst Wut darüber, daß ›die uns unsere Frauen wegnehmen wollen‹. Kernpunkt dieser vertraut klingenden Formulierung ist, daß die Frauen der Wir-Gruppe unumwunden als deren Eigentum – genauer gesagt: als Eigentum der *Männer* der Wir-Gruppe – definiert werden.

Die Frauen kommen darin kaum vor: Sie bewegen sich nicht, handeln nicht, tun nichts. Sie sind bei dieser Transaktion die Ware, das Eigentum, das die Männer der Ihr-Gruppe ›wegnehmen‹ oder ›stehlen‹ können.[3] Während eine Frau, die in der Wir-Gruppe von vielen Männer begehrt wird, einen hohen ›Preis‹ hat, gilt dies für Frauen mit vielen Verehrern aus der Ihr-Gruppe nur, wenn sie diese strikt abweist und damit demütigt. Dies steht hinter einem Aufruf der norwegischen Exilregierung, die nach London geflohen war und im Mai 1941 über Radio London den Norwegerinnen folgendes mitteilte: »Im Kampf gegen die Fremdherrschaft kann eine feste und abweisende Front norwegischer Frauen Wunder wirken. [...] Die Soldaten, die durch Europa gestiefelt sind und sich nach ihren Verwüstungszügen in Norwegen ausruhen, sind eine Gefahr für die Volksgesundheit. Und die Frauen, die nicht als Prostituierte gelten möchten, schulden es den besten und gesündesten Kräften des norwegischen Volkes, sich von moralischer und körperlicher Herablassung fern zu halten.«[4]

Die Exilregierung spricht zu den Norwegerinnen in einem Ton, als erteilten Väter, Brüder oder Ehemänner den zurückgelassenen Frauen Befehle, wie sie sich in Abwesenheit des Familienoberhauptes und aller anderer männlicher Familienangehörigen zu verhalten haben. Jede Frau, die die Deutschen nicht abweise, hieß es weiter, werde dafür ihr ganzes restliches Leben einen furchtbaren Preis bezahlen müssen. Ähnliche, wenn auch konkretere Drohungen legt Shakespeare Julias Vater in den Mund, als seine Tochter zögert, den von ihm bestimmten Mann zu heiraten. Ohne auch nur zu ahnen, daß sie in ihrem Ungehorsam bereits viel weiter gegangen ist und sich in den Sohn seines Erzfeindes verliebt hat, beschimpft er sie als *bleichsücht'ges Ding, lose Dirne, Talggesicht* und *Hexe,* und stellt sie vor folgende Wahl: »Bist du mein, so soll mein Freund dich haben; wo nicht: geh, bettle, hungre, stirb am Wege!«[5]

Frauen wird die ›Liebeswahl‹ zugestanden, solange sie nicht den Verheiratungsformen der Vätergesellschaft zuwiderläuft (Freud nennt das etwas verschämt die ›sozial verkümmerte Freiheit der Objektwahl‹), und die zielen auf eine »Tochter, die kann oder darstellen kann, was nach den Bedingungen des männlichen Geschäfts, der männlichen Politik und Fortpflanzungspolitik nötig oder wünschenswert ist. Heiraten nach ökonomischen, religiösen oder ethnischen Regeln, nach politischem Vorteil«[6] – das Verhältnis zu Fremden zeigt sich an Wenigem so deutlich und mit solch feinem Sensorium wie daran, welcher Mann für die eigene Tochter akzeptabel ist: sei es die Tochter einer Familie, sei es die eines Volkes.

»Bleichsücht'ges Ding, lose Dirne, Talggesicht und Hexe« oder »Frauen, die nicht als Prostituierte gelten möchten« – über fast vier Jahrhunderte hinweg verlegen sich Männer aufs Fluchen und Drohen, sobald sie fürchten, die Kontrolle über ›ihre‹ Frauen zu verlieren. Bekommen sie gar den Eindruck, daß eine Frau einen unliebsamen Bewerber nicht abweist, daß sie dessen Aufmerksamkeiten genießt oder gar ermuntert, sinkt ihr Wert sofort.

Frauen – die verheirateten wie die unverheirateten – sind den männlichen Familienangehörigen Rechenschaft darüber schuldig, mit wem sie Umgang haben, und sie dürfen der Familie keine Schande machen. ›Schande‹ bedeutet für Frauen immer, daß sie Kontakte – insbesondere sexuelle – eingegangen sind, die das männliche Oberhaupt der Familie nicht billigt. Wie der Medizinhistoriker John Gilman es formuliert: »Nur eine Sexualität, die innerhalb der eigenen, geschlossenen Gruppe bleibt, ist moralisch, egal, ob es sich dabei um die Familie oder die Nation handelt.«[7]

Kehren wir zum Beispiel der ›Wir-Gruppe‹ zurück: Sind eine Frau der Wir-Gruppe und ein Mann der Ihr-Gruppe trotz aller Verbote und Hinderungsversuche ein Paar geworden, hat also nach Ansicht der Wir-Gruppe die Ware den Eigentümer gewechselt, wird die Redefigur ›die wollen uns unsere Frauen wegnehmen‹ nicht (mehr) benutzt. Die Wir-Gruppe spricht auch nicht davon, daß sich ihre Prophezeiungen als richtig erwiesen haben, da nun einer der Männer tatsächlich eine ihrer Frauen gestohlen habe – von dem Mann als Dieb ist im Grunde kaum noch die Rede, es sei denn, es handelt sich um eine extrem traditionelle Kultur, dann läuft er Gefahr, wegen irreparabler Beschädigung des Eigentums getötet zu werden. Ansonsten gilt das Augenmerk der Frau: Nach Ansicht der Gruppe hat sie keineswegs ihr Recht auf freie Partnerwahl wahrgenommen, sondern sich dem Fremden an den Hals geworfen, und zwar zum einen (so die verschmähten Konkurrenten), weil sie bei den Männer der Wir-Gruppe keine Chancen hatte, zum anderen (so alle Angehörigen der Wir-Gruppe), weil sie sowieso eine Schlampe sei. Nach der Warenlogik dieses Denkens handelte es sich bei diesen Frauen um ›zweite Wahl‹, doch statt den Verlust des vermeintlichen Mauerblümchens gelassen hinzunehmen, beginnt die Wir-Gruppe, die Abtrünnige zu beleidigen. Ihr werden körperliche Reize abgesprochen (*Talggesicht*), vor allem aber wird sie als billiges Mädchen, Flittchen, Prostituierte oder Hure beschimpft, moderne Entsprechungen zu *lose Dirne*.

Einen Mann beleidigt man, indem man ihm die sexuelle Potenz und damit die Zugehörigkeit zur Gruppe der ›richtigen Männer‹ abspricht (*Schlappschwanz, Muttersöhnchen, Memme, Schwuchtel*, usw.). Diese erste und zugleich schwerste Stufe der Degradierung – kein Mann zu sein – entfällt bei Frauen. Will man sie treffen, muß ihr abgesprochen werden, was den Wert einer ›richtigen Frau‹ ausmacht: Ehrbarkeit, Sittsamkeit, Keuschheit, bzw. ein monogam geführtes Liebesleben mit einem Mann, dem sie angehört – eine ›richtige Frau‹ ist eine anständige Frau, und wer ihr absprechen will, daß sie dieses ehrbare, monogame Leben führt, bezeichnet sie als ›Hure‹.[8]

Zur Ehre eines Mannes gehört auch der makellose Ruf der Frauen seiner Familie: Es erniedrigt ihn, wenn deren Sittsamkeit in Zweifel gezogen wird – ein treffendes Beispiel ist das Schimpfwort *Hurensohn*, das es in vielen Sprachen gibt und das als tiefe Beleidigung gilt. Wer die Frau, Mutter oder Schwester seines Feindes als Hure bezeichnet, hat mit einem einzigen Wort viel erreicht: Zum einen wurde sie ebenso beleidigt und degradiert wie er. Ist sie seine Geliebte oder Ehefrau, wurde dem Feind jede sexuelle Attraktivität abgesprochen, da sich ihm nur leicht zu erobernde und somit ›wertlose‹ Frauen anschließen. Handelt es sich bei der ›billigen‹ Frau um eine ›Abtrünnige‹ der Wir-Gruppe, zeigt dieses eine Wort auch, daß der Beleidigende verschmäht *hat* und nicht verschmäht *wurde* – ›so eine‹ hätte er gar nicht gewollt.

Das steckt dahinter, wenn rechtsradikale junge Männer unserer Tage die weißen Frauen afrikanischer Männer als ›Negerhuren‹ und ›Negerschlampen‹ bezeichnen[9], und es steht hinter den Beleidigungen ›Amihure‹ oder ›Deutschenflittchen‹, die so gängig waren, daß man sie als Waffe der psychologischen Kriegsführung bezeichnen kann. Der normale Soldat ist gekränkt, wenn seine Liebste schikaniert und als unmoralisch beschimpft wird, und die Armee sieht sich diffamiert, wenn die Frauen und Freundinnen der Soldaten diffamiert werden, wertet sie doch solche Äußerungen zu Recht als Stimmungsbarometer gegen die Besatzungsmacht. Im ersten Kapitel war von einer jungen norwegischen Friseuse die Rede, die von der Gestapo verwarnt wurde, weil sie eine gleichaltrige Norwegerin als ›Deutschenhure‹ und ›Deutschenschwein‹ bezeichnet hatte. Der Gestapo war es natürlich völlig gleichgültig, ob sich zwei Norwegerinnen beschimpften – sie interessierte sich aber sehr für diesen speziellen Fall, da hier eine Frau explizit deswegen beleidigt worden war, weil sie mit Deutschen Umgang hatte und daher zur Gruppe der Deutschen gerechnet wurde. Die Beleidigung galt folglich nicht nur dieser Frau, sie berührte auch die Ehre der deutschen Wehrmacht und der deutschen Nation.

Die Frau trägt den Namen jenes Mannes, der ihre Sexualität kontrolliert, sei es der Vater, sei es der Sexualpartner. Das diffamierende ›Negerschlampe‹ gehört ebenso hierher wie die Sitte, als gemeinsamen Ehenamen den Namen des Mannes zu übernehmen.[10] Aber sie wird nicht nur ihrem Mann, sondern auch dessen Gruppe zugerechnet: »Die Heirat mit einem der Wir-Gruppe fremden Mann hat das Ausscheiden der Frau zur Folge, während umgekehrt die Heirat einer der Wir-Gruppe fremden Frau deren ›Einverleibung‹ in die Gemeinschaft und deren Unterordnung unter die Regeln nach sich zieht.«[11]

Daher bezeichnen ›Amihure‹ oder ›Deutschenflittchen‹ auch, daß die Frau das Recht verwirkt hat, Angehörige des eigenen Volkes – also Deutsche, bzw. Französin, Norwegerin, usw. – zu sein. Das Eigentum an ihr ist vom einheimischen zum fremden Mann übergegangen, und zudem verweist das neue, abfällige Wort für sie auf die Nation, der die Frau künftig angehört, mehr noch: *gehört*. Wenn die Frau bei der Heirat die Staatsbürgerschaft ihres Ehemannes annehmen muß, kommt dies dem Ausschluß aus der bisherigen Volksgemeinschaft und der Unterwerfung unter das Rechtssystem ihres neuen ›Vaterlandes‹ gleich, vor allem, wenn ihr eine doppelte Staatsbürgerschaft verweigert wird. Dann ist sie nicht mehr Norwegerin, sondern Deutsche und ›gebürtige Norwegerin‹, so, wie sie nicht mehr Karin Hansen ist, sondern Frau Schmitt, geborene Hansen.[12]

Während Frauen als jeweils einer Gruppe *zugehörig* begriffen werden, gehören Männer immer nur einer, nämlich ihrer eigenen Gruppe an – weil sie diese Gruppe *sind*. Sie blieben von feindlichen Gruppe und deren Gefahren gleichsam hermetisch abgeschlossen, gäbe es nicht Frauen, die von einer Gruppe in die andere wechseln – daher wird nicht der Mann, sondern die Frau als Grenzgänger definiert. Daß es die Männer sind, die nach außen handeln und dabei den Bereich der Familie und des Staates verlassen, daß sie es sind, die zwischen Frauen verschiedener Gruppen wechseln, daß sie es sind, die als Soldaten nationale und humane Grenzen verletzen, ist unerheblich – nicht der Mann ist es, der sich bewegt, sondern die Frau. Und daher gilt auch nicht der Mann, sondern die Frau als Überbringer einer gefürchteten Fracht: Geschlechtskrankheiten.

Zu den gravierendsten nicht-militärischen Problemen, mit denen alle Armeen während des Zweiten Weltkriegs zu kämpfen hatten, gehörte der Kampf gegen Geschlechtskrankheiten. Die deutsche Wehrmacht reagierte nahezu hysterisch auf Geschlechtskrankheiten, aber auch alle anderen Heere versuchten mit Aufklärungsschriften, Reihenuntersuchungen und Razzien deren Ausbreitung zu beschränken. Im Nachkriegsdeutschland explodierte die Zahl der Infizierten, und die US- Armee versuchte unter anderem mit einer ›Witz-Figur‹ in der Armee-Zeitung *Stars and Stripes*, vor Geschlechtskrankheiten zu warnen. Die ›Witz-Figur‹ war kein amerikanischer Soldat, der zu dumm oder zu leichtsinnig war, um sich und andere vor Ansteckung zu schützen, denn »in den Augen der Militärbehörden war nicht die Nachfrage das Problem, sondern das Angebot«.[13] Das Symbol für die Gefahr, die den Soldatenkörper bedrohte, war folglich zum einen weiblich, zum anderen deutsch: Veronica Dankeschön – ihre Initialen VD sind die im englischen gebräuchliche Abkürzung für *veneral disease*, Geschlechtskrankheiten. Sie war eine derart böswillige Karikatur der deutschen Frau – raffgierig, dreckig und nazi-gläubig – daß selbst die bereits zutiefst gedemütigten und kleinlauten Deutschen nicht gewillt waren, diese Demütigung hinzunehmen. Sie verteidigten ›die Ehre ihrer Frauen‹ so entschieden, daß sich die Militäroffiziellen gezwungen sagen, die Publikationen zu beschränken.[14]

Veronica Dankeschön fügt dem Bild der Frau als Symbol des Volkskörpers eine weitere Facette hinzu: Trägt sie in der Wir-Gruppe die Verantwortung für die Reinhaltung des Kollektivs[15] und gefährdet somit durch die geringste Berührung mit dem Fremden nicht nur ihre eigene Reinheit, sondern die ihrer ganzen Gruppe, fürchtet der Feind sie als ›trojanisches Pferd‹, das ausgesandt wird, um ihn, den Arglosen, heimtückisch in die Falle zu locken, mit dem Gift des Feindes zu infizieren und so zu vernichten. Mit beschwörenden Sätzen versuchte die amerikanische Armee bereits im März 1945, ihre Soldaten von Kontakten mit den deutschen Frauen abzuhalten:

›*A pretty girl is like a melody. But a pretty German girl's melody is a death march (...) for you. She hates you (...) just like her brother who fights you (...) just like Hitler who speaks her thoughts to the world. Don't fraternize.*‹[16]

Daraus spricht die Panik, daß sich der amerikanische Soldat durch die Berührung einer deutschen Frau Nazigedanken (und Geschlechtskrankheiten) ›holen‹ könnte, und daß diese Gifte und Gefahren dann über ihn, den moralisch und körperlich Infizierten, in die eigene reine Nation einsickern und diese verseuchen könnten. Scheinbar nur um Geschlechtskrankheiten geht es in dem amerikanischen Aufklärungsfilm *Easy to Get* [Leicht zu kriegen] aus dem Jahre 1947 – der Soldaten vor ›unsauberen Frauen‹ warnt und als Prophylaxe empfiehlt: »The best way is: Stay away from women!«[17] Die Soldaten der Roten Armee wurden bei ihrem Marsch auf Berlin angeblich gewarnt, daß die deutschen Frauen aus Patriotismus alles daran setzen würden, mit ihnen Geschlechtsverkehr zu haben – als Sabotageakt mit dem einzigen Ziel, möglichst viele Russen mit Geschlechtskrankheiten anzustecken: »Man sagte, daß eine deutsche Frau fünfzehn Rotarmisten außer Gefecht setzte.«[18]

Etwas kühler betrachtet, wird man Domentat zustimmen, die schreibt, die Militärbehörden hätten vor grenzüberschreitenden erotisch-romantischen Kontakten nicht nur gewarnt, um mögliche Ansteckungen zu verhindern, sondern um »auf indirekte Weise die soziale Ordnung des monokulturellen Ehegebots zu bewahren oder wenigstens wiederherzustellen«.[19]

»Interessant aus heutiger Sicht ist, daß alle, die zu dem Problem Stellung nahmen, weder die Krankheit noch die Promiskuität als Wurzel des Übels sahen, sondern vielmehr ›die Mädchen‹«, schreibt der Historiker Nils Johan Ringdal über die Situation im besetzten Norwegen. »Anfangs wurden Frauen und Männer gleich behandelt, dann aber begann die norwegische Polizei, Anzeigen deutscher Soldaten gegen norwegische Frauen nachzugehen, die ›die Soldaten angesteckt hatten‹.«[20] Was Ringdal für Norwegen beschreibt, geschah in allen besetzten Ländern: Im Nachkriegsdeutschland führte die »Military Police mit Unterstützung der deutschen Polizei Razzien durch, bei denen ganze Stadtteile nach infizierten Frauen durchgekämmt wurden. Obwohl amerikanische Soldaten an der Verbreitung der Geschlechtskrankheiten in gleichem Maße beteiligt waren wie die deutschen ›Fräuleins‹, wurde die Verantwortung dafür von Seiten der Militärbehörden in erster Linie den Frauen zugeschoben. [...] Zudem wurden in Militärcamps und später auf öffentlichen Plätzen Stecktafeln angebracht, auf denen Fotos und Namen der Frauen ausgehängt wurden, die nachweislich geschlechtskrank waren«.[21] Während des Krieges führte die deutsche Wehrmacht in den besetzten Ländern Razzien durch, infizierte Soldaten mußten den Namen der Frau angeben, bei der sie sich angesteckt hatten. In Oslo wurden in den Kriegsjahren und auf Betreiben der Deutschen bei diesen Razzien eine Kartei mit Frauennamen angelegt, die nach dem 8. Mai 1945 von den Norwegern benutzt wurde, um Norwegerinnen zu internieren, die mit Deutschen befreundet gewesen waren. Da eine einfache Bekanntschaft mit einem deutschen Soldaten keine strafbare Handlung gewesen war, die bei Kriegsende eine Internierung oder Verhaftung gerechtfertigt hätte, wurden die Internierungen mit der Angst vor der Verbreitung von Geschlechtskrankheiten legitimiert. Dag Ellingsen schreibt, es habe einen besonderen Symbolwert, die Frauen wegen Geschlechtskrankheiten zu internieren, »da man damit das Böse aus ihrem Körper und aus der Kriegsgeschichte der Nation reinigen« konnte.[22]

Liebe und Sexualität führen zu Vermischung und Auflösung, sie verschieben Grenzen, machen sie vage, löschen sie aus. Daher gelten sie – vor allem in einer Kriegssituation, in der sich zwei Gruppen strikt gegeneinander abgrenzen müssen – als äußerst gefährliche Quelle der Verunreinigung, ja Vergiftung. Die Vorstellung, daß das Eigene rein, das Fremde immer unrein sei und die Angst, daß eine Berührung mit dem Fremden oder dem Anderen das Eigene verunreinigen könnte, finden sich in vielen Kulturen, aber »Reinheit hat nicht nur eine ›räumliche‹ Dimension – die Abgrenzung gegen das, was dem ›Anderen‹ oder dem Fremden zugeordnet wird – sondern auch eine Dimension der Zeit: Der Begriff der Reinheit scheint dann eine besonders wichtige Rolle zu spielen, wenn sich eine Gesellschaft im Umbruch befindet«.[23] Diese Beobachtung von Christina von Braun findet in den verblüffend vielen Äußerungen der Kriegs- und Nachkriegszeit eine Bestätigung, in denen es implizit und explizit um Gift und Seuche, Reinheit und Reinigung geht. Implizit, wenn in einem Wort wie dem isländischen *kanamella* – Amihure – nicht nur mitschwang, daß die Betreffende un-isländisch und unmoralisch, sondern auch, daß sie *unrein* sei.[24] Explizit, wenn ab Mai 1945 – nachdem die norwegische Exilregierung schon Anfang Mai 1941 in der bereits zitierten Radiosendung davor gewarnt hatte, die deutschen Soldaten seien eine Gefahr für die Volksgesundheit – nicht mehr von verseuchten Soldaten, sondern nur noch von verseuchten (und verseuchenden) Norwegerinnen die Rede war. 1945 begründete eine norwegische Tageszeitung ihre Forderung, alle ›Deutschenflittchen‹ mit ihren Kindern nach Deutschland zwangszuverschicken, mit der unbedingten Notwendigkeit, das ›deutsche Blut‹ loszuwerden: »Diese Eingriffe müssen der Gesellschaft gestattet werden, um das Geschlecht rein zu halten.«[25] Der Verfasser sorgt sich offenbar in einer Analogie von Familie und Nation um die Reinheit des norwegischen Blutes – er wirft den Frauen *Rassenschande* vor.

Wurden in Norwegen und Dänemark bereits die Frauen und ihre Beziehungen zu deutschen Soldaten als unrein, krankheitsbelastet und animalisch bezeichnet,[26] traf nach der Befreiung die Wucht einer äußerst rassistischen Argumentation in besonderem Maße deren Kinder – in dem Kind, das eine Frauen der Wir-Gruppe von einem Mann der Ihr-Gruppe bekommt, sind alle Ängste vor dem feindlichen, den Volkskörper bedrohenden Gift und der Verseuchung des eigenen, reinen Blutes Realität geworden. Denn die Frau ist die ›Produzentin‹ jenes Gutes, das für eine Nation am wichtigsten und auf anderem Weg kaum zu beschaffen ist: Kinder. »Die Reproduktion ist eine potentiell mächtige Waffe in Händen der Frauen einer Nation, was die Auffassung bedingt, daß ihre Sexualität das Eigentum der Nation ist.«[27]

Besonders deutlich wird diese Auffassung an der Geschlechter-, Familien- und Rassenpolitik des Dritten Reiches. So, wie die jungen Männer als Soldaten nicht auf Deutschland, sondern auf Hitler vereidigt wurden, sollten auch alle Mädchen (und Frauen) auf den Führer eingeschworen werden – und zwar mit dem, was ihr Beitrag für »Führer, Volk und Vaterland sein würde«. Zu dieser Kampagne gehört das berühmte Bild eines blonden Mädchens unter der Überschrift ›Du gehörst dem Führer‹ ebenso wie der Slogan der Kriegsjahre, auch unverheiratete Frauen sollten »dem Führer ein Kind schenken«.

Doch das Zeugen von Kindern und das Schließen einer Ehe galt nirgendwo als Privatsache der Bürger. Fast alle Staaten versuchten (und versuchen) darauf Einfluß zu nehmen, wenn auch mit weniger dramatischen Worten und vor allem nicht mit den Mitteln der Nationalsozialisten. Diese sahen darin sogar ›ein Glied im Schicksalskampf des ganzen deutschen Volkes‹.[28] Das hieß, so eine Deutsche 1945, daß »man uns vorschrieb, wen wir zu lieben und wen wir zu hassen hatten«.[29] Wer dem zuwiderhandelte, riskierte – wie Frauen, die mit »unerwünschten Ausländern« geschlafen hatten – wegen Rassenschande ins Konzentrationslager geschickt zu werden. Als die isländischen Behörden Kontakte zwischen Isländerinnen und Besatzungssoldaten zu unterbinden suchten, erinnerten ihre Argumente sehr an nationalsozialistische Rassenpolitik. Wenn man diese Verhältnisse nicht unterbinde, werde die isländische Nation aufhören zu existieren, da die Kinder gemischtes Blut hätten: »Die Zukunft der isländischen Nation ist abhängig von dem Pflichtgefühl der Jugend, ihrer Treue zum isländischen Blut und Boden.« Eine geradezu panische Angst wurde vor der Möglichkeit geschürt, daß Isländerinnen Prostituierte werden und von den Soldaten Kinder bekommen könnten: Prostituierte seien schlechte Mütter und ›solche Frauen‹ bekämen zu allem Unglück auch noch mehr Kinder als andere.

Ähnliches geschah in Norwegen. Praktisch alle, die sich an der Diskussion beteiligten, hielten das genetische Erbe der Kinder – die charakterlose, landesverräterische Mutter einerseits und der ›von Nazi-Blut verseuchte‹ Vater andererseits – für ein schweres soziales Problem, das die norwegische Wirtschaft und Gesellschaft belasten, ja die Zukunft der Nation bedrohen werde. Während der Befreiung Frankreichs sprach man sehr wenig davon, daß Kinder mit deutschen Vätern die Reinheit des französischen Blutes gefährdeten. Das war allerdings während des Ersten Weltkrieges Gegenstand einer großen öffentlichen Debatte gewesen.[30] In den meisten Ländern aber sah man das ›Problem‹ dieser Kinder offenbar etwa so, wie sich in Ehen oder Familien das Problem eines unehelichen oder bei einem Seitensprung außerehelich gezeugten Kindes der Frau darstellen könnte: Der ›biologische‹ Vater (die Besatzungsmacht) zeigt in aller Regel sehr wenig Interesse an dem Kind, das er hinterläßt, während der ›soziale‹ Vater (das besetzte, bzw. befreite Land) das Kind als ›Fremden‹ und lebenden Beweis seiner Schmach und Erniedrigung sieht und möglichst loswerden möchte. Ein Leserbrief, der im Frühsommer 1945 in einer norwegischen Zeitung erschien, begrüßte die Absicht, die ›Deutschenflittchen‹ und ihre Kinder – die, nur zur Erinnerung, norwegische Staatsbürger waren – nach Deutschland zu schicken mit der Begründung: »Mutter und Kind sind ja Deutsche«.[31]

Alle Kinder einer Frau gehören dem, dem die Frau gehört, und es ist im Patriarchat wichtig, daß diese Schar ausschließlich aus ›legitimen‹ Kindern besteht.[32] Als ›legitim‹ gelten in einer Ehe nur die biologischen Kinder des Paares, nicht die der Frau mit einem anderen Mann. Inga D. Björnsdóttir beschreibt, was das während des Zweiten Weltkriegs für Island bedeutete: »Da der moralische Wert der Frauen und die nationale Identität als eng miteinander verknüpft galten, mußte das sexuelle Verhalten der Frauen begrenzt und kontrolliert werden.« Als Wächterinnen der isländischen Kultur sollten isländische Frauen daher isländische Männer heiraten und »rein« isländische Kinder aufziehen. Sie mußten den Vater des Kindes nicht unbedingt *heiraten*, denn uneheliche Geburten wurden sehr liberal gesehen. Wichtig war nur, daß der Vater der Kinder Isländer war. Die isländische Bezeichnung ›ehelich geboren‹ bedeutete nicht nur ›ehelich‹ im Gegensatz zu ›unehelich‹, sondern auch ›national korrekt‹. »War der Kindsvater Isländer, blieb die Frau ›rein‹, auch wenn sie nicht verheiratet war, und ihr Kind war ein legitimes Mitglied der isländische Gesellschaft. Eine Isländerin aber, die von einem Ausländer ein Kind bekam, war beschmutzt, egal, welchen Familienstand sie hatte. Ihre körperlichen, ›nationalen‹ Grenzen waren verletzt worden, und daher waren sie und das Kind unrein, un-isländisch oder nicht-isländisch. Die Kriegskinder und deren Mütter werden bis zum heutigen Tag diskriminiert.«[33]

Bedenkt man, daß gesicherte Besitzverhältnisse an der Frau vor allem deswegen von Bedeutung sind, weil dadurch die Besitzverhältnisse an ihrer Reproduktionsfähigkeit und an den Kindern der eigenen Gruppe (oder Familie) sichergestellt sind, erstaunt es, daß die zu erwartenden und unerwünschten ›Besatzungskinder‹ nicht häufiger, wie in Island, als Argument dafür angeführt wurden, warum die Frauen keine Beziehungen mit Soldaten eingehen sollten. Die große Diskussion um die Kinder begann in den von den Deutschen besetzten Ländern erst mit dem Ende der Besatzung. Während der Besatzungszeit war meist die Rede davon, die betreffenden Frauen seien Landesverräterinnen, Kollaborateurinnen, und ›eine Schande für unser Land‹.

Viele sahen es als ›Schande für unser Land‹, daß die Freundinnen der Soldaten ihr Begehren und ihre Zuneigung zeigten – und zwar keineswegs nur mit jener Schamesröte, die Jean-Jacques Rousseau zum Zeichen der Weiblichkeit und dem einzig zulässigen Symptom weiblichen Begehrens erklärt.[34] Bei diesem Verhalten ging es an sich um ›unschuldige‹ Dinge: zusammen im Café sitzen, zusammen spazieren gehen, zusammen ein Konzert besuchen, zusammen ein Fest feiern, miteinander tanzen – kurz gesagt: sich zusammen in der Öffentlichkeit zeigen und dabei nicht verbergen, daß man sich zugetan ist. Aber »wenn ein Deutschenmädchen sich offen mit deutschen Soldaten zeigte, handelte sie im Gegensatz zur dichotomen Gegenüberstellung der öffentlichen, politischen maskulinen Sphäre mit dem privaten, gefühlsmäßigen femininen Raum. Was immer sie selbst wollte und zu tun glaubte, mit ihrer offen zur Schau getragenen Sexualität wurde sie zur politisch Handelnden. Und dafür wurde sie hart bestraft«.[35]

Sie wurden symbolisch beschuldigt, die Nation mit ihrem Körper ›verraten‹ und ›beschmutzt‹ zu haben, als gehöre dieser dem Kollektiv. Auf dem Spiel stand nichts weniger als die Ehre der Nation – in Dänemark kursierte während der Besatzungszeit ein Haßgedicht – *Hetäre* – gegen die Freundinnen der Deutschen, in dem es unter anderem heißt:

Frau, die du deine Gunst dem Fremden gewährst,
Du verrätst dein Land ohne Scham,
Frau, die du ohne jeden Anstand vor allen deine Brunft zeigst,
Du bis eine Gefahr für unsere Ehre.

Wäre sie mit einem Landsmann spazieren oder ins Café gegangen, sie hätte weder ›ihre Sexualität offen zur Schau getragen‹ noch wäre ihr ein Café-Besuch als politische, nun aber *patriotische* Tat ausgelegt worden. Nichts davon wäre ausschließlich sexuell konnotiert und somit anstößig gewesen. Selbst wenn ihr Verhalten die Grenzen des für junge Frauen akzeptierten sexuellen Verhaltens verletzt hätte, hätte ihr das schlimmstenfalls einen schlechten Ruf, nicht aber die Beschuldigung eingetragen, der Vogel zu sein, der das eigene Nest beschmutzt, wie es in dem Gedicht an anderer Stelle heißt. Eine Frau, der eine sexuelle Beziehung mit einem Besatzungssoldaten unterstellt wird, vergeht sich nicht nur gegen das Gebot der Keuschheit vor der Ehe – oder, falls sie bereits (mit einem Landsmann) verheiratet ist, das der ehelichen Treue – sie wird zur Landesverräterin. Das Schamlose und sexuell Abweichende an dem Verhalten der Frauen ist nicht, daß sie händchenhaltend mit einem Mann durch den Park gehen, sondern daß sie es mit dem *Feind* tun, und sich damit der Nation entziehen, die sie und ihren Körper für sich beansprucht. Die besetzte Nation aber ist impotent, sie ist entmannt, und die Frau geht zu dem, der potent ist. Sie *betrügt* sie, sie begeht *nationalen Ehebruch, dafür* wird sie von ihren Landsleuten als Flittchen der Nation gebrandmarkt.

Kein Staat überläßt es seinen Bürgern und Bürgerinnen, ihre Sexualität nach eigenem Gutdünken zu leben. Gesetze und Moralvorstellungen begrenzen die Gruppe möglicher Sexualpartner ebenso wie das Spektrum erlaubter sexueller Handlungen. Sie bestimmen, was als normal, was als abweichend zu gelten hat. Jeder Staat sieht in dem vermeintlich höchst Privaten – wer schläft wie und wo mit wem – etwas sehr Politisches, das er in seinem Sinne regeln muß. Der (oder die) sexuell Abweichende wird immer bestraft, wobei nur die historischen und geographischen Umstände entscheiden, ob man ihn/sie diffamiert oder hinrichtet.

In Diskussionen über Sexualität stehen grundsätzlich zwei Meinungen gegeneinander: Die einen sagen, wie Menschen ihre Sexualität lebten, betreffe ausschließlich sie selbst und sei folglich ihre Privatsache: Vor der Schlafzimmertür enden die Rechte des Staates (und der Nachbarn). Die Gegenseite vertritt den Standpunkt, bestimmte sexuelle Verhaltensweisen berührten und verletzten das öffentliche Interesse und müßten daher unterbunden werden – solche Auffassungen sind gerade in Umbruchs- und Krisenzeiten besonders verbreitet. Dann kann bereits eine banale Alltäglichkeit wie ein Cafébesuch, wenn er mit dem Feind geschieht, zum sexuellen Akt und zur Nagelprobe für eine patriotische Gesinnung werden. Denn während der Mann im Staatsgefüge ›den Geist und die körperliche Vitalität der Nation symbolisiert, symbolisiert die Frau deren Kontinuität und Respektabilität. Als nationales Symbol ist sie die Schützerin der traditionellen Ordnung, Bewahrerin der Tradition, und sie symbolisiert immer Tugend‹.[36] In Kriegszeiten heißt es gern, jeder müsse zum Sieg beitragen, jeder entscheide mit seinem Verhalten den Kriegsausgang mit. Wer unter diesen Umständen den wichtigsten Kriegseinsatz von Frauen darin sieht, daß sie sich tugenhaft »jeder moralischen und körperlichen Herablassung enthalten«, muß in sexuellen Beziehungen zum Feind ein ganz außerordentlich unpatriotisches Verhalten sehen. Der Körper der Frau ist eine politische Waffe, die gegen den Feind eingesetzt wird und werden muß – indem er ihm vorenthalten wird.

In solchen Zeiten ist ausnahmlos *alles* öffentlich, politisch und damit von großer Tragweite. Es gibt keine Privatpersonen oder BürgerInnen des Staates mehr, es gibt nur noch *Staatsbürger*, alle müssen sich zu dem verhalten, was der Staat und die historische Situation ihnen abverlangt: »Wer es ablehnte, sich mit Geschichte zu befassen, mit dem befaßte sich nun die Geschichte, wer es ablehnte, sich einzubinden, der wurde nun in Konflikte eingebunden, in denen die Unterschiede zwischen Militär- oder Zivilpersonen, Männer, Frauen und Kindern keine Rolle spielten.«[37]

Aber daß ihre Liebesbeziehung Teil von ›Geschichte‹ sein könnte, weisen die Frauen in aller Regel ebenso zurück wie die Soldaten. Daß und in wen sie sich verlieben, berühre die nationalen Interesse nicht. Die Soldaten bestreiten, durch die intimen Beziehungen zu einer Feindin in ihrem Kampfeswillen und ihrer Kampfeskraft verunsichert oder geschwächt zu sein. Die Frauen finden den Vorwurf absurd, ihr Verhalten erfülle den Tatbestand der Kollaboration. Sie hätten sich nicht in einen deutschen Soldaten, den Feind ihres Landes oder gar in einen Nazi verliebt, sondern in den *Mann*.

Wer also hat recht: Die Frauen und Männer, die ihr Verhalten als privat definieren, oder die Betrachter, die es als öffentlich verstehen? Die dänische Wissenschaftlerin Anette Warring, die die Beziehungen zwischen deutschen Wehrmachtssoldaten und Däninnen während des Zweiten Weltkriegs sowie den Zusammenhang zwischen Geschlecht, Nationalität und Sexualität sehr eingehend erforscht hat,[38] meint, so privat die Motive gewesen sein mochten, sobald die Frauen sich mit einem Besatzungssoldaten in der Öffentlichkeit zeigten, seien sie zwangsläufig ein politischer Faktor geworden. Damit hätten sie den Rubikon zwischen Privatem und Öffentlichem überquert, da sie so ihre Akzeptanz der Besatzungsmacht gezeigt und sich auf die Seite der Kollaborateure gestellt hätten. Sie seien, so Warring, sowohl Privatperson als auch fraternisierende Frau gewesen, wie der Besatzungssoldat sowohl Privatperson als auch Besatzer gewesen sei.

Werden die Frauen, wie Warring meint, wirklich dadurch zu einer fraternisiernden Person und somit zum ›Deutschenflittchen‹, daß sie sich mit ihrem Geliebten in der Öffentlichkeit zeigten? Fraternisiert nur, wer dabei gesehen wird? Ist das Private wirklich privat und nicht politisch, solange (und nur weil) niemand das Paar zusammen sieht? Tatsächlich haben viele Paare versucht, ihre Beziehungen geheim zu halten, um Diffamierungen zu vermeiden. Doch was als individidueller Lösungsversuch einer persönlichen Problemsituation taugen mag, kann nicht die grundsätzliche Frage beantworten, ob eine Liebesbeziehung zwischen zwei Menschen, deren Länder miteinander Krieg führen, ein politisch relevantes Verhalten ist.

Die Isländerin Inga D. Björnsdóttir löst diese Frage auf andere und grundsätzliche Weise: Ihrer Meinung nach bleibt das Private immer und überall so lange privat, so lange es in Übereinstimmung mit den gültigen Normen und Regeln sei, während ein unerwünschtes privates Handeln schnell eine öffentliche Reaktion erfahre. Diese Erklärung trägt dem Umstand Rechnung, daß auch in Friedenszeiten die öffentliche Sphäre keineswegs strikt von der privaten getrennt und das Privatleben der Menschen *nie* deren »Privatsache« ist. Björnsdóttirs Ansatz hat den großen Vorteil, daß sie keine Sondererklärung für die Vorkommnisse der Besatzungszeit und der Zeit der Befreiung braucht, sondern in den heftigen und haßerfüllten Reaktionen auf das Verhalten der ›Deutschenmädchen‹ eine vorhersehbare Variante der Regeln des normalen Sozialverhalten erkennt.[39]

Damit kann sie auch den scheinbaren Widerspruch zwischen der Sicht des Liebespaares und dem der verurteilenden Bevölkerung auflösen. Der Streit ist nicht »objektiv« zu entscheiden: Das Liebespaar beruft sich darauf, daß Liebe *per se* unpolitisch sei und eigenen Regeln gehorche. Es nimmt für sich das Postulat der Liebesheirat und das Recht auf freie Partnerwahl in Anspruch. Das spiegelt die noch immer geläufige Meinung wider, Liebe sei eine Himmelsmacht, ein ›coup de foudre‹ und wer von diesem unberechenbaren Blitz, von Amors willkürlichem Pfeil getroffen werde, sei dem Gefühl sofort willen- und wehrlos ausgeliefert. Shakespeares Julia ist ein bekanntes Beispiel, wenn sie beklagt, daß diese Liebe auf den ersten Blick sie im Bruchteil einer Sekunde unwiderruflich an den falschen Mann gekettet habe: »Ich sah zu früh, den ich zu spät erkannt; O Wunderwerk! Ich fühle mich getrieben; Den ärgsten Feind aufs zärtlichste zu lieben.«

Für die Sprecher der Gegenseite sind staatsbürgerliche und patriotische Erwägungen die einzige und die zwingende Handlungsmaxime. Es geht um die Interessen der Nation, denen muß sich jeder beugen. Sie vertreten, vermutlich ohne sich dessen bewußt zu sein, eine vor-romantisch kühle, rationale und äußerst patriarchale Sicht der Liebe: Es gibt richtige und falsche Objekte der Liebe, richtig ist, wer nach Meinung des Familienoberhauptes zur Familie, zur eigenen Gruppe paßt. Die Liebe muß, wie Marlene Streeruwitz schreibt, »erlaubt werden. Freigegeben. Ihr Verbot manifestiert jedoch die väterliche Gewalt weit eindrucksvoller«.[40] Kinder, vor allem Töchter, schulden ihrem Vater Gehorsam. Verliebt man sich in den Falschen, ist das moralisch verwerflich und zeugt von schlechtem Charakter. Die Strafe dafür ist Verbannung – aus der Familie, der Wir-Gruppe, dem Land: »Geh, bettle, hungre, stirb am Wege!«

Was als »privat«, was als »öffentlich« gilt, ist nicht ein für allemal festgelegt – es wird selbst erst sozial definiert. Das Private *ist* nicht privat, es *gilt* als privat, so lange es mit den gültigen Normen und Regeln übereinstimmt. *Unerwünschte* Handlungen werden automatisch als »öffentlich« definiert – sonst gäbe es keinen Grund, sie zu unterbinden. Zudem sind sich die Kontrahenten in diesem Meinungsstreit näher, als sie vermuten: Beide beurteilen die Vaterlandstreue einer Frau an der politischen Gesinnung ihres Gefährten, denn »eine Frau hat keine eigene politische Identität, sie erhält die des letzten beherrschenden Mannes, mit dem sie zusammen war«.[41] Während sie für Patrioten also automatisch eine Kollaborateurin ist, weil ihr Freund oder Ehemann Soldat und somit Feind des Vaterlandes war, beanspruchten die Frauen für sich, in ihrer Partnerwahl zwischen »gut« und »schlecht« unterscheiden zu können – und da sie nicht mit einem »bösen Nazis«, sondern einem »guten Menschen« befreundet waren, fanden sie den Vorwurf, sie hätten mit der Wahl ihres Liebespartners gegen die Interessen ihres Vaterlandes gehandelt, ebenso unsinnig wie den des Verrats an ihrem eigenen Volk. Sie sahen keine Notwendigkeit, sich zu entscheiden, ob sie dem Vaterland oder sich selbst, ihren Gefühlen und ihrer Liebe treu bleiben sollten.

Bei der Diskussion um den Gegensatz zwischen *privat* und *politisch* geht es nicht um Inhalte, es geht um Sichtweisen. Das Verhalten bleibt gleich und unterscheidet sich nur durch den wertenden Blick dessen, der es betrachtet. Daher haben beide Seiten recht: Liebesbeziehungen im Krieg sind privat. Liebesbeziehungen im Krieg sind politisch. Sie gleichen einem Kippbild, bei dem der Betrachter immer nur eins von zwei möglichen Bildern, nicht aber beide zugleich sieht.

Fünf Jahre lang Seite an Seite

Die Besatzung

Es ist kaum vorstellbar, daß im dichtbesiedelten Europa Hunderttausende von Soldaten mit militärischem Gerät zu Land, in der Luft und auf dem Wasser weite Entfernungen zurücklegen können, um ein Land zu überfallen, das davon nichts ahnt – das aber war die Situation, als die deutsche Wehrmacht Dänemark und Norwegen besetzte. Nicht nur die Bevölkerungen, auch die Regierungen dieser Länder wurden völlig überrumpelt:

Der 9. April 1940 kam wie ein Schock. Am Abend davor hatten wir die Extrablätter der Zeitungen gesehen, die berichteten, daß deutsche Kriegsschiffe nach Norden unterwegs seien, aber wir konnten uns nicht vorstellen, daß sie wirklich Kurs auf Norwegen nahmen. Was sollten sie hier? Der Krieg fand unten in Europa statt. England und Frankreich hatten Deutschland nach Hitlers Überfall auf Polen den Krieg erklärt, und es würde wohl gegen sie gehen. Selbst die norwegische Regierung glaubte am Abend des 8. April noch nicht, daß Norwegen in den Krieg hineingezogen werden würde.[1]

Von einem Tag auf den anderen war Krieg, das Leben aller war grundlegend und unübersehbar verändert, auch wenn anfangs niemand wissen konnte, worin diese Änderungen bestehen und was sie für das Leben eines jeden bedeuten würden.[2] Am 3. Mai 1940, also nicht einmal einen Monat nach der Invasion, in einer Situation, in der jedes Detail der Staatsführung und des Alltags der Zivilbevölkerung mit der Besatzungsmacht geklärt und abgesprochen werden mußte, appellierten die dänischen Behörden an die deutsche Wehrmacht, die Bekämpfung der Unsittlichkeit müsse auch in deren Interesse sein, und fügten in einem bemerkenswerten Kotau vor den Besatzern hinzu, die nationalen Konflikte sollten hinter einem gemeinsamen Vorgehen auf diesem Gebiet zurückstehen, da die Sittlichkeit der Frauen für jede Nation von Bedeutung sei. Das war eine unumwundene, ja flehende Bitte der Dänen an die Deutschen, die dänischen Frauen nicht zu entehren, und ihnen, den Dänen, behilflich zu sein, die Sittlichkeit ihrer Frauen zu bewahren. Die Bitte hatte offensichtlich gute Gründe, denn in Kopenhagen wurden am 17. 4. 1940 [!] »ein halbes hundert Mädchen unter 18, die nach Einbruch der Dunkelheit mit den fremden Soldaten spazierengegangen waren, aufgegriffen und auf die Polizei gebracht«.[3]

Auch ein Kirchenblatt im dänischen Kolding sah es als klugen Schachzug, im Herbst 1940 direkt an den Ehrenmann im deutschen Besatzer zu appellieren. Unter der Überschrift *Ein Leben in Zucht und Ehre* war zu lesen:

Während der Besatzung des Rheinlandes durch französische Truppen nach dem Ende des Weltkrieges bangten viele edle Deutsche, welche Folgen das in sittlicher Hinsicht für die deutsche Jugend haben könnte. Es wurde befürchtet, sie könne Anlaß zu Frivolität und Zügellosigkeit erhalten, die bittre Früchte tragen würden. Daher wird jeder aufrechte Deutsche die Furcht aller rechtschaffenden Dänen verstehen, daß sich etwas Derartiges in Dänemark ausbreiten könnte [...]. Deutsche Mädchen, die sich auf vergleichbare Weise aufführten, würden bei ihren rechtschaffenden Landsleuten auf Verachtung treffen.[4]

Doch obwohl einige »Bedenken hatten, jenen den Myrtenkranz zu reichen, denen andere die Haare scheren, zumal wir sie dadurch nicht loswerden können«[5], wurden die dänischen Ehegesetze der deutschen Gesetzgebung und den deutschen Interessen angepaßt. Die Deutschen hatten generell genaue Vorstellungen davon, welchen sexuellen Umgang ihrer Soldaten mit der okkupierten Bevölkerung sie zu dulden gedachten, und sie regelten dies schnell und strikt.[6] Beim Überfall auf Polen im Herbst 1939 war jeder Kontakt mit Polinnen wegen ihres ›minderwertigen slawischen Blutes‹ strengstens verboten. Lediglich zu der Zivilbevölkerung in Dänemark, Norwegen, den Niederlanden, Belgien, den Kanalinseln sowie in den Grenzgebieten Nord- und Ostfrankreichs waren allgemeine Beziehungen erlaubt, sexuelle Beziehungen wurden zumindest geduldet, denn die dortige Bevölkerung galt als ›arisch rein‹. Die ›Heiratsverordnung für die Dauer des besonderen Einsatzes der Wehrmacht‹ vom 7. Mai 1940 verbot den Soldaten zunächst generell eine Ehe mit einer Ausländerin. Vidkun Quisling, Parteivorsitzender der norwegischen Nazipartei *Nasjonal Samling*, legte gegen diese Verordnung umgehend schärfsten Protest ein. Er sah darin eine rassische Diskriminierung der Norwegerinnen, die offenbar »gut genug sind, um die Geliebte eines Deutschen, nicht aber, um dessen Ehefrau zu werden«.[7] Als Folge wurde »nach der Besatzung Dänemarks, Norwegens, Hollands und Belgiens die Heiratsverordnung durch einen Erlass des Führers dahingehend verändert, dass gegen eine Eheschliessung von Wehrmachtsangehörigen mit rassisch verwandten Personen der germanischen Völker nichts einzuwenden sei«.[8]

Auch die Regierungen der okkupierten Länder versuchten, auf die Kontakte zwischen Soldaten und Bevölkerung im allgemeinen sowie zwischen Soldaten und ›ihren eigenen‹ Frauen im besonderen Einfluß zu nehmen – und das bedeutete in aller Regel: sie zu beschränken oder völlig zu unterbinden. Dabei waren ihnen allerdings die Hände gebunden: »Die Umstände machen es unmöglich, von norwegischer Seite zu starken Repressalien zu greifen, solange die Deutschen die Herren im Lande sind«, es blieben nur Drohungen an die Adresse der Frauen, daß sie ein unnationales Verhalten ihr Leben lang bereuen würden.

Als die Engländer am 10. Mai 1940 Island besetzten – und damit Reykjavíks Einwohnerzahl von 38308 schlagartig verdoppelten –, konnte man noch am gleichen Tag Isländerinnen mit Besatzungssoldaten zusammenstehen sehen. Weder die Engländer noch die Amerikaner, die ein Jahr später die Engländer als Besatzungsmacht ablösten, hatten gegen diese Verbindungen etwas einzuwenden, weil aber die Zahl der Frauen, die sich mit den Soldaten einließen, ›in so besorgniserregendem Tempo‹ stieg, schlug die isländische Regierung Alarm. Björnsdóttir spricht davon, die Bemühungen der isländischen Behörden hätten sich nicht sonderlich von mittelalterlichen Hexenprozessen unterschieden, da sie auf die drohende Gefahr von Beziehungen zwischen Besatzungssoldaten und Isländerinnen nahezu hysterisch reagierten. Es sei nicht gut für eine solch kleine Nation, hieß es, wenn viele junge Frauen das Land verließen, Beziehungen zwischen Isländerinnen und den Soldaten galten ausnahmslos als unmoralisch und unpatriotisch.

Es wurde von offizieller Seite erwogen, Mädchen zwischen 12 und 16 Jahren, die Umgang mit Soldaten hatten – und das konnte heißen, auf der Straße im Gespräch gesehen zu werden –, sofort und zwangsweise aufs Land zu schicken. Alle anderen sollten streng beaufsichtigt werden, um auch sie, falls man sie in der Nähe eines Soldaten sah, augenblicklich aus der Stadt verfrachten zu können. Die Propaganda gegen den Umgang mit Besatzungssoldaten steigerte sich zu solch schrillen Tönen, daß die Briten bei der isländischen Regierung Protest einlegten.

Die Beziehungen zwischen Militärpersonen und Zivilbevölkerung galten also nicht nur bei den deutschen Militärbehörden als eine hochpolitische Sache. Armeen versuchten und versuchen generell, diese Beziehungen in ihrem Sinne zu lenken. Der ›menschliche Faktor‹ wird im Krieg generell von allen Beteiligten als störend empfunden, und zumindest von offizieller Seite wird alles versucht, damit der Feind der Feind bleibt – und das geht nur, wenn er anonym und gesichtslos ist. Fürchteten die einen, daß der Soldat durch persönliche Kontakte zum Gegner das Feindbild einbüßt und somit kampfunfähig wird, durfte für die anderen der Repräsentant der unterdrückenden Fremdherrschaft nicht zum ›lieben Fritz‹ werden, wie man den netten, naiven, leutseligen deutschen Soldaten in Norwegen hänselnd nannte.

Die Amerikaner verhängten in Deutschland ein striktes Fraternisierungsverbot, das jeden privaten Kontakt mit der Bevölkerung, selbst das Wechseln weniger Worte, strengstens untersagte – das von Anfang an nicht beachtet wurde. Am 11. September 1944 betraten die ersten amerikanischen Soldaten deutsches Gebiet, vier Tage später druckte die amerikanische Militärzeitung *Stars and Stripes* ein Bild, das amerikanische Soldaten mit deutschen Kindern und Frauen zeigte. Umgehend wurden alle Pressefotos unter Zensur gestellt, die Amerikaner trotz absoluten Fraternisierungsverbots im freundschaftlichen Umgang mit Deutschen zeigten. Doch das Fraternisierungsverbot erwies sich undurchführbar, denn die Menschen, denen sie begegneten, »were mostly children and old people – just sort of helpless and glad they were not being killed. It's hard to keep that icy front when people act so friendly«.[9] Im Juli 1945 mußte das Sprechverbot aufgehoben werden.

Dem Sexualleben ihrer GIs galt die besondere Aufmerksamkeit des amerikanischen Militärs. Mit strikten Verboten sollten zum einen der Spionagegefahr durch deutsche Frauen, zum anderen einer drohenden Schwächung der Wehrkraft vorgebeugt werden, die dadurch entstehen könnte, daß sich ein Soldat verliebt und dann den Landsleuten seines Mädchens nichts mehr antun mag – so wie der glühend verliebte Romeo, der auf die provozierenden Beleidigungen von Julias Cousin Tybalt nicht mehr mit dem Ziehen seines Schwertes reagiert, sondern mit der Beteuerung, er liebe ihn. Was ihm allerdings selbst nicht gefällt, denn wenig später klagt er: »O süße Julia! Deine Schönheit hat so weibisch mich gemacht; sie hat den Stahl der Tapferkeit in meiner Brust erweicht.«

Von den Amerikanern im Nachkriegsdeutschland und von Romeo in Verona zurück zu den Deutschen in Nordeuropa. Beide Seiten verwandten sehr viel Mühe auf die Aufrechterhaltung von Trennungen und Grenzen. Vom ersten Tag an und über die Kriegsjahre hinweg gab es in den besetzten Ländern die grundsätzliche, klare und für alle sichtbare Kluft zwischen den Soldaten und der Zivilbevölkerung – die eindeutige Kluft zwischen Bürgern verfeindeter Staaten. Daneben aber gab es, ebenfalls vom ersten Tag an und über die Kriegsjahre hinweg, eine zweite Grenze, die weniger eindeutig und nicht so leicht auszumachen war. Sie zog sich quer durch das okkupierte Volk und trennte jene auf der richtigen von jenen auf der falschen Seite. »Als König und Regierung Norwegen verlassen mußten, wurde die Parole des geistigen Widerstands als Ersatz für den aktiven Widerstand, etwa in Form von Wirtschaftssabotage, ausgegeben.«[10] Die Norweger begannen, als dezentes Zeichen ihres Patriotismus eine Büroklammer an der Kleidung zu tragen – die Büroklammer wurde von einem Norweger erfunden. Die illegalen Zeitungen wiesen die Bevölkerung an, sich von den Deutschen fernzuhalten, sie Abweisung und Verachtung spüren zu lassen. Das war ein ungeschriebenes Gesetz auf moralischer Basis: »Die normalen Leute hatten damals nur eine Möglichkeit, die Deutschen zu bekämpfen: nichts mit ihnen zu tun zu haben.«[11]

Das war so einfach nicht. Auch die auf der »richtigen« – also patriotischen – Seite waren unablässig mit scheinbar banalen, tatsächlich aber heiklen Alltagssituationen konfrontiert, in denen nicht klar war, was die theoretisch eindeutigen Anweisungen praktisch bedeuteten, was in diesem konkreten Augenblick richtig, was falsch war. Madeleine Bunting beschreibt die ersten Tage der deutschen Besatzung auf Guernsey:

Eines der größten Dilemmas der Besatzung begann am zweiten Tag mit den Eiscremes, die deutsche Soldaten am Hafen von St. Peter Port kauften. Es stellte sich die Frage, wieviel sozialer Umgang mit dem Feind mit Patriotismus vereinbar war. Jeder Inselbewohner, vom kleinen Kind bis zum Bailiff, mußte sich entscheiden, wie er sich dem Feind gegenüber zu verhalten gedachte. Die einfachsten menschlichen Gesten wurden zum Gegenstand peinvoller moralischer Entscheidungen. Sollte man die ausgestreckte Hand eines Deutschen schütteln? Sollte man auf ein freundliches, gutturales ›Good morning‹ antworten? Sollte man einem Soldaten die richtige Richtung zeigen, wenn er sich auf den winzigen, völlig verwirrenden Landstraßen der Insel verfahren hatte?[12]

Wir können uns vielleicht gar nicht mehr vorstellen, wie provinziell die Provinz, wie ländlich und abgeschnitten ein Dorf oder eine Kleinstadt vor sechzig Jahren in Europa gewesen sein müssen. In manchen Gegenden auf den Kanalinseln gab es zwischen einzelnen Dörfern so wenig Kontakt, daß die Bewohner des einen Dorfs den Dialekt des nächsten kaum verstanden. In Norwegen waren sehr viele Orte, ja selbst kleinere Städte nur mit Boot oder Schiff zu erreichen, auf zahlreichen Inseln lebten eine oder zwei Familien völlig isoliert ohne Straße oder elektrisches Licht, in den Bergen lagen Einödhöfe, die völlig unzugänglich waren.[13] Wie hätten die Kinder (und vermutlich nicht nur sie) von den Autos, Motorrädern und Waffen der Deutschen nicht fasziniert sein sollen? Eine deutsche Soldatenzeitung schrieb noch 1943: »Hier im Norden leben Erwachsene, die noch nie eine Eisenbahn gesehen haben.«[14] In ganz Europa waren Privatwagen wenig gebräuchlich, ein Besuch der nächstgelegenen Stadt – oder gar der Hauptstadt – blieb besonderen Gelegenheiten vorbehalten, und außer Erzählungen derer, die von solche Reisen zurückkehrten, waren Zeitungen, Radios, Briefe und (wenige) Telefone die einzigen Verbindungen zu dem, was anderswo passierte. Das Angebot an Unterhaltung und Zeitvertreib war bescheiden. In Kleinstädten mag es ein Kino, eine Buchhandlung und eine Bibliothek gegeben haben, auf dem Land vielleicht hin und wieder eine Filmvorführung, außerdem Tanzabende, Kirchenveranstaltungen, Hochzeiten. In Hammerfest gab es »gerade mal eine Kaffeestube und nur ein einziges Kino, beides liegt in einem kleinen Kellerraum im Rathaus. Es gibt hier einen Friseur. Der ist immer überfüllt. Auffallend sind die vielen Zeitungskioske. Wenn neue Zeitungen kommen, stehen die Leute Schlange. Einmal in der Woche gab es für die jungen Leute der Stadt Tanz in einem Saal, aber der wurde requiriert und ist jetzt das Soldatenheim.«

In diese Ereignislosigkeit hinein kamen *Hunderte* von fremden Männern – viele jung und unternehmungslustig, mit Geld und freier Zeit. *Zuviel* freie Zeit, möchte man meinen, denn die Besatzungssoldaten, die sich plötzlich weit von zu Hause und der Front entfernt in einem fremden Land wiederfanden, langweilten sich: »Was sie taten, wenn sie nicht kämpften, war bisher nicht Gegenstand der Nachfrage. Besonders in der Anfangszeit war der Krieg auch Warten, Freizeit und ein bißchen Abenteuerurlaub.«[15] In Nord- und Westeuropa wurde während des Krieges nicht einmal sehr heftig gekämpft, dort bestanden die Kriegsjahre aus wenig mehr als Warten und Freizeit. Viele blieben jahrelang am gleichen Ort, so daß sich der Reiz des Neuen bald erschöpft hatte, und so mancher fragte sich, was in aller Welt er als Soldat hier überhaupt solle. Innerhalb eines von militärischen Reglement und Diensten vorgegebenen, starren Rahmens, der wenig dem Zufall oder der eigenen Gestaltung überließ, hatten sie Zeit, und als das Gefühl vom Abenteuerurlaub verblaßte, blieben sehr wenige Möglichkeiten der Zerstreuung. Über die deutschen Soldaten in Nordnorwegen wird immer wieder berichtet, daß viele einen »Polarkoller« bekommen hätten, ausgelöst durch die Dunkelheit, bzw. Helligkeit, die jeweils Monate dauerten.

Alle versuchten, sich die Zeit mit Liebhabereien zu vertreiben. So sagte einer, erst in der Einsamkeit Nordnorwegens habe er richtig lesen gelernt, andere malten, schrieben, bildhauerten, schmiedeten, musizierten, verfaßten Briefe, und aus Erzählungen von Deutschen wie Norwegern gleichermaßen ist bei mir der Eindruck hängengeblieben, daß ausnahmslos alle in Norwegen stationierten Wehrmachtssoldaten unablässig und mit größtem Vergnügen Ski liefen.

Es ist eine bizarre, ja groteske Vorstellung: Man steckt mehrere hunderttausend Männer in Uniformen, schickt sie unter größter Gefahr an die entlegendsten Zipfel Europas, organisiert eine höchst komplizierte Logistik, um sie von Lebensmittel über Stiefel und Bleistifte bis zum Nähgarn mit allem zu versorgen, was sie zum Leben brauchen, und das alles, damit sie weit entfernt von Zuhause, wo sie als Männer und Arbeitskräfte fehlen, ihre Zeit damit totschlagen, Karten zu spielen, ihre Wäsche zu stopfen, Filetdecken zu häkeln und aus gebrauchten Hufeisen Kronleuchter zu schmieden.[16]

Ein Funker notierte in Frankreich: »Im einzelnen erfüllte ein jeder seine Aufgaben an dem Platz, wo man ihn hingestellt hatte und nach dem sucht ein jeder seine eigenen Weg zu gehen, worin ein jeder den anderen im ganzen genommen recht ähnlich war. Man vertrat sich die Beine, hockte in Wirtschaften, trank, spielte Karten und ließ sich von den Leuten wenig stören. Man versäumte den Vorgesetzten gegenüber keinen Gruss. Man fand sich damit ab, dass nach einem gleichmütig hingenommenen, unwidersprochenen Ratschluss alte Bekannte fortgenommen und neue Bekannte zugeteilt wurden. Unter den alten, die fort kamen, waren erfreuliche und unerfreuliche, und unter den neuen erwartete man dasselbe.«[17]

Kein Wunder also, daß sie Zerstreuung und Kontakt zur Bevölkerung suchten: »Das Städtchen wachte auf, in den Cafés ging es bunt zu, ja man sprach miteinander.« Lucies bereits zitierte Schilderung, was nach dem Einmarsch der Deutschen in ihrem französischen Heimatstädtchen geschah, läßt vermuten, daß ähnliches in ganz Nord- und Westeuropa geschehen sein könnte: Man lebte in einer Welt, in der jeder jeden kannte, in der alle alles über alle wußten, in der nichts als Krankheiten und Naturkatastrophen den ruhigen, vorhersehbaren Fluß des künftigen Lebens würden stören können. Bis der Krieg und mit ihm junge Leute kamen, die etwas Neues, einen Hauch der ›großen weiten Welt‹ mitbrachten. Endlich passierte etwas.

Dieser Reiz des Neuen mag vor allem für junge Menschen eine Verführung bedeutet haben, sich nicht so strikt von den Besatzern fernzuhalten, wie die ungeschriebenen Gesetze für korrektes Verhalten es ihnen abverlangten. Dabei stellten sie fest, daß sie und die Feinde gemeinsame Interessen hatten, sie spielten mit- und gegeneinander Fußball, in Norwegen und Finnland unternahmen sie gemeinsame Skitouren. Überdies machten die Deutschen es allein aufgrund ihrer Anzahl ihren unfreiwilligen Gastgebern gleich welchen Alters nicht leicht, die politisch korrekte Distanz beizubehalten. Norwegen und die britischen Kanalinseln beispielsweise waren von Deutschen geradezu überschwemmt. Auf den durch die vorangegangene

Evakuierung entvölkerten Kanalinseln betrug das Verhältnis von Deutschen zu Zivilisten 1:2, auf Guernsey sogar 1:1, in Norwegen, das bei Kriegsbeginn 3,2 Millionen Einwohner hatte, waren fünf Jahre lang zwischen 350000 und 400000 Soldaten stationiert, in manchen Landstrichen des spärlich besiedelten Nordnorwegens kamen auf zehn Deutsche ein (!!) Norweger. Sie waren überall, man konnte sie nicht umgehen, selbst wenn man wollte.

Aber viele wollten das gar nicht, denn »Norwegen war damals ein Armenhaus«, wie mir eine Westküsten-Norwegerin sagte, und die Besatzer brachten Arbeit und Geld. Vor allem in Nordnorwegen gab es fast nichts: Fisch, Fleisch, Milch, Eier und Kartoffeln, alles war Mangelware, und davon profitierten die norwegischen Fischer und Bauern. Viele von ihnen waren bei Kriegsbeginn tief verschuldet gewesen. Sie machten sehr gute Geschäfte mit den Deutschen, offizielle für die Versorgung der Truppen im Land und für den Export einiger Produkte nach Deutschland als auch inoffizielle auf dem Schwarzmarkt, so daß sie bei Kriegsende nahezu schuldenfrei waren.[18]

Am dringendsten aber benötigte die Wehrmacht Arbeitskräfte. Es mußten Kasernen, Straßen, Flugplätze und Bahnstrecken gebaut werden, die Soldaten brauchten Unterkünfte, Lebensmittel, saubere Wäsche. In Finnland bezahlten die Deutschen 15–20 Prozent mehr als finnische Arbeitgeber, in Frankreich und auf den Kanalinseln kamen zu Löhnen, die drei- bis viermal so hoch waren wie die der einheimischen Arbeitgeber, oft noch freie Kost und Logis hinzu, in Norwegen war der Unterschied noch krasser: »Im ersten Kriegsjahr bezahlten die Deutschen abenteuerlich hohe Löhne, um möglichst viele Norweger als Arbeitskräfte zu gewinnen [...], in der Gegend lebten Kleinbauern mit einem Jahreseinkommen von 4–5000 Kronen. Plötzlich bot man ihnen *Wochenlöhne* von bis zu 1000 Kronen. Nur wenige wurden gefragt, was sie konnten. Achtzehn- bis Zwanzigjährige, die nie Bauarbeiten gemacht hatten, konnten bis zu 180 Kronen am Tag verdienen.«[19] Anfang 1940 war jeder vierte Gewerkschaftler arbeitslos gewesen, viele weitere verloren im Mai 1940 aufgrund der neuen Situation ihre Arbeit. Wer sich in einer solchen Lage befand, mag es schwierig gefunden haben, das Vaterland über die Familie zu stellen und aus prinzipiellen Erwägungen die Erwerbsmöglichkeiten auszuschlagen, die sich plötzlich boten, selbst wenn dies bedeutete, für den Feind Flugplätze und Straßen zu bauen. Hinzu kam, daß viele lieber freiwillig für die Deutschen arbeiteten als die gleiche Arbeit früher oder später als Zwangsarbeiter verrichten zu müssen. Auf den Kanalinseln arbeitete aus den gleichen Gründen mehr als die Hälfte der Bevölkerung für die Deutschen.

Es ist auch schwer vorstellbar, wie sich ein Blumenhändler dagegen verwahren sollte, daß ein deutscher Soldat bei ihm einen Strauß Nelken kaufte. Es war, jedenfalls zu Beginn der Besatzung, nicht abzusehen, welche Folgen es haben könnte, wenn ein deutscher Soldat sich beleidigt oder brüskiert fühlte, weil sein Gegenüber die Anweisungen der Exilregierung der geschlossenen »Eisfront« gegen die Besatzer befolgte und ihn allzu reserviert abfertigte. Die Norwegerin Gudrun erzählte mir, sie habe ihren späteren Verlobten zum ersten Mal gesehen, als er an den Gartenzaun kam und ihre Mutter bat, bei ihr Schaufel und Hacke abstellen zu dürfen, da er den angrenzenden deutschen Soldatenfriedhof pflegte. »Das war im Sommer 1940. Meine Mutter fand wohl, daß man einem deutschen Soldaten keine Bitte ausschlug, dazu hatten wir zu viel Angst.« Die meisten Menschen in den besetzten Ländern trachteten vor allem danach, die Kriegsjahre so unbeschadet wie möglich zu überstehen. Das ist ohne Ironie, Herablassung oder Zynismus gesagt.

Völlig undurchführbar wurde die ›Eisfront‹, wenn Soldaten in unmittelbarer Nachbarschaft oder sogar im eigenen Haus oder Bauernhof einquartiert waren. Aufgrund der Erfahrungen, die nach dem Ersten Weltkrieg bei der Besatzung des Rheinlandes gemacht worden waren, verzichtete die amerikanische Armee 1945 darauf, amerikanische Soldaten bei deutschen Familien einzuquartieren, auch hier aus Angst vor der subversiven Macht der Frauen. Man fürchtete, »daß die Soldaten durch Frauen, die als besonders ›nazifiziert‹ galten, indoktriniert und ausspioniert werden würden«.[20] Aber ob Mann oder Frau – es entstehen Situationen, die an das sogenannte »Stockholm-Syndrom« erinnern, dem Gefühl einer Bindung, ja Loyalität, das Geiseln ihren Geiselnehmern gegenüber entwickeln. Sie teilen ein Schicksal, es entstehen Gefühle von Nähe und Identifikation, der Feind wird zu einem Menschen mit Kummer und Sorgen und dem Bedürfnis nach Verständnis, Zuneigung und Liebe.

Die Verhaltenmaxime des Widerstands, den Deutschen standhaft und ausnahmslos die kalte Schulter zu zeigen, war ja nicht nur eine Demütigung für die Deutschen, sie bewahrte auch die Norweger und Norwegerinnen davor, mit einem realen statt abstrakten Feind interagieren und dabei einen *Menschen* entdecken zu müssen, den sie nicht mehr so problemlos in die Kategorie »Haßobjekt« abschieben konnten. Wer die erzwungene Gemeinsamkeit als unerträglich empfanden, dem (oder der) blieb häufig keine andere Wahl, als in den Untergrund zu gehen und/oder außer Landes zu fliehen. Für viele aber war die »Eisfront« ein Luxus, den sie sich nicht leisten konnten, weil sie aufgrund ihrer Wohn- oder Arbeitssituation zum täglichen Zusammensein mit den Besatzern gezwungen waren und dieser Situation nicht entfliehen konnten oder wollten. Eine von Madeleine Buntings Gesprächspartnerinnen auf Jersey faßt dieses Leben in einem Satz zusammen: »Man kann nicht verfeindet bleiben, wenn man fünf Jahre lang Seite an Seite lebt.«[21]

In Norwegen beschlagnahmte die deutsche Wehrmacht alle Radiogeräte, nur die Mitglieder der nationalsozialistischen Partei Nasjonal Samling, und die deutschen Soldaten durften eines besitzen – und die auch dann, wenn sie bei Norwegern einquartiert waren, die keines hatten. Also hörten sie zusammen Radio, manchmal auch das verbotene London.[22] Wie sollte man jemanden auf Dauer als Vertreter einer feindlichen Macht mit eisigem Haß ignorieren, dem man Tag für Tag begegnete, der in der Küche am selben Tisch aß wie man selbst, mit den Kindern spielte, auf (nahezu) gleiche Weise Weihnachten feierte, der vielleicht selbst Bauer war und beim Melken der Kühe und bei der Ernte half, der sich durchgehend freundlich und korrekt verhielt?

Denn auch damit machten die deutschen Besatzer es den Besetzten schwer: Sie traten in Nord- und Westeuropa nicht als feindliche Militärmacht auf, die die Zivilbevölkerung haßte, einschüchterte, knechtete, verfolgte oder gar folterte und ermordete. Hatten die Bewohner der Kanalinseln in panischer Angst jene brutalen Nazis der britischen Propaganda erwartet, die angeblich, wie die Zeitungen berichtet hatten, in Frankreich und Belgien mit ihren Bajonetten ganz beiläufig Kindern die Arme abgehackt hatten, bekamen sie es nun mit Männern zu tun, die strengsten Befehl hatten, sich diszipliniert zu verhalten und der Bevölkerung mit Respekt und ausgesuchter Höflichkeit zu begegnen. Ein Soldat erinnert sich, wie seine Einheit am ersten Tag auf Jersey vor einem Blumenbeet strammstehen mußte und der Feldwebel sie anbrüllte: »Ihr könnt die Blumen ansehen, ihr könnte dran riechen, aber sie werden unter keinen Umständen gepflückt.«[23]

Ein anderer erinnerte sich, daß »es auf Guernsey viele Palmen gab. Es war so aufregend, im Ausland zu sein und das Klima war fast tropisch. Uns allen gefiel es da sehr gut, und wir dachten nicht darüber nach, was wir da machten. Ich war so von dem hellblauen Meer fasziniert. Wir nahmen den Krieg nicht sehr ernst; wir fanden ihn nicht sehr wichtig, und wir waren sehr jung. Wir genossen das alles.«[24] Es scheint, als seien die Soldaten ohne jede Vorstellung davon gewesen, welche Gefühle ihre Anwesenheit bei der Bevölkerung auslösen könnte. Die Dänen und Norweger waren laut nationalsozialistischer Propaganda sowieso ›arische Brüder‹, und als solche sahen sie die Engländer offenbar auch: »Von unseren Eltern und aus dem Geschichtsunterricht hatten wir gehört, daß wir mit dem britischen Königshaus verwandt waren. Wir verstanden nicht, warum England Deutschland immer bekämpfte«.[25] Diese angebliche rassische und historische Verbindung mit Norwegern und Dänen war den Deutschen so nachhaltig eingebläut worden, daß viele lange nicht begriffen, warum – ja *daß* – Norweger und Dänen sie als Feinde ansahen und nicht in ihrem Land haben wollten.

Ihre Unwissenheit, ja Ignoranz könnte allerdings auch eine – gänzlich unbeabsichtigte – Begleiterscheinung der Abgrenzungspolitik der Zivilbevölkerung gegen die Besatzungssoldaten gewesen sein: Es ist nicht ganz einfach, etwas zu bemerken, das nicht geschieht, zu sehen, das etwas fehlt und dann auch noch zu wissen, was es sein könnte. Eine deutsche Tänzerin, die in diesen Jahren in Norwegen im Rahmen der Truppenbetreuung auftrat, sagte: »Natürlich war es so, daß ich Norweger, die nicht mit den Nationalsozialisten sympathisierten oder der deutschen Besatzungsmacht feindlich gegenüberstanden – also, diese Norweger traf ich ja gar nicht! Sie kamen doch nie zu unseren Vorstellungen, aber das wußte ich damals nicht.«[26] Wenn also ein deutscher Funker sich erinnert, daß die Bevölkerung von Arcachon am Atlantik freundlich und entgegenkommend gewesen sei, bleibt bei dieser wie bei allen anderen Erinnerungen dieser Art ungewiß, wieviel Ablehnung und Haß in der Bevölkerung tatsächlich vorhanden waren, die aber nicht geäußert und/oder nicht wahrgenommen wurden.

Dennoch: Die deutschen Soldaten, jedenfalls jene in Nord- und Westeuropa – waren wohl nicht nur aus heutiger Sicht unglaublich, vielleicht unverzeihlich naiv. Es entsteht der Eindruck, als hätten sie wirklich überhaupt nicht begriffen, was sie taten. Viele waren sehr jung, der Krieg hatte gerade erst begonnen, er brachte Aufregung, es passierte etwas. Sie waren nicht als Frontsoldaten in den Osten, sondern in für sie weitaus ungefährlichere und daher angenehmere Gegenden kommandiert worden. In einer Welt ohne jenen ständigen Fluß an Informationen und Medienbildern, die dem wir heute versinken, waren sie vielleicht tatsächlich naiver als ihre Gleichaltrigen heute. Sicher ist, daß viele zum ersten Mal von zu Hause fort, zum ersten Mal im Ausland waren: »Der Hafen von St. Helier mit den weißen Villen, den Häusern, mit dem blauen Himmel darüber und dem blauen Meer sah wunderschön aus«, schwärmte ein anderer Soldat noch Anfang der neunziger Jahre. »Wir waren in einem Land, wo Tag und Nacht Milch und Honig flossen. Wir waren in diesem Augenblick bester Laune. Wir kamen uns vor wie Urlauber.«[27]

Diese Hochstimmung teilte sich auch anderen mit. Simone de Beauvoir spürte kurz nach dem Einmarsch der Deutschen, »welches phantastische Abenteuer es für einen jungen Deutschen sein mußte, als Sieger in Frankreich zu sein, einen Monat Krieg heil überstanden zu haben, gut gekleidet und genährt zu sein und sich für eine auserwählte Rasse zu halten«. Sie machten offenbar einen geradezu erschreckend guten Eindruck – ihre Beflissenheit war »voll Anmut [... sie] haben eine ganze spontane und freundliche und offene Nettigkeit«, »die Fahrer der deutschen Lastwagen waren höchst sympathisch, zuvorkommend und taktvoll, ganz hilfsbereit, ohne sich irgendwie bewußt zu sein, daß sie deutschen Edelmut verkörperten.«[28] Sie waren von einer »Liebeswürdigkeit, die an Naivität grenzte«, wie meine Interviewpartnerin Lucie es formulierte. Und in nahezu jeder Erzählung über die ersten Begegnungen mit den Wehrmachtssoldaten finden sich Bemerkungen wie: »Die Deutschen in ihren Uniformen, mein Gott, waren das schöne Männer, wir haben unseren Augen nicht getraut.«[29] Sie »waren ungeheuer attraktiv. Einige sahen unglaublich gut aus. [...] Die Offiziere in ihren Uniformen sahen blendend aus«.[30]

Freundliche Kontakte zur Zivilbevölkerung auf den britischen Kanalinseln hatten für das Dritte Reich unschätzbaren Propagandawert und daher bei der Wehrmacht hohe Priorität – laut Bunting war das anfangs sogar das zweitwichtigste Ziel der Invasion. »Ihr Erfolg überstieg ihre wildesten Träume: Sie hätte sich niemals vorstellen können, daß binnen weniger Wochen die deutsche Wochenschau Aufnahmen von deutschen Soldaten in flirtender Unterhaltung mit jungen Frauen würde zeigen können.«[31] Das mag ein etwas zwiespältiger Erfolg gewesen sein, da sexuelle Beziehungen zu den dortigen Frauen nicht erlaubt waren. Aufgrund der Rassenpolitik der Nationalsozialisten waren die Vorschriften der deutschen Wehrmacht besonders streng, Ehen zwischen Deutschen und britischen Staatsbürgerinnen waren für die Dauer des Krieges verboten. Die Militärbehörden erließen während des Krieges auch mehrfach Fraternisierungsverbote, die völlig mißachtet wurden. Ein deutscher Kapitän erzählte Madeleine Bunting, als er 1944 auf die Inseln kam, habe der damalige Inselkommandant Admiral Hüffmeier Order gegeben, daß jegliche Beziehungen strikt untersagt seien, »aber niemand gehorchte. Männer unter meinem Kommando hatten Freundinnen. Viele lebten seit vier Jahren auf der Insel – da kann man solche Verbindungen nicht verbieten. Ich habe sie ihnen nicht verboten. Ich habe nicht versucht, Hüffmeiers Befehle durchzusetzen«.[32]

Je länger die Soldaten am selben Ort stationiert waren, umso vertrauter wurden sie mit der einheimischen Bevölkerung und umso größer war die Wahrscheinlichkeit einer festeren Bindung. Zudem haben Soldaten, die im Kriegseinsatz sind, offenbar ein starkes Bedürfnis danach, feste Liebesbeziehungen einzugehen.[33] Das wußten die Verantwortlichen der US-Armee, und sie wußten offenbar auch, daß die GIs alle antideutsche Propaganda in den Wind schlagen würden. Anders ist es nicht zu erklären, daß zwar Ehen mit Deutschen als gefährlichste Form der Fraternisierung eingestuft und daher strengstens verboten waren, »Militärverantwortliche jedoch bereits Ende 1944 voraussahen, daß mit Verstößen gegen das Verbot zu rechnen war, und in verschiedenen Gesetzesentwürfen das Ausmaß der Bestrafung diskutierten. Vorgesehen war neben der Bestrafung der amerikanischen Militärangehörigen auch die der deutschen Standesbeamten sowie der deutschen Ehepartnerin«.[34]

Wie diese Liste von Appellen, Verboten, Verordnungen und Drohungen zeigt, rechneten alle damit, daß es trotz Überwachung und Strafe zu sexuellen Kontakten kommen würde. Dabei billigen wohl alle Armeen der Welt ihren Soldaten durchaus sexuelle Bedürfnisse zu, es wäre vermutlich nicht gut für die »Moral der Truppe«, wenn sie ganz ohne Geschlechtsleben auskommen müßten. Eine militärische Studie unter amerikanischen Soldaten, die aus dem Zweiten Weltkrieg nach Hause zurückgekehrt waren, ergab, daß drei von vier während ihrer Abwesenheit sexuelle Erlebnisse gehabt hatten.[35] Ob diese Zahl auf die Soldaten der Deutschen Wehrmacht übertragbar ist, ist eine interessante, aber leider ebenso wenig zu beantwortende Frage wie die, ob die Deutschen ebenso häufig wie die Amerikaner Prostituierte frequentiert haben. Diese Wissenslücke ist nicht erstaunlich, denn bislang ist offenbar auch noch niemand systematisch der grundlegenderen Frage nachgegangen, wieviele Wehrmachtssoldaten wo und wann mit wem welche Art von sexuellen Beziehungen gehabt haben.

Hitler soll gesagt haben, wenn der deutsche Mann als Soldat bereit sein solle, bedingungslos zu sterben, dann müsse er auch die Freiheit haben, bedingungslos zu lieben.[36] Die Führung der Wehrmacht versuchte (wie andere Armeen auch), das Problem mit der Errichtung von Bordellen zu lösen, und das, obwohl diese im Reich verboten waren, Prostituierte wurden rigide bestraft. In Dänemark gab es aufgrund der besonderen Besatzungssituation keine Wehrmachtsbordelle,[37] anders war das in Norwegen, wo allerdings keine norwegischen, sondern nur französische Prostituierten arbeiteten. Eines – das *Haus Sphinx* – lag in der Osloer Innenstadt, und es ist überliefert, daß es davor immer lange Warteschlangen gab.[38]

Aber es ist ungewiß, wie viele Bordelle es in Norwegen gab und wo sie waren. Auch wenn es mir vor allem um Liebesbeziehungen geht, ist die Frage nach der Verfügbarkeit von Prostituierten nicht nebensächlich: »Wenn die ›Bordelldichte‹ niedrig war, könnte das die sexuelle Aktivität der Männer vermindert, aber auch den Druck auf die Zivilbevölkerung vergrößert haben. Natürlich darf man nicht vergessen, daß es bei Sexualität und Zusammenleben um mehr Bedürfnisse geht als um jene, die ein Bordell befriedigen kann.«[39]

Und so geschah, was immer und überall geschieht: die Kerle versuchen, mit den Mädels anzubandeln, und die Mädels machen den Kerlen schöne Augen. Anders als sonst war eigentlich nur, daß die Kerle die feindlichen Soldaten und die Mädels die Ehre und die Zukunft ihrer Nation waren (oder, je nach Blickwinkel, die Kerle die Soldaten und die Mädels die Ehre und die Zukunft der feindlichen Nation) – was für viele selbst den kleinsten Flirt zu einem Problem werden ließ.

Wenn man auf Island Mädchen allein deswegen aus der Stadt verfrachten wollte, weil sie mit Soldaten zusammen *gesehen* worden waren, dann stellt sich die Frage nach der Definition: Wer soll überhaupt als ›Deutschenliebchen‹, ›jerrybag‹ oder ›Amihure‹ gelten: Jede, die einmal mit einem Soldaten zusammen gesehen wurden? Jede, die je einen Satz mit einem Soldaten gewechselt hat? Was ist mit jenen Frauen, die für die Besatzer als Küchenhilfen oder Büroangestellte arbeiteten, die sich von Besatzungssoldaten im Café einladen oder einmal zum Tanzen auffordern ließen? Mußten sie mindestens einmal mit einem Soldaten geschlafen haben, um zu Recht als ›Deutschenflittchen‹ bezeichnet werden zu können? Oder gilt als ›Deutschenmädchen‹ nur, wer über längere Zeit offen mit einem oder mehreren Deutschen befreundet war? Von wievielen Frauen ist eigentlich die Rede?[40]

Selbstverständlich gibt es keinerlei zeitgenössischen Unterlagen oder gar Statistiken, die in diesem Zusammenhang hilfreich wären, und wer heute versucht, eine Vorstellung von der möglichen Zahl der Frauen zu bekommen, ist gezwungen, mit den einzigen halbwegs verbürgten Zahlen zu operieren, die es gibt: die der lebend geborenen Kinder mit ausländischem Vater. Wer damit arbeitet, muß sich meist auf komplizierte medizinisch-soziologische Hochrechnungen einlassen, die auf Grundlage der bekannten Kinderzahlen versuchen, Rückschlüsse darauf zu ziehen, wieviele Frauen im gebärfähigen Alter sexuelle Beziehungen mit ausländischen Soldaten hatten.[41]

Anette Warring griff auf eine medizinisch-soziologische Studie zurück, die bei Kriegsende 204 dänische ›Deutschenmädchen‹ erfaßte, veranschlagt aufgrund der dortigen Angaben ein Kind pro zehn Verhältnisse und kommt schließlich, – da es bei Kriegsende etwa 5500 registrierte dänisch-deutsche Kinder gab, auf eine Zahl 40000 bis 60000 dänischen ›Deutschenmädchen‹ – Frauen, die einmal, mehrfach oder die ganze Zeit über intime Beziehungen zu Deutschen hatten. Da es bei Kriegsbeginn etwa 500000 Däninnen im Alter zwischen 15 und 30 gab, hieße das, daß jede zehnte Dänin in der entsprechenden Altersgruppe einen deutschen Geliebten gehabt hätte. Warring findet diese Zahl hoch und begründet sie zum einen mit den besonderen Umständen der dänischen Kollaborationspolitik, die es mit sich brachten, daß sich die dänische Gesellschaft bis Sommer 1943 nicht klar gegen die deutsche Wehrmacht abgrenzte, zum anderen als Folge der nationalsozialistischen Rassen- und Besatzungspolitik, die Beziehungen zu den ›arischen‹ Däninnen gestattete. Ihr erscheint diese Zahl auch deswegen hoch, weil die Gesamtzahl der Dänen, die im Widerstand aktiv waren, in den letzten Kriegsmonaten, als alle noch rasch etwas auf der richtigen Seite tun wollten, ebenfalls mit 50000 veranschlagt wird.

Die Zahlen für Norwegen sind noch verwirrender. Erste Schätzungen sprachen 1989 von 40000 bis 50000 ›Deutschenmädchen‹. Da es bei Kriegsanfang 400000 Norwegerin zwischen 15 und 30 Jahre gab, entspräche dies Warrings Ergebnissen von jeder zehnten Frau im passenden Alter. Das kontrastiert scharf mit der absurden Behauptung, die 1941 im norwegischen Programm von Radio London aufgestellt wurde, daß sich nur ein Promille der Norwegerinnen ›unnational‹ verhielten – denn das wären 400.[42]

Ellingsen präsentiert seine Überlegungen zu den norwegischen Zahlen denn auch unter der spottenden Überschrift *400 Frauen bekommen 9000 Kinder.* Er überträgt Warrings Berechnungsgrundlage »ein Kind pro zehn Beziehungen« auf Norwegen, doch da allein knapp 9000 norwegisch-deutschen Kinder aktenkundig sind, kommt er auf 80–90000, also doppelt so viele. Das hieße, daß jede *fünfte* Norwegerin im entsprechenden Alter einen deutschen Geliebten gehabt hätte. Dem mißtraut Ellingsen selbst, und er versucht, eine andere Erklärung für diese Divergenz zu finden: Er vermutet, daß die Geburtszahlen in Dänemark und Norwegen unterschiedlich sind, auch wenn unklar bleibt, woran das liegen könnte. In Dänemark könnte das Wissen über Empfängnisverhütung größer und der Zugang zu empfängnisverhütenden Mitteln leichter gewesen sein als in Norwegen. Auch war in Norwegen der Anreiz, einen Deutschen als Vater eines Kindes anzugeben, größer als in Dänemark, da in Norwegen die Kinder und die Mütter durch deutsche Behörden versorgt und finanziell unterstützt wurden.

Es liegt in der Natur dieser Berechnungsgrundlagen, daß sie den Personenkreis der ›Besatzerbräute‹ auf Frauen begrenzen, die Geschlechtsverkehr hatten – meine Gesprächspartnerin Gudrun, die den ganzen Krieg über mit einem tief religiösen Deutschen verlobt war und nie mit ihm geschlafen hatte, wäre danach kein ›Deutschenmädchen‹, obwohl sie es nach allen anderen Kriterien eindeutig war. Zum zweiten ist die Dunkelziffer bei unehelich Geborenen kaum abzuschätzen – es gilt als durchaus möglich, daß die wahre Anzahl der norwegisch-deutschen Kinder um 50% über den offiziellen Zahlen liegt. Auf den Kanalinseln wurde – wie überall – das Kind einer Ehefrau automatisch als Kind ihres Mannes eingetragen, selbst dann, wenn dieser seit Jahren fort war. Denkbar ist auch, daß Frauen, die ihre Beziehung zu einem Deutschen geheim halten wollten, als Vater keinen oder einen falschen Namen angaben. Und die meisten Frauen – ob verheiratet oder unverheiratet – werden natürlich versucht haben, gar nicht schwanger zu werden. So erzählte eine Nordnorwegerin:

Ich glaube, fast alle Mädchen waren im Laufe des Krieges mit einem deutschen Soldaten zusammen. Und das ist doch auch kein Wunder. Da waren viele anständige, nette junge Kerle dabei. Sie waren doch Menschen. Aber wenn ein Mädchen ins ›Unglück‹ kam, dann war das für sie die reine Katastrophe.

Eine weitere wichtige Variable muß noch rasch erwähnt werden: die Anzahl und regionale Verteilung der Soldaten. Den 100000 deutschen Soldaten in Dänemark standen 400000 in Norwegen gegenüber, davon besonders viele in Nordnorwegen, wo auch im Vergleich zu anderen Landesteilen besonders viele norwegisch-deutsche Kinder geboren wurden. Doch was zunächst selbstverständlich erscheint, ist es bei näherem Hinsehen nicht mehr. Da, wie erwähnt, in einigen Gebieten des Verwaltungsbezirks Finnmark zehn Norweger auf einhundert Deutsche kamen, kann es nicht viele Frauen im gebärfähigen Alter gegeben haben.

So wichtig eine Antwort auf die Frage wäre, wieviele Frauen in den besetzten Ländern Beziehungen zu Soldaten der Besatzungsarmee hatten – es gibt sie nicht. Die Entscheidung, wer zu dieser Gruppe gehört und ob es ›viele‹ oder ›wenige‹ waren, liegt allein ›im Auge des Betrachters‹ – was für den einen an Landesverrat grenzte, sah der andere als harmlosen kleinen Strandflirt. Sicher ist nur, daß sich in den fraglichen Jahren die Zahl der unehelich geborenen Kinder auf Jersey verdoppelte und auf Guernsey vervierfachte.[43] Und nach mehr als fünfzig Jahren schätzen die beiden beteiligten Parteien diese Frage (immer noch?) gegensätzlich ein: Die Bewohner der Kanalinseln sagen, nur ganz wenige Frauen seien mit Besatzungssoldaten zusammengewesen, die Deutschen bestreiten das. Auch in Norwegen gab und gibt es Bemühungen, die offizielle Zahl der ›Abtrünnigen‹ möglichst niedrig anzusetzen, was Ellingsen zu der Vermutung veranlaßt, es sei viel bequemer, mit dem Mythos zu leben, man sei ein Volk von Patrioten mit einigen wenigen illoyalen Frauen.

Und als *illoyal* galten sie mit Sicherheit. Die *Eisfront*-Parole wurde auch auf Kollaborateure übertragen, und als solche galten die Freundinnen der Soldaten in hohem Maße. Im Grunde wurden sie von Anfang an stellvertretend für die Deutschen bestraft: In Dänemark gehörte »Widerstand gegen die ›Deutschenmädchen‹ zu den ersten Widerstandshandlungen während der Besatzung. Der überwiegende Teil der Bevölkerung distanzierte sich zwar von Sabotage und jedem gewalttätigen Widerstand gegen Deutsche und dänische Kollaborateure, die an der Wehrmacht Geld verdienten, aber die Aktionen des Haare-Abschneidens trafen auf allgemeines Wohlwollen.« In illegalen Zeitungen in Dänemark und Norwegen erschienen schon früh Listen mit Namen von ›Deutschenflittchen‹ und der

Aufforderung, sie für ihren Verrat zu bestrafen. In Dänemark registrierte die Polizei bereits im September 1940 die ersten Übergriffe, bei denen Frauen geschoren wurden.[44]

Das Scheren aber war nur die – wenn auch eklatant sichtbare – Spitze des Eisbergs. Doch worin dieser Eisberg bestand, wird in offiziellen Quellen und Archiven selten erläutert. Das erfährt man nur aus den Erzählungen derer, die dabei waren – und darüber sprechen möchten. Gudrun, die als Gymnasiastin mit einem Deutschen verlobt war, erzählte, sie sei einmal in ihre Klasse gekommen und von Mitschülern mit ›Heil Hitler‹ begrüßt worden, und eine Frau erzählte Dag Ellingsen, ihr Bruder habe fünf Jahre lang nicht mit ihr geprochen. Es gab Schikanen wie die Behauptung der Friseuse Ingrid R., von der im ersten Kapitel berichtet wurde, die ›Deutschenschlampe‹ Petra H. habe Läuse auf dem Kopf, man rief ihnen auf der Straße ›Deutschenhure‹ hinterher, manche verloren ihre Arbeitsstelle. Nachbarn, Bekannte, Freunde und Verwandte sprachen nicht mehr mit ihnen.

Was das bedeuten konnte, zeigt auch eine Szene des amerikanischen Spielfilms *Ryans Tochter*, in dem es um eine verheiratete junge Irin geht, die sich in einen bei der Bevölkerung verhaßten englischen Besatzungssoldaten verliebt. Eines Tages betritt sie den einzigen Laden des Ortes, um Kartoffeln zu kaufen. Die Besitzerin sagt, sie habe keine, und als die Protagonistin auf einen Berg Kartoffeln zeigt, der in der Ecke liegt, bekommt sie zur Antwort, sie seien alle verkauft. Daraufhin verläßt sie gedemütigt den Laden, doch bevor sie die Tür schließt, sagt die Besitzerin sehr laut zu einer anderen Kunden: »Es gibt leichtsinnige Frauen und es gibt Huren. Und dann gibt es noch britische Soldatenhuren.«

Die Freundinnen der Soldaten wurden isoliert, aus der Gemeinschaft ausgeschlossen, man zeigte ihnen die kalte Schulter. Der norwegische Ausdruck dafür heißt, wörtlich übersetzt: Sie wurden *ausgefroren*. Das ist ein Bild aus einem Land mit langen kalten Wintern.

Nichts ist zu machen gegen das Hinsehen

Er und Sie

»Man spricht nicht genug von der Langeweile des Krieges. In dieser Langeweile sehen Frauen hinter geschlossenen Läden auf den Feind, wie er über den Platz geht. Hier beschränkt sich Abenteuer auf Patriotismus. Das andere Abenteuer gehört erwürgt. Trotzdem sieht man hin. Nichts ist zu machen gegen das Hinsehen.«[1] Und wenn es die Frauen waren, die über den Platz gingen, war nichts zu machen gegen das Angesehenwerden – sie konnten nur den Kopf wegdrehen, um dem Feind die Intimität der sich begegnenden oder gar verschränkenden Blicke zu verweigern. Wegsehen schützte auch gegen Verführung, die Magie des Blickes. Denn der Fremde schaute ja nicht nur. Er wollte Blickkontakt und mehr. Er gab sich allergrößte Mühe, es nicht beim distanzierten Schauen zu belassen, nicht auf Dauer Fremder und Feind zu bleiben, die Zivilbevölkerung, besonders natürlich die Frauen, auf seine Seite zu ziehen – und das war die des *Mannes*, nicht des Deutschen oder des Nazis.

Viele Frauen waren gegen dieses Werben immun – jedenfalls reagierten sie nicht darauf. Das waren Frauen wie Rut Brandt, die schon sehr früh politisch aktiv war. Sie ist ehrlich und unsentimental genug, ihren Beitritt zur Arbeiterjugend nicht im Nachhinein zu verklären: »Ich kam zur Arbeiterbewegung, als ich 15 oder 16 Jahre alt war, nicht aus Überzeugung oder weil ich besonders früh politisch bewußt war. Es war beinahe selbstverständlich. Ich war jung, und in einer Kleinstadt gibt es nicht so viel, bei dem man jung sein kann. In Hamar gab es die Abstinenzler-Bewegung, die Sportvereine und die Parteien.

Mutter war Sozialistin […], das gibt dem Leben gewisse Anhaltspunkte. Also ging ich mit zu einem Treffen der Arbeiterjugend und trat schon das nächste Mal bei.«[2] Deren Kampf gegen den Faschismus, gegen Mussolini, Hitler und Franco führte sie gradlinig in die illegale Arbeit, und diese politische Orientierung strukturierte auch im Privaten ihren möglichen Handlungsspielraum – sie und ihre Freundinnen, sagt sie, wären nicht einmal im Traum auf die Idee gekommen, sich mit einem Deutschen zusammenzutun.[3]

Diesen »gewissen Anhaltspunkt im Leben« hatte auch Gerd, die bei Kriegsbeginn gerade zwölf Jahre alt. Zwei ihrer Brüder flohen nach England und der Vater wurde deswegen von den Deutschen ein Jahr lang als Geisel interniert. Auch Gerd war fest in einer politisch bewußten und aktiven Familie verwurzelt, für sie gab es keine Sekunde die Frage, wie sie sich zu verhalten habe, für sie und zahllose andere war die Vorstellung, mit einem Deutschen eine Beziehung einzugehen, ja selbst die, mit ihm einen Gruß zu wechseln, ebenso absurd wie damals für Rut Brandt.

Es waren, trotz aller Behauptungen, wonach die Frauen der besetzten Länder die Bekanntschaft der Soldaten gesucht haben, ganz traditionell die Männer, die die Frauen ansprachen, ihnen den Hof machen, sich von einer ersten, vielleicht sogar einer zweiten Zurückweisung nicht abhalten ließen. Dabei entsprechen die traditionellen Vorstellungen vom Mann als aktivem Jäger und der Frau als zu eroberndem Wild allerdings nicht den Tatsachen: Die Frauen bestimmen binnen weniger Sekunden mit versteckten Signalen und Blicken den weiteren Verlauf der Kontaktaufnahme, sie können den Fremden lange vor dem ersten Wort, ja vor dem ersten bewußten Blickwechsel ermuntern – oder abblitzen lassen.[4] Das jedoch taten die Frauen der Zivilbevölkerung häufig nicht – sie zeigten sich an Kontakten mit den Fremden durchaus interessiert. Die Soldaten, die ein fremdes Land ›erobert‹ hatten, erlebten sich auch bei den Frauen in der Rolle des Eroberers und Siegers, der den Einheimischen vorgezogen wurde. Denkbar wäre, daß dieser Status als attraktive, ja umschwärmte Männer sie selbst etwas überraschte, ebenso wie sie die Begeisterung verblüfft haben könnte, mit der die Frauen sie als wohlerzogen, höflich und weltmännisch priesen – insbesondere im Vergleich zu eben jenen Einheimischen, die von den gleichen Frauen als tölpelhaft und hinterwäldlerisch geschildert wurden. »Wir waren diese Bauernburschen gewohnt, die uns ständig an die Wäsche wollten. Die Deutschen hielten uns die Tür auf, rückten uns im Café den Stuhl zurecht und küßten uns die Hand. Sie waren die große weite Welt.«[5] Sie kamen aus dem »weitaus stärker urbanisierten Mitteleuropa und verstanden es, sich wie *gentlemen* zu benehmen«,[6] wobei fraglich bleibt, ob die Frauen ihres deutschen Heimatdorfes oder Stadtteils diese schwärmerische Bewunderung teilten. Möglich, daß der Westerwälder in den Augen jener Frauen, mit denen er aufgewachsen war, keineswegs ein charmanter Casanova, sondern ein tölpelhafter Bauernbursche gewesen und auch so behandelt worden war, so daß die ungewohnte Bewunderung ihre Wirkung auf ihn nicht verfehlt haben wird. Auch auf den Bauernburschen aus Arkansas übrigens nicht, der in Island und im Nachkriegsdeutschland identische Komplimente zu hören bekam.

Für die Soldaten war nicht nur das anders als zu Hause. In nahezu allem galten andere Regeln als bislang, und das neue Leben war durchaus zwiespältig. Sie waren all jener Verantwortungen enthoben, die sie im Zivilleben als Erwachsene für sich und ihr Leben hatten – Geld verdienen, die Pflichten eines männlichen Familienmitglieds erfüllen. Sie mußten keine Entscheidungen treffen, durften es aber auch nicht. Ihr Leben schien in einem geschützten Raum stattzufinden. Aber diese neue Welt war auch eigenartig, ja schizophren, denn sie verlangte von ihnen, unmündiges Kind und Mann zugleich zu sein: Einerseits waren sie in den banalsten Verrichtungen des Alltags fremdbestimmt und hatten selbst bei den wichtigsten Entscheidungen über ihr eigenes Leben kein Mitspracherecht. Andererseits waren sie als Krieger das Symbol potenter Männlichkeit schlechthin. Sie sollten sich unter gar keinen Umständen eine eigene – abweichende – Meinung bilden oder gar nach persönlichen ethischen Wertmaßstäben handeln, die mit denen der Armee kollidierten, doch sobald sie außerhalb des Militärgeländes in der ›Öffentlichkeit‹ auftauchten, wurden sie nicht als so entmündigt und machtlos wahrgenommen, wie sie sich selbst möglicherweise fühlten, sondern als handlungsmächtige und gefürchtete Vertreter der Besatzungsmacht. Es wurde von ihnen erwartet, daß sie sich im Einklang mit diesem Bild verhielten, und viele taten das ausgesprochen gern. Sie mieden den Umgang mit der Zivilbevölkerung, der sie sich als Deutsche ebenso wie als Sieger weit überlegen fühlten. Wenn sich Kontakte nicht vermeiden ließen, kehrten sie ihre offizielle Rolle als *Krieger* hervor und behandelten sie mit Herablassung – das zumindestens, denn Schikane und Grausamkeit gegen die Zivilbevölkerung waren in Nord- und Westeuropa nicht Teil der offiziellen Kriegsführung (was keineswegs bedeutet, daß es sie nicht dennoch gab). Andere hingegen ertrugen es nur schlecht, mit der verhaßten Besatzungsarmee gleichgesetzt zu werden. Es schmerzte sie, wenn sie sich in einem Osloer oder Kopenhagener Café zu Norwegern oder Dänen an den Tisch setzten und diese dann wortlos aufstanden und gingen. Es verletzte sie zutiefst, wenn sie einem sechsjährigen Mädchen Süßigkeiten schenken wollten, und das Kind, offenbar den Anweisungen der Eltern gehorchend, sie tapfer ausschlug. Die Uniform hob sie aus der Menge heraus. Ohne sie wären sie als Anderer vielleicht nicht erkennbar gewesen, und viele empfanden das als Last. Denn sie warnte vor ihnen. Hier kommt der Feind. Der aber mochten sehr viele nicht sein, einer spricht in seinen Lebenserinnerungen von der »fremden Verkleidung, in der er sich durch die Sommermenschen bewegen muß, die ihn nicht zu bemerken scheinen«.

Diese Soldaten lösten ihr persönliches Dilemma, indem sie versuchten, in jeder Situation, die nur halbwegs privat zu definieren war, die Uniform sozusagen ›verschwinden‹ zu lassen und sich von allen negativen Assoziationen des Feindes zu befreien.

Es war ganz üblich, daß ein Deutscher nach einem Gespräch von wenigen Minuten seine Soldaten-Rolle mißachtete, indem er in seiner Brieftasche nach Fotografien seiner Familie grub und sie seinem Gegenüber zeigte. Er wollte nicht *der Feind* sein, sondern trotz Uniform als Individuum und ›Mensch‹ erkannt, ja *gemocht* werden, daher warb er im Umgang mit der Zivilbevölkerung immer wieder um deren Zuneigung, gab sich charmant, hilfsbereit, äußerst bemüht, nicht dem Bild des brutalen Hunnen zu entsprechen, das europaweit vom deutschen Soldaten im Umlauf war. Das ging so weit, daß er in Gesprächen auf die Wehrpflicht verwies, die ihm keine Wahl gelassen habe, daß er immer wieder beteuerte, selbst kein Nazi, kein Hitler-Anhänger zu sein, diesen Krieg nicht zu wollen. Unerwähnt (und vom Einzelnen vielleicht sogar ausgeblendet) blieb vermutlich, daß eben dieser Hitler ihm im Umgang mit der nord- und westeuropäischen Zivilbevölkerung keinen Spielraum ließ. »Die Höflichkeit des individuellen Deutschen mag aufrichtig gewesen sein, sie war aber auch ein wesentlicher Aspekt der Strategie, die Berlin in den besetzten britischen Gebieten verfolgte« – diese Strategie war die der »eisernen Faust im Samthandschuh«.[7]

Viele Soldaten wurden von Nord- oder Westeuropa nach Osteuropa versetzt, und umgekehrt, vor allem, als gegen Ende des Krieges Soldaten von der Ostfront einige Zeit zur ›Erholung‹ in diese besetzten Länder geschickt wurden – in diesen verschiedenen Regionen galten nahezu konträre Befehle, wie sich die Soldaten gegenüber der Zivilbevölkerung verhalten mußten und durften. Was das für jeden einzelnen Soldaten bedeutete, wie er mit den widersprüchlichen Richtlinien und den sehr unterschiedlich begrenzten Handlungsspielräumen zurecht kam, ob und wie ihm das ›Umschalten‹ gelang, läßt sich schwer erforschen. Sicher scheint, daß die Soldaten, die gegen Ende des Krieges von der Ostfront nach Frankreich geschickt wurden, die Umstellung so schlecht bewältigten, daß sich die Disziplinarverfahren gegen sie drastisch häuften. Über die SS-Männer in Osteuropa schreibt Gudrun Schwarz: »Himmlers

›Herrenmenschen‹ erwiesen sich in der Realität jedoch als eine Mörder- und Verbrecherbande, gegen die selbst die SS-eigene Gerichtsbarkeit immer häufiger vorgehen mußte, da sie als korrupt, als Diebe, Alkoholiker und Rechtsbrecher auch innerhalb der eigenen Gruppe auffielen.«[8]

In Norwegen trug das Bemühen der deutschen Soldaten, den Besatzer durch den Privatmenschen auszulöschen, ihnen den spöttischen Namen *den snille Fritz* – der liebe Fritz – ein. Darin schwingt durchaus auch Ratlosigkeit und Verblüffung ob des Eifers und der Naivität mit, mit der er sich um Kontakte zur Bevölkerung bemühte – wohlerzogene Gespräche mit einer Verkäuferin oder einem Passanten, das Angebot von Kameraderie an den einheimischen Arbeiter, die Pflege freundschaftlich-nachbarschaftlicher Umgangsformen.

Die Familie von Gerd, deren Brüder nach England geflohen waren, gab sich äußerste Mühe, jeden Kontakt mit den Deutschen zu vermeiden, doch da sie direkt gegenüber des Lazaretts wohnten, »kannten wir viele, die dort arbeiteten oder Patienten waren, vom Sehen. Sie kannten uns natürlich auch, und wenn uns einer von ihnen auf der Straße entgegenkam, drehten wir immer den Kopf fort, damit sie uns nicht grüßen konnten. Mein Vater war Postbote, und das Lazarett gehörte zu seinem Bezirk. Die Deutschen wollten ihm ständig Geschenke machen, Zigaretten, Lebensmittel, Süßigkeiten, sie machten es ihm fast unmöglich, das abzulehnen«.

Solche Erzählungen zeigen, daß einige Aspekte des Soldatenlebens offenbar schwer zu ertragen waren, aber das neue Leben hatte durchaus auch angenehme Seiten – wie die Bewunderung der Frauen, zum Beispiel. Als sie eingezogen wurden, ließen sie die bisher gültigen sozialen Kontrollen und Verbote des Zivillebens hinter sich und kamen in eine reine Männerwelt, in der vieles möglich war, was sie daheim oder allein nicht gewagt hätten. Wenn Grenzen – nationale, ethische, emotionale und körperliche – so nachhaltig und so rücksichtslos verletzt werden, tun sich auch neue sexuelle Möglichkeiten auf, extreme, wie die Vergewaltigung der Frauen der gegnerischen Seite, die von vielen Armeen geduldet wird, und andere, die weniger spektakulär wirken, in der Biographie eines Mannes jedoch durchaus einschneidend sein können: Er geht zum ersten Mal zu einer Prostituierten. Er betrügt seine Ehefrau. Er verspricht einer Frau die Ehe, um sie ins Bett zu bekommen, er riskiert, ein Kind zu zeugen – beides, ohne sein Versprechen einlösen, die Mutter des Kindes heiraten oder für das Kind aufkommen zu müssen (genau damit stürzt übrigens der amerikanische Marineleutnant Linkerton die neunzehnjährige »Madame Butterfly« ins Unglück. Unmittelbar vor der – für ihn juristisch nicht bindenden – Eheschließung rechtfertigt er seine unehrenhafte Tat mit einem unbekümmerten »man ist nur einmal jung und liebesfroh«.) Aber er kann auch einer Frau die Ehe versprechen und sie tatsächlich heiraten, ohne vorher bei der eigenen Familie die Erlaubnis dafür eingeholt zu haben. Deutsche Soldaten wurden indes keinesfalls zur Ehe mit einer Ausländerin ermuntert, egal, wie arisch sie war.[9] Hier verbanden sich die Interessen von Vater Staat mit denen der leiblichen Eltern: Der Mann sollte in der Fremde ›keine Dummheiten machen, die er später bereuen würde‹. Eine deutsche Ehefrau war ihnen allemal lieber. Dabei galt auch eine bereits bestehende Schwangerschaft nicht als zwingender Grund, eine Ausländerin zu heiraten, denn ›es wäre unsinnig, nur um des Kindes willen zwei Menschen für ein Leben zusammenzuschliessen, wenn Mann und Frau nicht die erforderlichen Voraussetzungen für eine Ehe erfüllen. Es geht um die Entscheidung, ob die von dem Soldaten gewählte Frau in den deutschen Volkskörper aufgenommen werden kann«.[10] Dies entspricht der Aufforderung an alle SS-Männer, »nicht aus ›egoistischen Motiven‹ – wie etwa Liebe – zu heiraten, sondern sich bei der Auswahl ihrer Frauen und der Mütter ihrer künftigen Kinder an ›vernünftigen Überlegungen‹ und ›dem Wohl des Gesamtvolkes‹ zu orientieren«.[11]

Dort, wo die Soldaten waren, gab es kaum deutsche Frauen: die Nachrichtenhelferinnen (›Blitzmädels‹ genannt) und die

Rot-Kreuz-Schwestern, die nicht nur Kranke versorgten, sondern auch die Soldatenheime der Wehrmacht betreuten. In einer Lobeshymne auf diese Schwestern heißt es, es müsse »für sie als Frauen doch so herrlich sein, alle diese großen, starken Männer und rauhen Krieger so klein und so jungenhaft um sich zu sehen. Und ganz ohne Glanz und Glorie«. Und weiter:

»Sobald du als Landser das Soldatenheim betrittst, bist du nicht mehr der rauhe Krieger, der vielleicht bärbeissige Vorgesetzte, du bist nicht länger der Träger von Orden und Ehrenzeichen, und deine ganze Männlichkeit ist durchsichtig geworden wie Glas oder wie Quellwasser, und dahinter sieht man dein jungenhaftes Herz pochen und deine Seele in freudiger Erwartung juchzen. Du bist überhaupt wieder ein anderer Mensch, du bist ein ganz kleiner Junge geworden, der sich glücklich preist, wenn man ihn überhaupt ernst nimmt und der zum zweiten Mal glücklich ist, wenn jetzt eine deutsche Frau in Schwesterntracht auf ihn zutritt, mit ihm einige Worte wechselt, ihm Kaffee bringt und Kuchen. In jeder siehst du die Frau, die Mutter, die Braut. Sie sind für dich fleischgewordenes Heimweh. Der Himmel Deutschlands strahlt aus ihrem Blick, und du bist plötzlich wieder ganz klein und hilfsbedürftig, und du empfindest Demut und Dankbarkeit für diese Frauen, die es auf sich genommen haben, hierher zu kommen, um dir ein lebendiger und steter Gruß der Heimat zu sein.«[12]

Da spricht ein in der Fremde verlorener Bub, der es leid ist, den furchterregenden Mann spielen zu müssen und der sich selbst ganz schrecklich leid tut. An die Frau, aus deren Augen Deutschlands Himmel strahlt, knüpfte sich fraglos das Verlangen nach der Mutter, mit der alles wieder gut wird, die sich um ihr Kind kümmert und die Wunden heilt, die das Vaterland ihm zugefügt hatte. Als Objekt des sexuellen Begehrens jedoch war sie in ihrer unberührten und unberührbaren deutschen Reinheit ungeeignet, bei allem hehren Sehnen nach Mutter, Schwester und ›Braut‹ wollten die Soldaten eine konkrete, reale Frau, die sie offen sexuell begehren und mit der sie schlafen konnten.[13] Das galt für die ungebundenen ebenso wie für die wachsende Zahl jener Soldaten, die im Laufe des Krieges bei den Bombenangriffen auf Deutschland ihre Frau oder Geliebte verloren. Es galt aber auch für alle, die verheiratet, verlobt oder auch nur verliebt waren, und bei ihnen konnte dieses Sehnen – grob vereinfacht – drei Wege nehmen: manche intensivierten ihre Kontakte zu ihrer Frau oder Freundin, schrieben jeden oder jeden zweiten Tag an sie, machten sie zum monogamen Mittelpunkt ihres Denkens, Fühlens, Hoffens und lebten kompromißlos treu und zölibatär. Auch den anderen waren diese Bindungen in der Heimat und an die Heimat wichtig, auch sie pflegten sie, gingen aber gleichwohl kurz- oder längerfristige Beziehungen zu Frauen an ihrem Standort ein. So mancher hatte sicher Zweifel an der Treue seiner Liebsten: »Die Rückwirkungen ehelicher Untreue von Soldatenfrauen auf die Männer an der Front ist als besonders schwerwiegend anzusehen. Die Männer werden durch Benachrichtigungen seitens der Nachbarn über den Lebenswandel ihrer Frauen stark beunruhigt.«[14] Einige mögen in einer Einheimischen die geliebte Frau zu Hause gesehen und sie, die sie »so an meine Frau, meine Verlobte« erinnerte, in ihrer Sehnsucht zu deren »Stellvertreterin« gemacht haben, andere nutzten die Ausnahmesituation für einen ›Urlaub‹ von ihrem Leben zu Hause und dem Treuegelöbnis, das sie dort einer Frau gegeben hatten. Sie taten dies wohl in der Annahme, das alte Leben nach der ›Auszeit‹ des Krieges unverändert fortführen zu können. Über die Sehnsucht nach der »fremden Frau« assoziiert Theweleit: »Ich nehme an, das hat mit Ausweichen zu tun, mit einer Vermeidung des Körpers der ›nahen‹ Frauen ... Mütter ... Schwestern ... Nachbarstöchter ... Einheimischen ... Frauenkörpers des eigenen Landes ... Frauenkörper des eigenen Körpers.«[15] Zu einer Zeit, als weite Reisen noch unüblich waren, könnte für einen Besatzungssoldaten die Erfüllung der Sehnsüchte nach dem neuen, dem fremden, dem unbekannten Liebesobjekt zum ersten Mal in konkrete Nähe gerückt sein. Dabei mag für beide – für ihn wie für sie – »Sensationslust auf sexuellem Gebiet«[16] eine große Rolle gespielt haben.

»Die Verbindung zu einer Frau, so erbärmlich oder flüchtig

diese Verbindung sein mochte, wurde mit dem Flair von Abenteuer und auf eine Weise erzählt, die es nie versäumte, die potente Männlichkeit des Betreffenden in ein gutes Licht zu rücken.«[17] Doch wie die Verzückung über die mütterliche Krankenschwester überdeutlich belegt, beschränkte sich die Sehnsucht nach einer Frau nicht auf das Verlangen nach Geschlechtsverkehr. Es ging nicht nur um einen unspezifischen, vom möglichen Gegenüber losgelösten sexuellen Hunger, der schnell gestillt werden sollte (wozu es etwa fünfhundert Wehrmachtsbordellen gab), es ging auch um die Sehnsucht nach menschlicher Nähe. Denn obwohl es schien, als seien die Männer im ausschließlich männlichen Militär und den dort möglichen Beziehungen völlig eingebunden, waren sie doch entwurzelt. Sie fühlten sich einsam, hatten Heimweh, waren desorientiert und heimatlos – und wer heimatlos ist, ist in seinem Selbstwertgefühl verunsichert.[18] Ein Einwohner Jerseys vermerkte in seinem Tagebuch, viele Deutsche seien ganz offensichtlich einsam und von Heimweh geplagt, und sie »hätten alles getan, nur damit jemand sie nach Hause zu einer Tasse Tee einlädt«.[19] Die Eroberung einer einheimischen Frau konnte das angeschlagene Selbstbewußtsein festigen und das Ansehen bei den Kameraden heben, denn in den häufig beschworenen wunderbaren Kriegskameradschaften fehlte es offenbar nicht an Konkurrenz und Mißgunst. Drängte die Frau allerdings aus Sorge um ihren Ruf oder ihre Sicherheit darauf, die Freundschaft geheim zu halten, mochte er sich bei den Kameraden zurückgesetzt fühlen, wenn diese Freundinnen hatten, die offen mit ihnen gingen.[20]

Hatte er eine feste Freundin, konnte er für die Dauer des erzwungenen Aufenthaltes in der Fremde ein Zuhause, ja mitunter sogar eine Familie finden, falls ihre Eltern die Verbindung billigten und den Soldaten als künftigen Schwiegersohn bei sich willkommen hießen. Und während eine solche Freundschaft half, die Angst vor einer Versetzung zu mildern, führte sie paradoxerweise auch dazu, sie noch mehr zu fürchten.

Angst hatten alle Soldaten, nicht nur die an der Front. Über ihre Stationierung in einem ›friedlichen‹ Besatzungsland waren sie heilfroh, aber sie mußten nicht nur mit Anschlägen der dortigen Widerstandskämpfer, sondern auch (und vor allem) mit ihrer Versetzung ins südliche Europa oder an die Ostfront rechnen. Die Gefahr wuchs, als dort im Verlauf des Krieges die Zahl der Toten und Verwundeten stieg.[21] Dabei waren die deutschen Besatzungssoldaten in einigen Ländern weitaus weniger gefährdet als die deutsche Zivilbevölkerung. Am 27. April 1945 notiert ein deutscher Offizier in sein Tagebuch: »Wie friedlich leben wir hier [in Nordnorwegen], während die daheim bluten und sterben.«

Kein Wunder also, daß der Österreicher Alois, der den ganzen Krieg in einem norwegischen Küstenstädtchen zubrachte, überhaupt keine Lust hatte, Norwegen zu verlassen. Seine Frau war 1941 beim Holzhacken von russischen Tieffliegern erschossen worden, nun war er mit den beiden Kindern allein, aber die Lösung der schwierigen Probleme, die sich ihm dadurch zu Hause stellten, mußte bis Kriegsende warten: »Er sagte immer, daß das die besten fünf Jahren seines Lebens waren. Er war im Krieg, aber zugleich hatten sie es so friedlich.«[22] Guri, die das erzählte, war die Frau, in die er sich als Witwer verliebte.

Als der Krieg begann, lebte Guri mit ihrer Familie völlig isoliert auf einer Insel. Sie war arbeitslos, nach einem Jahr erhielt sie einen Brief vom Arbeitsamt, sie sei zwangsrekrutiert und müsse bei den Deutschen als Küchenhilfe anfangen. Da sie das keinesfalls wollte, zog sie zu einer behinderten Verwandten und führt ihr den Hof, doch die Hoffnung, sich damit der ›Deutschenarbeit‹ entziehen zu können, wurde enttäuscht. Sie wurde erneut rekrutiert, und als sie den Bürgermeister um Rat fragt, sagte dieser: »Du bist schön dumm, wenn du so eine gute Stelle nicht nimmst. Du bekommst genug zu essen, hast geregelte Arbeitszeit und kriegst guten Lohn.« Sie akzeptierte, und weil der Weg zu lang war, um jeden Tag von der Insel und zurück zu rudern, bezog sie in der Stadt ein möbliertes Zimmer. Die meisten künftigen Ehepaare lernen sich am Arbeitsplatz kennen, das war im Krieg nicht anders. Guri traf Alois: »Da gab es nur noch uns beide. Dagegen konnten wir nichts machen.«[23]

Wenn junge Frauen vom Land wie Guri Geld verdienen mußten, dann taten sie dies traditionell als Dienstmädchen in Privathaushalten oder als Arbeiterinnen in Fabriken. Die meisten verrichteten irgendeine Art schlecht bezahlter Hausarbeit, und waren als Arbeitskraft austauschbar, weil sie keine Schulausbildung und keinen richtigen Beruf hatten. Sie wurden von ihren Arbeitgebern meist herablassend behandelt, mußten hart arbeiten und lebten in einem strengen Reglement praktisch ohne Freizeit – Hausmädchen in den norwegischen Städten und Kleinstädten hatten einen Abend in der Woche frei – alle am selben Abend –, und die Palette möglicher Vergnügungen für diesen einen Abend war kümmerlich. Schöne oder kostbare Gegenstände kamen in ihrem Leben nur vor, wenn ihr Arbeitgeber sie besaß. Unterkunft und Lohn waren bescheiden. Die Stadt – selbst wenn sie klein war – war ihnen fremd, sie hatten Heimweh, waren entwurzelt und unsicher, und weil sie in der sozialen Hierarchie auf einer niedrigen Stufen standen, wurden sie in der Öffentlichkeit kaum beachtet. Ihre männlichen Landsleute begegneten ihnen unaufmerksam, ohne Respekt und Eleganz, dennoch würden sie einen von ihnen heiraten. Ihre Zukunft lag vor ihnen wie ein klar abgesteckter Weg.

Dann kam der Krieg, und plötzlich war diese Zukunft nicht mehr ganz so vorhersehbar. Zum einen gab es auch für sie neue Arbeit: in den Militäranlagen, aber auch in Fabriken, Geschäften und Büros, die von dem wirtschaftlichem Aufschwung profitierten. Man brauchte Küchenhilfen, Bürofräuleins, Serviererinnen, Dolmetscherinnen und Übersetzerinnen, Verkäuferinnen und Friseusen. Die Arbeit beim Militär war so viel besser bezahlt als alles, was Frauen bisher hatten bekommen können, daß zum einen viele ihre kümmerlich bezahlte Stelle bei Landsleuten zugunsten einer lukrativeren bei den Besatzern verließen, und zum anderen auch viele, die sonst vielleicht zu

Hause bei den Eltern geblieben wären, von den neuen Arbeitsmöglichkeiten in die Stadt gelockt wurden. In Finnland wurden einige Frauen von den Deutschen an abgelegenen Orten beschäftigt, was zu Gerüchten über die Moral der Frauen und die Art der Arbeit führte.[24] Die jungen Frauen vom Land führten nun ein Leben in möblierten Zimmern und mit eigenem Geld, was für junge Frauen bis dahin unüblich gewesen war. Sie standen nicht mehr unter ständiger Aufsicht und Kontrolle ihrer Eltern und ihres Dorfes, das bescherte ihnen eine relative Unabhängigkeit und *de facto* neue sexuelle Freiheiten. Sie lernten bei der Arbeit Männer kennen und gingen abends aus, und wer sich das zunächst nicht traute, wurde von anderen Frauen ermutigt und mitgenommen, die schon länger in der Stadt wohnten. Davon völlig unangetastet blieb die strenge Forderung, daß eine junge Frau vor der Ehe keusch zu leben habe und eine uneheliche Schwangerschaft eine furchtbare Katastrophe bedeutete.

Zum anderen brachte der Krieg hunderte, tausende von Männern, die neu und aufregend waren und das vorhersehbare Spiel der Geschlechter gründlich aufmischten. In einigen Ländern gab es nicht mehr viele Männer, da sie ihr Zuhause verlassen hatten, bevor die Deutschen kamen. Männer der Kanalinseln beispielsweise dienten in der britischen Armee, erwachsene Frauen blieben allein zurück, und »die Mädchen in der Pubertät reiften sexuell heran, umgeben von Männer, die aber die falsche Nationalität hatten«.[25] Duras' junge Französin sagt: »Die einzigen Männer in der Stadt waren Deutsche. Ich war siebzehn Jahre alt.« Beide – die Verheirateten wie die Ledigen – lebten jahrelang ohne jene Männer, die allein zu begehren der Patriotismus ihnen vorschrieb. Und manche Frau zog früher oder später die Liebe mit einem konkreten Mann der abstrakten Vaterlandsliebe vor. Aber in Norwegen verließen nur wenige Männer, in Dänemark keine das Land, und auch dort taten die Frauen sich mit den Soldaten zusammen. Es können also nicht nur Männermangel und sexueller Notstand gewesen sein, die Frauen dem Feind in die Arme trieben.

Viele fanden diese Fremden ausgesprochen gutaussehend. Die Frauen auf Jersey hatten angeblich noch nie solch phantastische Männer gesehen – vor allem gefiel ihnen, daß sie, im Gegensatz zu den Einheimischen, blond und blauäugig waren. Die Norwegerinnen hingegen mochten an ihnen besonders, daß sie dunkles Haar und dunkle Augen hatten.[26] Sie »lächelten, waren glücklich und jung, häufig ziemlich schön«[27], schrieb Simone de Beauvoir, die nicht im Verdacht steht, den deutschen Besatzern wohlgesonnen gewesen zu sein. Sie fand die Soldaten so spektakulär, daß sie vermutete, die Nazis hätten zu Kriegsbeginn aus Propagandagründen nur Elite-Soldaten nach Frankreich geschickt, eine Vermutung, die auch ein norwegischer Historiker im Gespräch mit mir äußerte, allerdings nicht Frankreich, sondern Norwegen betreffend.

Die Französin Lucie hingegen fand, daß die Deutschen in ihren grünen Uniformen wie Marsmenschen aussahen und auf den ersten Blick kaum auseinanderzuhalten waren. Das klingt nicht wie eine günstige Ausgangssituation, um sich zu verlieben, wäre da nicht das Klischee, wonach Frauen eine Schwäche für Uniformen haben. Wenn daran überhaupt etwas wahr ist, dann wohl, daß Uniformen das Individuelle zurückdrängen und dem Geschmack ihres Trägers wenig, der Phantasie seines Gegenübers hingegen sehr viel Spielraum lassen. Soziale Schicht, Herkunft, Lebensumstände sind schwieriger einzuschätzen, der Betrachter kann spekulieren, sich Geschichten zu diesem Menschen ausdenken, projizieren, träumen – all das ist beim Verlieben ungeheuer wichtig.

Mit den schönen mächtigen Fremden mag für einige Frauen der Traum von einem besseren Leben in greifbare Nähe gerückt sein, denn mit dem richtigen Mann können Frauen immer und überall mehrere Stufen der sozialen Hierarchie überspringen. Und falls es zu ihren Träumen gehört haben sollte, eines Tages ihr Land zu verlassen, bot er eine Möglichkeit dazu, denn Frauen durften damals nur in die Fremde, wenn sie einem Mann folgten. Doch er hatte nicht nur für eine ungewisse Zukunft viel zu bieten: Er umwarb sie, behandelte sie ›wie eine Dame‹, und obwohl er ihr letztendlich natürlich ebenso an die Wäsche wollte wie seine ausgestochenen Mitbewerber, ging er geschickter vor und ließ sich beim Verfolgen seines Ziels Zeit.

Dabei konnte es allerdings zu erheiternden Verwirrungen kommen: Sagten die Engländerinnen nach dem Krieg, die amerikanischen Soldaten seien sehr draufgängerisch gewesen, fanden jene die Engländerinnen verblüffend leicht zu haben. Was sich gegenseitig auszuschließen scheint, entpuppt sich als kulturell festgelegte Art der Rendezvous-Gestaltung: Während in den USA der Zungenkuß praktisch am Beginn einer Romanze stand und für den weiteren Verlauf der sexuellen Beziehung nicht viel aussagte, galt er in England als Allerintimstes und war unmittelbarer Auftakt zum Geschlechtsakt – gewährte also eine Engländerin ihrem Freund den Zungenkuß, signalisierte sie nach ihrem Dafürhalten damit ihre Bereitschaft, mit ihm zu schlafen.

Er ging, wie erwähnt, gemächlich vor, brachte ihr Geschenke, führte sie ins Café aus, fuhr mit ihr im Auto spazieren, brachte Aufregung und Spaß in ihr Leben und machte sie mit Dingen bekannt, die sie bisher nicht kannte – Dinge, die vielleicht in Paris niemanden mehr überraschten, aber in ihrem Provinznest sensationell waren – es waren, das gerät allzu leicht aus dem Blick und muß immer wieder erwähnt werden, junge, mitunter sehr junge Frauen, sechzehn, achtzehn, vielleicht zwanzig Jahre alt, und wie Rut Brandt sagte: »In einer Kleinstadt gibt es nicht so viel, bei dem man jung sein kann.« Mit ihm besuchte sie Restaurants, die ihr ohne ihn auf immer verschlossen geblieben wären, und die Männer, mit denen sie nun verkehrte, mochten im Zivilleben einer deutlich höheren sozialen Schicht angehören als sie und als alle Landsleute, die für sie als potentielle Ehemänner in Frage kamen. Und selbst wenn er im Grunde aus der gleichen Schicht stammte wie sie selbst, *schien* er in dieser konkreten Situation objektiv wohlhabender als er es tatsächlich war. Ganz zu schweigen davon, daß er sich relativ gefahrlos vermögend lügen konnte – ein Umstand, auf den beispielsweise im Nachkriegsdeutschland die ›Amiliebchen‹ von besorgten Eltern immer wieder hingewiesen wurden. Doch solche Warnungen vor den Lügen eines Buhlenden wurden oft ebenso in den Wind geschlagen wie Appelle an eine patriotischere Partnerwahl.

Aber wichtiger als Tanzabende, blaue Augen und Projektionen war, daß sie durch ihn zu einer anderen wurde. Es wertete ihr Selbstwertgefühl und ihre Selbstwahrnehmung auf, daß ein Mann sich ihr zuwandte, den sie für weltgewandter und erfahrener hielt als sie selbst und als ihre Landsleute es waren. Noch wichtiger mag gewesen sein, daß es nun nicht mehr, wie bisher, der Mann war, der in die Welt hinausging und mit Bildern und Berichten über sie nach Hause zurückkehrte, wo die Frauen warten mußten. Da sie beide Seiten kennenlernte und zwischen ihnen hin und herging, wurde sie zur Grenzgängerin. Das gab ihr als Frau einen größeren Horizont, sie sah von der ›fremden Welt‹ mehr als bisher, wußte über beide Seiten mehr und anderes als die gegnerischen Männer, und wurde ihnen vielleicht sogar dadurch überlegen. Im Gegensatz zu ihrem Geliebten verstand sie die Sprache ihres Landes. Sie kannte Regeln, Gebräuche und Tabus, hatte daher ein besser ausgebildetes Sensorium für das, was jeweils vorging. Sie konnte für ihn dolmetschen, aber ob und wie sie das tat, lag ebenso in ihrem Ermessen wie die Frage, ob sie das, was sie über ihn wußte und von ihm erfuhr, an ihre Landsleute weitergab. War sie zunächst vom Fremden, vom Sieger, vom ganz Anderen angezogen, entdeckte sie, daß das nur ein Teil der Wahrheit war und dahinter ein Mensch zum Vorschein kam, mit dem sie mehr verband als trennte: er war ebenso verloren, entmündigt und heimatlos wie sie selbst, sie waren beide jung und einsam, und mit der Zeit spielt in ihrer Wahrnehmung der Soldat überhaupt keine Rolle mehr – ich sehe meinen Ludwig durch die Uniform, schreibt eine Elsässerin.

Vielleicht waren beide zum ersten Mal von Zuhause fort, doch da sie in ihrem eigenen Land weniger fremd war als er, suchte er bei ihr Geborgenheit, Nähe, Akzeptanz, brauchte er sie, um sich in ihrer Welt zurechtzufinden, aber auch, um seiner eigenen zu entfliehen. Sie erlebte zum ersten Mal eine andere Machtbalance zwischen den Geschlechtern als die, die sie bislang mit ihren Landsleuten kennengelernt hatte – ihre Position als Frau war stärker und hatte mehr Gewicht. Zugleich verfügte er, den sie auch schwach erlebt, als Sieger durchaus über reale Macht, und die ist bekanntlich ein Aphrodisiakum. Sie erhöht die Attraktivität eines Mannes und macht ihn sexy, denn wer mit dem Sieger zusammen ist, hat Teilhabe an dieser Macht. Wählt eine Frau den Mann zum Geliebten, der die Männer der eigenen Gruppe besiegt und somit gedemütigt hat, demütigt sie durch ihre Wahl diese Männer ein weiteres Mal – selbst wenn sie dies nicht möchte. Die Nähe zu dem Mächtigen verleiht ihr in den Augen der Anderen selbst ein wenig Macht – unabhängig davon, ob sie sie nutzt, ja sogar davon, ob er ihr tatsächlich Einfluß einräumt oder nicht. In der Besatzungssituation konnte dieser Einfluß sehr konkrete Formen annehmen: Falls sie oder ihre Familie Schwierigkeiten bekamen, hatte sie bei den Behörden einen Fürsprecher. Sie war den Wechselfällen des Lebens nicht mehr wehrlos ausgeliefert, und falls sie von ihren Landsleuten schlecht behandelt wurde, hatte sie einen Beschützer, mit dem sie drohen und der sie rächen konnte – so bat eine Frau aus Trondheim die deutschen Behörden, sie und ihren Sohn vor den Schikanen der Nachbarn in Schutz zu nehmen: »Ich wäre Ihnen sehr dankbar, wenn Sie der Familie einen kleinen Schrecken geben würden, damit ich hier Frieden bekomme.«[28] Wenn Waren rar wurden, kannte sie jemanden mit Geld und Beziehungen, der sie und vielleicht auch ihre Familie mit dem Nötigen versorgte. Und der ihr – da das Leben aus Brot *und* Rosen besteht – auch die sprichwörtlichen Seidenstrümpfe schenkte, von der damals offenbar alle Frauen träumten.

Lucienne, seit ihrem elften Lebensjahr als Dienstmädchen in Stellung und 1941, mitten im Krieg, mit einundzwanzig Jahren von ihrem Mann mit drei Kindern sitzengelassen, »ging« mit deutschen Soldaten – wer will angesichts eines solch tristen Lebens entscheiden, ob sie sich mehr nach Brot oder mehr nach Rosen sehnte. Viele junge Frauen lernten ihren deutschen Freund am Arbeitsplatz kennen, und Luc Capdevila schreibt, es sei »eindeutig, daß einige von ihnen einen Beschützer suchten. Es ist verunsichernd, im Kontext einer Besatzung in einer reinen Soldatenwelt zu arbeiten«.[29] Die Grenze zwischen Zweckbeziehungen und ›echter‹ Liebe verläuft in der Realität selten so scharf und eindeutig wie im Reden darüber, und zum Glück sind auch die Situationen, in denen Frauen entscheiden müssen, ob sie lieber mit unbeschadeter Tugend langsam verhungern statt mit dem Eroberer zu schlafen, in der Realität seltener als im Reden darüber. Und würden Frauen, die tatsächlich ausschließlich aus Gewinnsucht solche Beziehungen suchten und unterhielten, darüber sprechen wollen? Es ist ungewöhnlich genug, wenn jemand mit einer Erinnerung wie der folgenden an die Öffentlichkeit geht, in deren Mittelpunkt nicht die große Liebe, sondern jugendliche Lebenslust steht:

Ich habe Jungs gemocht, solange ich zurückdenken kann. Ich konnte nie verstehen, warum ich mich von ihnen fern halten sollte. Meine Mutter war streng und christlich, vielleicht darum. Ich war froh, als ich von Zuhause wegkam, um in der Stadt auf die Mittelschule zu gehen. Mutter war ängstlich, aber sie hat nie etwas erfahren. Eine ältere Freundin zog mich mit aufs Glatteis. Wir gingen mit den Grünen tanzen. Ich konnte nichts dagegen machen, ich verliebte mich in einen Deutschen nach dem anderen. Natürlich nur Jungmädchenschwärmereien, aber das hätte ja furchtbar schief gehen können. Wir sind viele Risiken eingegangen. Zum Glück schaffte ich es, mich da rechtzeitig und ohne Kind herauszuziehen.[30]

»Wir sind viele Risiken eingegangen« – die Frauen lebten in einem möblierten Zimmer oder bei ihren Eltern, die Männer wohnten in der Kaserne oder waren bei einer Familie einquartiert – wo waren die Orte ihrer Rendezvous, ihrer Schäferstündchen?[31] Darüber gibt niemand Auskunft, nur Duras' kleines verliebtes Mädchen aus Nevers sagt: »Erst trafen wir uns in

Scheunen. Dann in Ruinen. Schließlich in Zimmern. Wie überall auf der Welt.« Es spricht auch niemand darüber, wie die Frauen mit den Risiken Schwangerschaft und Geschlechtskrankheiten umgingen, ob und wie sie sich schützten, wie und bei wem sie Hilfe suchten, wenn sie schwanger geworden waren oder sich angesteckt hatten – und ob sie sie fanden. Falls sie sich bemüht hatten, ihre Liebe geheim zu halten, wurde das dadurch schwieriger, wenn nicht unmöglich. Abtreibungen waren nicht erlaubt, viele Frauen werden den verzweifelten Weg zu Engelmacher/innen angetreten haben, um der Schande eines unehelichen Kindes zu entgehen. Auf den Kanalinseln gestand ein Angeklagter, hunderten von Frauen geholfen zu haben, und ein Masseur wurde des Mordes angeklagt, nachdem bei ihm eine Siebzehnjährige während einer Abtreibung gestorben war. Geschlechtskrankheiten, gegen die sich die Frauen noch weniger schützen konnten als gegen eine Schwangerschaft, wurden nur bei den Soldaten konsequent, bei Prostituierten mehr oder weniger konsequent behandelt. Was in dem vermutlich nicht seltenen Fall geschah, wenn ein Soldat ›sein Mädchen‹ ansteckte, ist mir weder bekannt noch vorstellbar. Völlig unklar ist, inwieweit es damals in diesen Ländern und in dieser historischen Situation niedergelassene Ärzte gab, bei denen eine unverheiratete Frau auf Verständnis, Beistand und Diskretion hoffen konnte. Der Soldat hätte sich für eine Freundin um Hilfe an seinen Militärarzt, diese sich an die örtlichen Gesundheitsbehörden wenden können, in beiden Fällen jedoch wäre sie zwangsbehandelt (und das konnte auch heißen: interniert) und als Ansteckungsquelle bei der Sittenpolizei registriert worden – eine Demütigung, die ein ›anständiges‹ Mädchen unter allen Umständen vermeiden mußte, war es doch praktisch gleichbedeutend damit, als Prostituierte aktenkundig zu werden. Denn wie immer eine Frau sich mit einer Geschlechtskrankheit angesteckt haben mag, es gilt als ihre Schuld und bringt sie in Verruf.

Die ›Deutschenmädchen‹ hatten auch ohne solche Katastrophen einen sehr schlechten Ruf. Ihre patriotischen Landsleute ließen für ihr Tun nur zwei mögliche Motive gelten: politische, dann war sie eine Landesverräterin; sexuelle, dann war sie eine Hure. Aber keine hielt ihr Handeln für unpatriotisch, keine empfand sich als ›Flittchen‹ oder ›leichtes Mädchen‹,. »Mit uns ist das etwas anderes«, sagt am Ende eines amerikanischen Spielfilms ein amerikanischer Soldat zu seiner neuseeländischen Kriegsbraut, als diese sich (und ihn) bekümmert fragt, ob ihr verstorbener Vater ihre Wahl wohl gutgeheißen hätte. Ihre Antwort »Ist es nicht *immer* etwas anderes?« ist untypisch. Die meisten Frauen waren zum einen der Meinung, daß der Mann, mit dem sie flirteten oder den sie liebten, kein ›typischer Deutscher‹ war. Ausnahmslos alle sagen, er sei ›anders‹ gewesen als die anderen Soldaten, vor allem aber *kein Nazi* – der Mann, den sie liebten, war kein Feind ihres Vaterlandes und teilte nicht dessen Weltanschauungen. Außerdem waren sie der Meinung, daß die gängigen Beschuldigungen des unmoralischen und unpatriotischen Verhaltens auf manche Frauen durchaus zutrafen, von diesen aber grenzten sie sich scharf ab.

Sie vertraten also selbst, obwohl sie eine Beziehung zu einem Deutschen hatten, implizit die Meinung, daß es sich eigentlich nicht gehörte, mit Soldaten zusammenzusein, und daß sich nur leichtfertige Frauen, die auf ein Abenteuer aus waren, mit ihnen einließen – mit Männern, die dann durchaus der »Feind«, oder »der Nazi« waren. Es gab ›jene Frauen‹ und es gab sie selbst, und ihre eigene Beziehung – ob es sich um die große Liebe oder ein oberflächliches Tanzvergnügen handelte – war ›etwas anderes‹. Wer sie mit ›jenen Frauen‹ in einen Topf warf, verkannte ihrer Meinung nach das Besondere an ihren Motiven, ihrer speziellen Lage, ihrer speziellen Liebesbeziehung, und meist auch an diesem speziellen Mann – das alles war durchaus im Einklang mit den moralischen Werten ihrer Herkunftsgesellschaft und deren Kriterien für eine ›anständige‹ Frau. Auch deutsche Frauen, die nach dem Krieg GIs geheiratet hatten, waren bei Interviews »darum bemüht, sich von den ›Straßenmädchen‹ abzugrenzen«.[32] Und bei einer Studie über das Verhältnis zwischen den deutschen Wehrmachtssoldaten und der nordfinnischen Zivilbevölkerung begründeten Finnen ihre Freundschaften mit den Soldaten mit den Worten: »Unser Freund ist kein Nazi, er hielt Hitler für einen Verrückten, und er war mit dabei, weil er keine andere Wahl hatte.«[33]

Diese subjektive Sicht auf den Feind als Menschen ist vermutlich auch der Grund, warum die Freundinnen deutscher Soldaten, generell gesprochen, nach Kriegsende trotz aller Anschuldigungen, Diffamierungen und Strafen weder ein Unrechtsbewußtsein noch Reue erkennen ließen: Sie fanden nicht, daß sie sich falsch verhalten, sich gegen die herrschenden Moralvorstellungen vergangen hatten. Alle Anschuldigungen gegen sie seien böswillige Verdrehungen und Unterstellungen.

Dag Ellingsen weist darauf hin, der von Widerstandsseite verbreitete Mythos, nur wenige, moralisch verworfenene Frauen seien ›Deutschenflittchen‹, habe es den Frauen möglicherweise erleichtert, die Freundin eines Deutschen zu werden. Denn sie gehörten ja nicht zu den ›Deutschenflittchen‹, wie alle sie beschrieben, so waren eben nur die anderen.[34] Sie selbst hätten der lapidaren Erklärung der junge Frau aus Marguerite Duras' *Hiroshima mon amour* zugestimmt: »Ich nahm den Feind da aus von den anderen. Er war meine erste Liebe«, und lösten den vermeintlichen Loyalitätskonflikt Mann kontra Nation, indem sie ihn bestritten oder gar nicht wahrnahmen. Dahinter steht das bekannte Phänomen, daß ein Mensch durchaus Widersprüchliches für wahr halten kann, solange er es im Denken sorgfältig voneinander getrennt hält.

Ob ihre Umwelt ihre Einschätzung teilte, war allerdings nur zum geringeren Teil davon abhängig, wie glaubwürdig die Frauen sie beteuerten. Die wichtigsten Faktoren waren offenbar die Haltung ihrer Familie, ihrer Eltern, das soziale Umfeld und die Schichtzugehörigkeit. Lebten sie als Hausmädchen oder Fabrikarbeiterin in einer Stadt oder Kleinstadt und überdies allein, waren ihre Chancen schlecht, daß jemand ihre Sicht der Dinge teilen würde. Besser erging es Frauen in Gegenden, wo sehr viele Soldaten stationiert waren. Dort konnte die Bevölkerung Kontakte generell nicht umgehen. An vielen Orten war das Verhältnis zu den Besatzungssoldaten sehr entspannt, und man begegnete Liebesbeziehungen mit mehr Verständnis und Nachsicht. Glimpflich bis völlig unbehelligt kamen in der Regel jene Frauen davon, die die Zustimmung ihrer Eltern erlangt, sich offiziell verlobt und somit den Schutz ihrer Familie hatten. Solche Beziehung wurden meist von Nachbarn, Bekannten und Verwandten als ›normale Liebesgeschichte‹ respektiert, auch wenn mancher sich darüber empörte und die Kontakte zu der Familie abbrach.

Handelte es sich um eine Bürgerstochter, stammte ihr ausländischer Freund meist ebenfalls aus dem Bürgertum, so daß alle Beteiligten, ohne Ansehen der Nationalität, den gleichen Werten verpflichtet waren und sich mühelos darauf verständigen konnte, welche Regeln und Gepflogenheiten zu beachten waren. An erster Stelle standen Ruf und Ehre der jungen Frau, die nur gewahrt blieben, wenn sie nicht eigenmächtig über ihre Partnerwahl verfügte, sondern dem künftigen Ehemann vom Vater ›übergeben‹ wurde. War das, wie bei der verwaisten neuseeländischen Filmbraut, nicht möglich, konnte sie ihre Ehre und Sittsamkeit unter Beweis stellen, indem sie sich um den Segen ihres Vates *sorgte.*[35] Die Verlobten von Lucie und Gudrun, beide übrigens etwa fünfzehn Jahre jünger als ihre Bräutigame, freundeten sich klugerweise zunächst mit deren Eltern an und wurden dann offenbar ohne Zögern, ja begeistert als ›Sohn‹ aufgenommen. Auch Astrids Verlobter W. war für ihren Vater ›mein geliebter Sohn‹, obwohl die Freundschaft äußerst unerfreulich begann. Er selbst erzählt, er habe seine Kinder streng erzogen und keinerlei Unregelmäßigkeiten geduldet. Als seine neunzehnjährige Tochter Astrid im Dezember 1940 um ein Uhr nachts noch nicht zu Hause war, habe er sie daher gesucht. Er fand sie Arm in Arm mit einem Deutschen in Zivil spazierengehen, den er nicht kannte. Er war, wie sich schnell herausstellte, der Gestapo-Mann W. Tags darauf ging Astrids Vater ins Gestapo-Büro und hielt W. den Ernst des Vorgefallenen vor: W. habe seine Tochter ruiniert und müsse die Konsequenzen aus seinem Handeln ziehen, daher erwarte er W. am folgenden Tag bei sich zu Hause. Als er tatsächlich kam und um Astrids Hand anhielt, gaben er und seine Frau ihre Einwilligung, da sie keinen anderen Ausweg sahen.[36]

Welch ein Unterschied zur lebenslustigen Schülerin! Während sie sich fern von Zuhause in einen Deutschen nach dem anderen verlieben und ›Risiken‹ eingehen konnte, war Astrid, die Bürgerstochter, durch einen einzigen Abendspaziergang mit dem falschen Mann so unwiderruflich ruiniert, daß die Eltern sich gezwungen sahen, sie ihm zur Frau zu geben. Im dänischen Freiheitsmuseum ist ein an *Max Hannig, Gr. Ziegelstrasse 47, Kiel E.* adressierter Brief ausgestellt, den ein verzweifelter Vater mit den Worten beginnt: »Angehend diesem ernstlichen Zustand, in welchem Sie meine Tochter eingesetzt haben, verlange ich hiermit, dass Sie gänzlich sogleich diese Sache in Ordnung bekommen.« Ob er Herrn Hannig damit zur Umkehr bewegen konnte, scheint fraglich, und auch Astrids Vater wußte 1940 nicht, daß W. bereits verheiratet war. Man wüßte gern, wie die Geschichten ausgegangen sind – wurden die entehrten Töchter verstoßen, als die Väter begriffen, daß der Deutsche sie nicht heiraten würde? Nun sind Heiratsversprechen von bereits Verheirateten ganz und gar nichts Ungewöhnliches, unter Soldaten waren sie derart üblich, daß die zuständigen Behörden des Dritten Reichs Ausländerinnen, die ihren verschwundenen Geliebten oder Verlobten suchten, routinemäßig beschieden, er sei ›vermißt‹. Das konnte alles mögliche bedeuten, war aber auch die Standardantwort, wenn er in Deutschland verheiratet war.[37]

Aber wenn sie sich ineinander verliebten, der Feind und die Feindin, dann konnte es geschehen, daß sie um dieser Liebe willen allen Autoritäten trotzten.[38] Sie sahen sich als das füreinander bestimmte Paar, das Hindernisse überwinden und vom Schicksal geprüft werden muß, bevor es endgültig zueinander finden kann. Sie orientierten sich an dem urromantischen Topos der verbotenen Liebe, stellten ihr persönliches Glück über die erwartete und geforderte Unterordnung unter familiäre und nationale Zwänge und pochten auf das ihnen verheißene Recht der Liebesheirat. Zur Untermauerung dieser Forderung mußten sie keineswegs Fiktionen wie *Romeo und Julia*, Heftchenromane oder Hollywood-Filme bemühen – nur wenige Jahre zuvor hatte der englische König Edward VIII. seinem Vaterland auf schwer zu überbietende Weise den Gehorsam verweigert, als er abdankte, weil er lieber Wallis Simpson heiraten wollte. Sie war nicht nur zweimal geschieden, sie war auch Ausländerin.

Eine Liebe zwischen Feinden, die Schützengräben überwinden und stärker als der Krieg sein will, ist besonderen Belastungen ausgesetzt. Was immer den Mann in seiner aktuellen Situation und zu Hause an Schwierigkeiten erwartete, im besetzten Land traf und *betraf* die Wucht der Probleme im wesentlichen die Frau: Sie riskierte wegen dieser Beziehung nicht nur Schikanen oder gar tätliche Angriffe von Fremden, sondern auch Streit, ja den Bruch mit ihrer Familie und ihrem bisherigen Freundeskreis. Ich habe nie etwas darüber gehört, welche Gefühle das bei dem Mann ausgelöst hat, um dessentwillen das geschah. Schmeichelte es ihm, daß sie das seinetwegen ertrug? Sah er es als Beweis ihrer Liebe? War er gerührt und dankbar, daß sie ihn dennoch nicht verließ? Hatte er Schuldgefühle, weil sie angegriffen wurde, während sich an ihn niemand herantraute? Fühlte er sich ihr deswegen stärker verpflichtet? Tröstete er sie damit, sie solle nichts auf das Gerede der Leute geben, da sie sowieso mit ihm nach Deutschland gehen werde? Oder achtete er sie weniger, weil es zeigte, wie sehr sie an ihm hing und daß er sie praktisch in der Hand hatte? Ist denkbar, daß er sie sogar insgeheim dafür verachtete, daß sie mit dem Feind schlief – auch wenn er selbst dieser Feind war? Wichtige, gleichwohl müßige Fragen, die ohne Antwort bleiben.

Müßige Fragen, weil ja wahr ist, was die Liebenden für sich in Anspruch nehmen: Bei ihnen war alles ganz anders als bei allen anderen, denn *sie* waren ganz anders als alle anderen. Vielleicht verstünden wir ihre Gefühle, wenn wir ihrer beider Leben von Anfang an bis zum Moment der ersten Begegnung genau und detailliert nachzeichnen könnten. Doch auch das würde nicht erschöpfend erklären können, warum gerade diese beiden sich zueinander hingezogen fühlen – das ist das Rätsel einer jeden Liebe, und die Liebenden nennen es *Schicksal*. Aber vielleicht sind Kriegslieben ja tatsächlich ein wenig anders, denn es scheint, als habe dieses Schicksal sich besondere Mühe gegeben, sie zusammenzubringen:

»Als ich die Ruine des Hauses sah, in dem mein Mann zur Welt gekommen war, dämmerte mir zum ersten Mal, wie seltsam es war, daß der kleine Junge, der in diesem winzigen, abgelegenen Dorf in Oklahoma gelebt hatte, an einem fernen und so ganz anderen Ort wie Island eine Ehefrau finden würde.«[39]

Eine Isländerin und ein Amerikaner. Zwei Menschen, die ohne Krieg nicht zusammengefunden hätten – ebensogut könnten es eine Französin und ein Deutscher, eine Engländerin und ein Norweger, eine Pfälzerin und ein Ostpreuße sein. Ohne Krieg, Besatzung oder Vertreibung wären sie einander nicht begegnet, sie hätten sich, sicher erfolgreich, in der Nachbarschaft nach einem Ehepartner umgetan. Ob sie mit diesem glücklicher oder unglücklicher geworden wären, bleibt ebenso offen wie die Frage, wen die auf diese Weise ›überflüssig‹ gewordenen Ehepartner statt dessen geheiratet haben.

Die Liebenden im Krieg machen einander das Geschenk aller Liebenden: Der geliebte Mensch ist nicht wie alle anderen, er ist ganz, ganz anders. Niemand, so scheint es, hat sie bisher auf diese Weise angesehen. Sie erkennen ineinander das Besondere und erschaffen einander zugleich neu, denn im liebenden Blick des anderen liegt auch die Erkenntnis der eigenen Einmaligkeit. Sie haben den Blick gewagt und sind seiner Magie erlegen. »Ich sah zu früh, den ich zu spät erkannt; O Wunderwerk! Ich fühle mich getrieben; Den ärgsten Feind aufs zärtlichste zu lieben.«

Julia hatte sich ein Bild vom Feind gemacht, und das war falsch.

Wir glaubten an ihre Gleichgültigkeit

Die Reaktionen der Anderen

Es liegt in der Natur des Verliebtseins, daß es andere ein Stück weit ausschließt, und gerade deswegen läßt der Anblick eines verliebten Paares niemanden unberührt. Wer auf das Paar schaut, erhält einen unfreiwilligen Einblick in etwas, das nur sie angeht, einen Blick in einen geschlossenen Raum, zu dem nur die beiden Zugang haben. Daher lösen Verliebte bei ihrer Umwelt starke Gefühle aus: Hoffnung, Rührung, Glück, aber auch Ablehnung, Neid, Eifersucht und Haß. Das galt bei den Kriegslieben in besonderem Maße: »Wenn wir zusammen durch die Stadt mußten, ging ich vor ihm her, in Angst. Die Leute senkten die Augen. Wir glaubten an ihre Gleichgültigkeit. Da begann es, daß wir unvorsichtig wurden.«[1] Unvorsichtig wurden die Liebenden vielleicht auch, weil die meisten Verliebten insgeheim möchten, daß ihr Glück bekannt wird. Selbst wenn sie es zu verheimlichen suchen, bemerken andere es oft: »Liebe und Husten kann man nicht verbergen«, heißt ein norwegisches Sprichwort, das wird bei den Kriegslieben nicht anders gewesen sein als bei anderen Verliebten. Zudem gab es natürlich viele Frauen, die sich um die Meinung der anderen wenig oder gar nicht scherten. Sie zeigten sich in der Öffentlichkeit mit Soldaten – ob es ihr ›Verlobter‹ war oder ein Freundeskreis, sie gingen mit ihnen spazieren, essen, tanzen.

Diese offen zur Schau getragene Lebensfreude war verständlicherweise all jenen ein Dorn im Auge, für die die Jahre der Besatzung eine Zeit der Angst, der Beschränkungen, des Mangels und des Hungers war. Die ›Besatzungsliebchen‹ aber litten nicht nur nicht, es schien ihnen sogar besser zu gehen als vor der Besatzung. Sie lebten aufgrund ihrer Liebesbeziehungen offenbar vergnügt und in Fülle, was wie eine zusätzliche Demütigung der leidenden Bevölkerung wirkte. Aus deren Klagen sprachen Verbitterung und auch Neid, die jeden Aspekt des täglichen Lebens berührten: Die Mädchen bekamen eine begehrte Arbeitsstelle, sie fuhren im Auto spazieren, sie konnten die Ausgangssperre mißachten, sie bekamen schöne Kleider, Wein, Likör und gutes Essen, sie konnten Musik hören und tanzen, obwohl Tanzveranstaltungen verboten waren.[2] Sie kamen durch die Bekanntschaften mit Soldaten und Offizieren der Besatzungsmacht sogar in den Genuß von Privilegien, die dem Bürgertum des besetzten Landes vorbehalten gewesen waren – also in vielen Fällen den Arbeitgebern der jungen Frau. Denkbar, daß auch deren brüskierter Dünkel zum schlechten Ruf des ›Deutschenmädchens‹ beigetragen hat, wenn es – sei es bei der Vergabe eines Restauranttischs, sei es bei der »Organisation« knapper Waren – wegen seiner Begleiter den Bürgern vorgezogen wurde. Das rief Entrüstung hervor, stellte es doch »die natürliche Ordnung« völlig auf den Kopf, wenn »das eigene Dienstmädchen, nur weil es mit den Grünen schlief, besser angezogen war als man selbst«.[3] Aber auch viele, die nicht in solchen Bahnen dachten, empörten sich darüber, daß die Freundinnen der Soldaten sich amüsierten und flirteten, während sich ihr Land in einer tiefen Krise befand.

Die Liste der Klagen ist lang und umfaßte auch, daß »die jungen Dinger« die Weisungen ihrer Eltern oder generell von »Erwachsenen« nicht mehr befolgten.

»Die jungen Dinger« genossen vermutlich das Gefühl, selbst Macht zu haben – mehr noch, dem Vater seine völlige Machtlosigkeit vor Augen zu führen. Sehr deutlich wird dies am Beispiel einer blutjungen Tochter ehrbarer Eltern auf Guernsey. Als sie in den frühen Morgenstunden im Auto eines Offiziers nach Hause gebracht wurde, drohte ihr Vater, sie nicht ins Haus zu lassen, woraufhin sie *ihm* drohte, dem Offizier davon zu erzählen. Nun gehört es zur Lebensphase der ersten Erwachsenenjahre, sich von den Autoritäten abzulösen. Protestbereitschaft, Trotz und Aufmüpfigkeit äußern sich auch in der Wahl des Liebespartners, in die sie sich von Älteren nicht hineinreden lassen. Aber manche junge Frau hat vermutlich nicht überblickt, was ihr Eigensinn in den Augen der anderen bedeutete, welche Folgen eine im Zorn angedrohte Denunziation haben konnte und wie teuer sie ihre »Jugendsünden« eines Tages würde bezahlen müssen.

Hans, der Ehemann meiner französischen Gesprächspartnerin Lucie, hatte seinen Eltern zwar von der Verlobung mit einer Französin berichtet, diese aber offenbar nicht von deren Zustimmung abhängig gemacht, denn als sie – sechzehnjährig und noch unverheiratet – ihre künftigen Schwiegereltern in Deutschland besuchte, signalisierte nur der Vater durch Zwinkern und verstohlenes Lächeln, daß er ihr wohlgesonnen sei, Mutter und Schwester behandelten sie frostig. Damit Lucie eine Reiseerlaubnis bekam, mußte ihr Schwiegervater übrigens einen fingierten Arbeitsvertrag mit ihr ausstellen, und sie sagte, sie habe ihrer ›ersten Auslandsreise‹ entgegengefiebert – kein Wort von Krieg, kein Wort davon, daß diese Reise nicht an einen Badeort oder – beispielsweise – ins demokratische England, sondern ins faschistische Deutschland ging, ins Land des offiziellen Feindes, das zudem bombardiert wurde und daher viel gefährlicher war als die französische Provinz.

Hans war inzwischen aus dem französischen Provinzstädtchen erst in die Bretagne, dann nach Rußland versetzt worden, und zwar an einen Frontabschnitt, von dem aus Feldpost nur nach Deutschland, nicht nach Frankreich erlaubt war. Damit die beiden in Verbindung bleiben konnten, zog Lucie Ende 1942 allein nach Berlin. Sie sollte sich dort eine Stelle suchen, beispielsweise als Übersetzerin. Zu diesem Zeitpunkt hatte Hans bereits mehrfach um die Sondergenehmigung ersucht, eine Französin heiraten zu dürfen. Die Unterlagen waren – mit dem Ariernachweise der Braut – zur Reichskanzlei nach Berlin geschickt worden, aber jedesmal Monate später mit dem Vermerk zurückgekommen: »Eine Heirat zwischen einem Angehörigen der deutschen Wehrmacht und einer Französin ist während des Krieges nicht erlaubt.« Als nun Lucie in Berlin eine Arbeitsgenehmigung beantragte, bewies sich die Effizienz der deutschen Bürokratie. Der Beamte wußte von den Heiratsgesuchen, und das hatte Konsequenzen: Als Verlobte eines deutschen Soldaten (der sie nicht heiraten durfte!) erhielt sie sofort eine unbefristete Aufenthaltsgenehmigung und Lebensmittelkarten, nicht aber die erhoffte Arbeitsgenehmigung. Es sei Aufgabe ihres Verlobten, sie zu ernähren – entscheidender mag gewesen sein, daß Frauen wie Lucie aufgrund ihrer unklaren Stellung zwischen den kriegsführenden Nationen bei beiden Seiten offenbar fast zwangsläufig im Verdacht standen, Spitzel, Spioninnen, Denunziantinnen oder Landesverräterinnen zu sein. Sie mußte ihren Paß abgeben und durfte die Stadt nicht verlassen, was die resolute Siebzehnjährige mit dem deutlichen französischen Akzent nicht davon abhielt, ihren künftigen Mann in verschiedenen Lazaretten zu besuchen – siebenmal reiste sie kreuz und quer durch Ostdeutschland, und da sie das legal nicht durfte, tat sie es illegal und ohne Papiere. Heute sagt sie: »Mir grauste immer vor der Heimfahrt, davor, wie ich beim Rasseln und Poltern der kontrollierenden Feldgendarmerie die Toilette aufsuchte und mich dort lange verbarrikadierte. Woran dachte er wohl, als er mich ›meine kleine tapfere Frau‹ nannte? Ich war nicht tapfer. Ich war vielmehr dreist und besessen, weil ich in ihn unsterblich, bis über beide Ohren verliebt war.«[4]

Ich habe von erstaunlich vielen jungen Frauen gehört, die aus Liebe und offenbar ohne Angst während (und trotz) des Krieges nach Deutschland reisten, als dort bereits Bomben fielen: Die Straßburgerin Marie besuchte mehrfach die Eltern ihres Verlobten in Frankfurt und dessen Schwester in Baden-Baden, die Holländerin Annika begann in München, der Heimatstadt ihres Geliebten, eine Ausbildung, die Norwegerin Bjørg war einige Jahre lang Schwester in einem sächsischen Kinderheim, die Dänin Åse reiste im Dezember 1944 mit gefälschten Papieren von Kopenhagen nach Eberswalde und zurück – im siebten Monat schwanger.

Auch der Verlobte der Norwegerin Gudrun wurde versetzt, erst nach Italien, dann nach Jugoslawien. Daher zog auch Gudrun, im gleichen Alter wie Lucie, Anfang 1943 nach Berlin, und zwar in der Absicht, dort möglichst bald zu heiraten. Anderthalb Jahre lebte sie bei ihren Schwiegereltern, doch was als Umzug fürs Leben geplant war, endete Anfang 1945, als Gudruns Vater ihr befahl, umgehend nach Norwegen zurückzukehren, er hatte Angst um sie.

Pflicht war die Umsiedlung nach Deutschland ab 1942 für all jene Nord- und Westeuropäerinnen, die eine Heiratgenehmigung erhalten hatten. Mehr noch: Die deutschen Behörden machten die Erteilung einer Heiratsgenehmigung unter anderem davon abhängig, daß die deutschen Schwiegereltern willens waren, die ausländische und ihnen zumeist nicht bekannte Braut ihres Sohnes für Kriegsdauer bei sich aufzunehmen. Diese war dann gezwungen, zu ihren Schwiegereltern nach Deutschland umzuziehen. Sie mußte also ihre Heimat und damit nicht selten auch ihren künftigen Mann verlassen, den sie dort kennengelernt hatte, der vielleicht noch dort war, um ihn heiraten zu können. Diese befremdlich anmutende Prozedur – man zwingt Liebende, die nichts dringender möchten, als zusammen zu sein, zur Trennung, damit sie heiraten dürfen, und dann bleiben beide möglicherweise mit den jeweiligen Schwiegereltern allein – verfolgte eine klare Absicht: Sie sollte solche Eheschließungen weniger attraktiv machen und die Soldaten dazu bringen, nur jene Frauen heiraten zu wollen, die sie nach Ansicht der familiären und staatlichen Autoritäten heiraten sollten – deutsche.

Die Zwangseingliederung der Braut in die deutsche Schwiegerfamilie sollte die Fremde auch erziehen und disziplinieren. Doch bevor es dazu kam, mußten die künftigen Ehefrauen einen Ariernachweis erbringen, die Norwegerinnen mußten nach Oslo reisen, um sich dort untersuchen und »vermessen« zu lassen. Damit sollte festgestellt werden, ob sie den Ansprüchen genügten, in die »Volksgemeinschaft« aufgenommen zu werden. Wenn sie alle Tests erfolgreich bestanden hatten und endlich die Heiratserlaubnis in Händen hielten, mochte so manche das Gefühl gehabt haben, dadurch einer erlesenen Schar anzugehören – einer Elite. Das waren sie nach Himmlers Ansicht zwar insofern, als die Norwegerinnen »innerlich und äusserlich rassisch verwandte Personen der germanischen Völker« und als solche akzeptable, ja willkommene »Mütter guten Blutes« waren, bedauerlicherweise aber konnten sie leider »auch bei gutem Willen deutschen Gedankengängen einfach nicht folgen«. Das mache eine »Schulung der norwegischen Frau erforderlich, die sich innerlich und äusserlich umstellen und den Weg zu einer gesunden und natürlichen Anschauung finden soll« – jedenfalls wenn sie beabsichtigte, einen Deutschen zu heiraten.

In ihrer Geringschätzung der geistigen Fähigkeiten der ›Deutschenmädchen‹ waren sich die gegnerischen Seiten in diesem Krieg übrigens so einig wie in wenig anderem. Frauen, die mit Besatzungssoldaten schliefen, galten als minderbegabt, ein Mythos, der nach Kriegsende durch Studien an internierten ›Deutschenmädchen‹ in Norwegen und Dänemark scheinbar bekräftigt wurde. Die Untersuchungen machten sich mit Eifer daran, Thesen zu belegen, die bereits vor jeder Datenerhebung als zweifelsfrei erwiesen galten. Die Ergebnisse dieser Studien halten schon seit Jahrzehnten keinerlei wissenschaftlichen Kriterien mehr stand, sie werden gleichwohl unverdrossen weiter zitiert. Im siebten Kapitel werde ich ausführlich über die geradezu hektischen Aktivitäten berichten, mit denen sich die deutschen Behörden den Zugriff auf die und das ›Recht‹ an den Kindern mit norwegischer Mutter und deutschem Vater zu sichern versuchten, sowie von der Hartnäckigkeit, mit der die norwegischen Behörden sich dem widersetzten.

Nicht nur in den von Deutschen besetzten Ländern wurden ›Besatzungsbräute‹ als geistig unbedarft und sexuell leichtfertig diffamiert, was jedoch viele Soldaten nicht davon abhielt, sich aus dem Krieg eine Ehefrau mitzubringen. So, wie die Nationalsozialisten Ehen mit unerwünschten Ausländerinnen – nahezu alle Nicht-Deutschen waren unerwünscht – grundsätzlich verboten, wollten auch die Amerikaner Ehen mit manchen Ausländerinnen unterbinden – es gab »alien spouses« und »enemy alien spouses«,[5] zur letzteren Kategorie gehörten von allen Ländern Europas und des Pazifikraums nur zwei: die Kriegsgegner Deutschland und Japan. Die US-amerikanische Regierung verhängte zunächst ein Verbot gegen Ehen mit den Frauen dieser Nationen, das sich als nicht durchführbar erwies. Daraufhin knüpfte sie die Heiratsgenehmigung an schikanöse Auflagen: Die japanischen Ehefrauen der Soldaten durften nicht in die USA einreisen. Wollten sie also zusammenbleiben, konnten sie das nur in Japan – man hatte ihn als amerikanischen Staatsbürger praktisch ausgebürgert. Ehen mit Deutschen wurden erst im Dezember 1946 erlaubt, dafür mußte die Heiratserlaubnis bei den Militärbehörden eingeholt werden, die unter anderem eine charakterliche, moralische und politische Überprüfung der Braut verlangte, deren medizinische Untersuchung auf eigene Kosten und eine Unterredung mit dem Militärgeistlichen, Ehen mit ehemaligen BDM-Mädchen waren ausgeschlossen. Heiraten durfte der Soldat erst im letzten Monat vor seiner Rückkehr in die USA, Ehepaare durften auf deutschem Boden nicht zusammenleben.[6]

In den USA gingen die Meinungen über die »war brides« stark auseinander: Einige werteten es als Erfolg der GIs, daß sie nicht nur dazu beigetragen hatten, den Krieg zu gewinnen, sondern im Ausland auch noch die Herzen der Frauen erobert hatten. Einige Isländerinnen beispielsweise wurden an ihrem neuen Heimatort durch die Presse und mit einem offiziellen Empfang willkommen geheißen. Andere sahen in den ›war brides‹ – egal, woher sie kamen – generell raffinierte Flittchen, die es darauf angelegt hatten, sich einen naiven GI zu angeln, um in die USA einreisen zu können. Um ein Zeichen zu setzen, empfing Eleonor Roosevelt 1946 bei einem London-Besuch demonstrativ einige der 52000 englischen Ehefrauen amerikanischer Soldaten.[7] Wenig später kehrten amerikanische GIs auch aus Korea mit Ehefrauen zurück. Etwa eine Million Frauen heiratete im 2. Weltkrieg oder direkt danach amerikanische Soldaten,[8] Grund genug für Hollywood, mehrere Spielfilme zu produzieren, deren zentrales Thema es war, die Ehrbarkeit und makellose Herkunft der neuen Amerikanerinnen zu betonen.[9] Die ›alten‹ Amerikanerinnen gründeten *Bring Home Daddy*-Clubs und forderten von Eisenhower, »Schicken Sie unsere Männer zurück«,[10] und das vermutlich nicht nur aus Angst um deren Leben, denn über die amerikanischen Soldaten, die während des Zweiten Weltkriegs und danach in Europa stationiert waren, hieß es spottend, sie seien »oversexed, overpaid and over here«.[11] Wie gut es Soldaten in der Fremde ergehen soll, ist grundsätzlich ein heikles Terrain: Während die Landsleute daheim einerseits nicht möchten, daß die Soldaten leiden, wäre es andererseits politisch höchst ungeschickt, wenn bekannt würde, daß sich ›unsere Jungs‹ in der Fremde prächtig amüsieren – vor allem, wenn die Zivilbevölkerung tagtäglich unter dem Krieg leidet. Allzu leicht geraten fraternisierende Besatzungssoldaten in den Ruch, ihre darbenden und besorgten Landsleute zu verraten, wenn sie herumpoussieren statt zu kämpfen.

Solche Erwägungen standen wohl auch hinter der strenger gefaßten Verordnung von 1942 für Heiraten zwischen deutschen Wehrmachtsangehörigen und den wenigen geduldeten Ausländerinnen. Ehe und Fortpflanzung seien nur innerhalb des deutschen Volkes erwünscht, lautete die offizielle Begründung, zudem warteten in der Heimat »hunderttausende frischer deutscher Mädels und leider auch zahlreiche junge Kriegerwitwen«.[12] Was wie die Sorge um den ›Fortbestand des deutschen Volkes‹ klingen sollte, hatte vermutlich andere Gründe: Es ging um Propaganda. Es hätte auf die deutsche Zivilbevölkerung, deren Lebensumstände immer schwieriger wurden, äußerst demoralisierend gewirkt, wenn der Eindruck entstanden wäre, daß sich die Soldaten nicht (nur) auf dem Schlachtfeld, sondern verliebt in Betten wälzten.

Die tatsächlichen oder behaupteten sexuellen Aktivitäten der *gegnerischen* Soldaten hingegen sowie deren Ängste um die

Treue und Ehrbarkeit ihrer daheimgebliebenen Frauen eigneten sich hervorragend zu eigenen Propagandazwecken: Im besetzten Dänemark zirkulierten gefälschte Ratgeber für deutsche Soldaten, was zu tun sei, falls ihre Ehefrauen ihnen schrieben, sie seien schwanger, obwohl die Soldaten schon seit einem Jahr nicht mehr zu Hause gewesen waren. Die Deutschen versuchten ihrerseits, eine Keil zwischen die Alliierten zu treiben, indem sie pornographische Bilder britischer Offiziere verbreiteten, die sich mit Pariserinnen amüsierten, während deren Männer ihrer militärischen Pflicht nachkamen; sie bemalten an der französischen Grenze Mauern und Bretterzäune mit Parolen wie »Soldiers of the northern provinces, licentious British soldiery are sleeping with your wives and raping your daugthers«, und sie veröffentlichten das Bild einer Frau, die nackt auf einem Bett sitzt, während sich ein uniformierter Amerikaner, der neben ihr steht, gerade die Krawatte bindet. Unter der Überschrift »While you are away« wird enthüllt, die Engländerinnen könnten »den Yanks« nicht widerstehen, es sei ein solcher Skandal, daß bereits ganz England darüber rede.[13]

Eine Widerstandsaktion in der nordnorwegischen Provinz Trøndelag ging die Sache weitaus direkter an: Von England aus wurden 1944/45 in der Operation ›Durham‹ Kondome in deutschsprachiger Verpackung in Umlauf gebracht. *Fromms Act Transparent* waren innen mit Juckpulver bestäubt.[14]

Ein fraternisierender Soldat wurde auch aus anderen Gründen nicht gern gesehen: Er galt bei den Militärbehörden seines eigenen ebenso wie bei der Widerstandsbewegung des besetzten Landes als potentielle Gefahr. Beide Seiten hegten nicht nur (zu Recht) die Befürchtung, daß der politisch erwünschte Haß durch menschliche Nähe vernichtet werden könnte, sondern auch, daß durch erotische Nähe geheime Informationen leichter zur gegnerische Seite durchsickern könnten – eine Binsenwahrheit, die jeder drittklassige Spionagefilm auftischt. Soldaten der Roten Armee, die Verhältnisse mit deutschen Frauen hatten, wurden sogar wegen Hochverrats verurteilt und mußten dies mit jahrelanger Lagerhaft büßen.[15] Das war zwar eine außergewöhnlich brutale Reaktion auf solche Beziehungen, aber generell versuchen alle Besatzungsmächte, den Umgang ihrer Soldaten erstens zu kontrollieren und zweitens zu sortieren – hierin unterschieden sich die Deutschen im Zweiten Weltkrieg nur in ihren Methoden, nicht aber ihren Absichten von den Alliierten als Besatzungsmächte.

Armeen erachten es offenbar immer und überall als ihr Recht, zur Kontrolle von Geschlechtskrankheiten jede Frau, die mit ihren Soldaten in Kontakt kommt, gynäkologisch zu untersuchen, und sie fordern hierbei von den Gesundheits- und Polizeibehörden des besetzen Landes loyale und zuverlässige Zusammenarbeit. Auf den Kanalinseln mußten einheimische Polizisten Inselbewohnerinnen arrestieren, die »deutschen Soldaten mit Geschlechtskrankheiten infiziert hatten«, in Oslo arbeiteten in den Jahren der Besatzung sechs Frauen und zwei Männer ausschließlich mit Sittlichkeitsdelikten, Deutsche begleiteten die norwegische Polizei bei Razzien und deuteten Frauen aus, die ihrer Meinung nach arrestiert und zwangsuntersucht werden sollten. Das Augenmerk galt nicht der Prostitution, sondern ausschließlich der Gefahr von Geschlechtskrankheiten.

Aus den Unterlagen der Feldkommandantur Jersey geht hervor, daß mit Hilfe der örtlichen Polizei Mädchen (die meisten im Teenageralter) von der Station für Geschlechtskrankheiten ins Gefängnis oder in Institutionen verlegt wurden, wo sie bis zu sechs Monaten in Quarantäne bleiben mußten und nicht auf die Straße durften. Ähnliches wird in praktisch allen Texten berichtet, die sich mit den ›Deutschenmädchen‹ befassen. Im norwegischen Kristiansand

»›frotzelte man in der Polizei, die [kranken] Frauen machten nationalen Einsatz, weil sie die deutsche Wehrkraft schwächten!‹ Selbst wenn einige Frauen mehrfach [bei Razzien aufgegriffen und zur gynäkologischen Zwangsuntersuchung] eingebracht wurden, kann man getrost davon aus-

gehen, daß zwischen 3000 und 5000 Norwegerinnen der demütigenden Behandlung einer Arrestierung und Untersuchung auf Geschlechtskrankheiten durch die norwegische Polizei und die Gesundheitsbehörden ausgesetzt waren. Für das, was die norwegische Polizei und der deutsche SD bei Razzien taten, gab es keinerlei Rechtsgrundlage, bis im Juni '44 ein (überaus strenges) Gesetz zur Bekämpfung von Geschlechtskrankheiten verabschiedet wurde. Im Juni wurde ein Arbeitslager für Frauen eröffnet, in das Frauen eingewiesen wurden, die nicht (mehr) geschlechtskrank waren, von denen aber angenommen wurde, daß sie ›aufgrund ihres früheren Lebenswandels, regelmäßigen Rauschmittelgenusses, mangelhaft ausgebildeter Geisteskraft oder ähnlichem erneut zur Ansteckungsgefahr werden können‹.«[16]

Mitunter entglitten die Versuche der Deutschen, Geschlechtskrankheiten zu kontrollieren, zur Farce. Auf den Kanalinseln, wurde im Oktober 1942 der Befehl an die Zivilbevölkerung ausgegeben, daß sexuelle Kontakte mit deutschen Soldaten sowie mit Zivilisten für die Dauer von drei Monaten strengstens verboten seien, Zuwiderhandlungen würden mit strengen Strafen durch die Okkupationsmacht geahndet, und zwar selbst dann, wenn keine Ansteckung stattgefunden habe.

Auch die Amerikaner arrestierten deutsche Frauen und schickten sie zur Untersuchung. 1948 berichtete die Soldatenzeitung *Stars and Stripes*, »daß pro Woche etwa 250 Frankfurterinnen, die sich auf der Straße aufhielten, wegen des Verdachts der Prostitution verhaftet wurden, und daß von jenen etwa 40% geschlechtskrank sein sollten«.[17] Nachdem alle Versuche fehlgeschlagen waren, das strenge Verbot der Fraternisierung mit der deutschen Bevölkerung im allgemeinen und den deutschen Frauen im besonderen durchzusetzen, versuchten sie Wege der Integration. Um eine ›positive Auswahl‹ zu treffen, gründeten sie im Januar 1946 in Nürnberg einen Club, wo die Soldaten ›bessere‹ deutsche Frauen kennenlernen sollten. »Zu diesem Zweck wurden sogenannte ›desireable types‹ [erwünschte Typen] sorgfältig auf ihren politischen, sozialen und gesundheitlichen Hintergrund hin durchleuchtet. Frauen, die den Kriterien entsprachen, erhielten spezielle Ausweise, sogenannte ›social passes‹, die ihnen den Zugang zu amerikanischen Clubs in Begleitung amerikanischer Soldaten ermöglichten.« Doch was in Nürnberg funktionierte, schlug in anderen Städten ins genaue Gegenteil um: »Viele Mädchen lehnten den ›Stempel der Prostitution‹, der diesen Ausweisen anhaftete, ab.«[18]

Ein Ehegesetz ganz eigener Art dachten sich die im Londoner Exil lebenden Norweger aus – es sollte nicht Ehen verhindern, sondern Scheidungen ermöglichen. Einige dieser Männer hatte sich nämlich, obwohl verheiratet, in Engländerinnen verliebt, wurden dann aber offenbar von ihrem stockprotestantischen Gewissen geplagt. Daher revidierte die norwegische Exilregierung im April 1942 das geltende Scheidungsrecht: Danach war es möglich, eine Ehe auf einseitiges Verlangen zu scheiden, wenn der Partner wegen des Krieges nicht gehört werden konnte. Siebzig Männer ließen sich nach dem neuen Recht scheiden und heirateten Engländerinnen,[19] die norwegische Ehefrau erfuhr erst nach Kriegsende, daß sie seit Jahren Ex-Ehefrau war. Davon, daß eine Frau sich dieses sogenannten Bigamiegesetzes bedient hätte, ist nichts bekannt, was allerdings nur folgerichtig ist, da die Gesetzesänderung im Gegensatz zu den anderen Beschlüssen der Exilregierung in Norwegen nicht bekannt gemacht wurde. Als dies 1945 geschah, löste sie helle Empörung aus. Die Regierung versuchte sich zu rechtfertigen: Anlaß für das Gesetz sei ein Exil-Norweger gewesen, dem zu Ohren gekommen war, daß seine Ehefrau in Norwegen mit führenden Nazis umherziehe, und der es als unzumutbar empfunden habe, mit einer Frau verheiratet zu sein, die mit Deutschen Ehebruch begeht. Diese bemerkenswert ungeschickt gewählte Begründung fachte den Empörungssturm allerdings nur weiter an, die Regierung mußte sich entschuldigen: Die meisten ohne ihr Wissen geschiedenen Ehefrauen hätten sich absolut nichts zuschulden kommen lassen. Und bewies dann erneut ihr Talent für Blödigkeit, als sie hinzufügte, die Enttäuschung sei für die betreffenden Ehefrauen gewiß schmerzlich, aber es sei doch gut, einen Ehemann los zu sein, der da draußen sein Herz und seinen Verstand in einem solchen Maße verloren hatte, daß er bereit war, sich auf diese Weise von ihr scheiden zu lassen.[20]

Dissens herrschte nach dem Krieg auch über die Rolle der sogenannten ›Deutschenarbeiter‹, wie sie in Norwegen hießen, jene 150000, vielleicht sogar 200000 Männer, die den Deutschen ihre Arbeitskraft zur Verfügung stellten und damit die Wehrmacht entlasteten, was für die Deutschen durchaus kriegswichtig war.[21] Auch sie waren als Grenzgänger eine »Risikogruppe« – wohl nicht in erster Linie als Überträger von Geschlechtskrankheiten, sehr wohl aber als mögliche Spitzel, Denunzianten und Kollaborateure. Sie hatten täglichen Umgang mit den Besatzern, mit ihnen verbanden sie Arbeits-, oft auch private Interessen und häufig Freundschaften, die den Krieg überdauerten. Die heikle Frage, wo Vaterlandstreue endet und Kollaboration beginnt, stellte sich bei diesen reinen »Männer-Beziehungen« in hohem Maß, die Deutschenarbeiter waren in ihrer Stellung zwischen den Lagern den ›Deutschenmädchen‹ vergleichbar. Doch wenn zwei das gleiche tun, ist es nicht dasselbe – darum sind die Schicksale der ›Deutschenmädchen‹ einerseits und der Deutschenarbeiter andererseits in nichts miteinander vergleichbar.

In der Schrift »SS für ein Grossgermanien« wird aus einem (vermutlich an den Lebensborn gerichteten) Brief einer Norwegerin zitiert. Sie schreibt, sie und ihr Kind wohnten mit einer Familie zusammen, die sie ständig beschimpfe. Die Familie sei deswegen bereits mehrfach von der deutschen Polizei in Trondheim verwarnt worden, »aber jetzt ist es schlimmer und nicht besser. Sie schimpfen über mich und gebrauchen fürchterliche Worte für mich und meinen Sohn, sie nennen mich eine Hure und ein Straßenmädchen. Und ich bin doch die ganze Zeit ein stilles, ruhige Mädchen gewesen. Ich bin mit keinem anderen Mann zusammengegangen als mit Ernst. Mein kleiner Sohn geht unter dem Namen ›Hurenjunge‹ in der Familie. [...] Ich wäre Ihnen sehr dankbar, wenn Sie der Familie einen kleinen Schrecken geben würden, damit ich hier Frieden bekomme.« Und weiter: »Ich hoffe, dass sie nicht Erlaubnis bekommen, noch länger so weiter zu machen, wie sie es bisher getan haben, denn da würde es schlimm hier aussehen. Sie sind so böse auf uns, weil wir für die Soldaten arbeiten. Aber haben wir nicht dazu das Recht? Man muss doch arbeiten, um leben zu können.«[22]

Was dieser und vielen tausend anderen Frauen als ›Hurerei‹, ›Vaterlandsverrat‹ und ›Kollaboration‹, als unnational und verantwortungslos angekreidet wurde, galt bei Männern als selbstverständlicher Kampf ums tägliche Brot, als pragmatische, verantwortungsvolle Entscheidung männlicher Familienmitglieder, die Frau und Kind oder die eigenen Eltern zu ernähren hatten. Die ›Deutschenarbeiter‹ wurden während des Krieges und danach kaum angefeindet. Im Sommer 1945 reagierten die norwegischen Gewerkschaften äußerst gereizt auf Stimmen, die die Arbeiter der Kollaboration bezichtigten, also der »freiwilligen, gegen die Interessen der eigenen Nation gerichteten Zusammenarbeit mit dem (das Land besetzt haltenden) Feind«.[23] Derartige Vorwürfe seien absurd und böswillig, dank dieser Arbeit seien beispielsweise Sabotageaktionen leichter durchführbar gewesen.

Eine solche Darstellung der Dinge ist, gelinde gesagt, etwas gefärbt. Zum einen konnte in Norwegen von einem organisierten Widerstand frühestens ab 1942/43 die Rede sein,[24] und das auch nur im Süden des Landes. Wichtiger ist, daß die Gewerkschaften und die Arbeiterpartei zu keinem Zeitpunkt den Versuch unternahmen, die Produktion zugunsten der Wehrmacht zu verhindern. Im Gegenteil, »die linken Sozialisten analysierten den Krieg als imperialistische Auseinandersetzung zwischen England und Frankreich auf der einen Seite und dem Deutschen Reich auf der anderen, – ein Krieg, der die Arbeiterbewegung nichts anging und in dem man versuchen mußte, den Umständen entsprechend maximale Ziele zu erreichen«.[25] Schließlich seien die besitzlosen Arbeiter seit jeher gezwungen, ihre Arbeitskraft direkt oder indirekt an den Gegner zu verkaufen, das sei die Grundlage ihrer Existenz – man habe doch arbeiten müssen, um leben zu können.[26] Also bauten sie Flugplätze, Straßen, Bahnlinien, Bunker sowie Unterkünfte für 400000 Wehrmachtsangehörige. Sie bekamen dafür einen guten Lohn und legten oft ihren Stolz darein, gute Arbeit zu leisten, und das in solchem Maße, daß die illegale Zeitung *Fem på tolv* (*Fünf vor zwölf*) im Dezember 1943 schrieb: »Unter den Chefs, Angestellten und Arbeitern gibt es allzu viele [...] die deutsche Aufträge genau wie jede andere Bestellung behandeln und alles tun, um sie auf beste Weise ausführen zu können. [...] Sie unterstützen Deutschlands Widerstandskraft. Sie tragen dazu bei, den Krieg zu verlängern. Ihre gewissenhafte Arbeit bedeutet größerer Opfer für unsere Alliierten, wenn der Endkampf jetzt kommt.«[27]

Bei aller Kollegialität und Freundschaft gab es zwischen den Männern natürlich Spannungen politischer, aber auch privater Natur, und da ging es oft um Frauen. Die jungen Männer der besetzten Nation konnten sich nicht, oder zumindest nicht in gleichem Maße wie die Besatzungssoldaten und die jungen einheimischen Frauen, als sexuell attraktiv erleben (was für die beiden Gruppen selbst dann galt, wenn sie von der Möglichkeit keinen Gebrauch machten), sie wurden im Gegenteil in ihrer Männlichkeit gedemütigt. Aus Island und Finnland sind Schlägereien zwischen den Männern um Frauen überliefert, aber grundsätzlich wurde die Schuld an dieser konfliktreichen Situation nicht den Soldaten, sondern den Frauen zugeschoben.

In den ländlichen Gebieten waren diese ›Frauen‹ ja häufig genug jene Mädchen, mit denen die Einheimischen aufgewachsen waren und ihre ersten Tändeleien gehabt hatten. Nun hatten sich diese Mädchen unberechenbar verhalten, sie waren ihnen fremd geworden. Sie hatten Wissen, nicht zuletzt sexuelles Wissen erlangt, das gab ihnen Macht und entfremdet sie noch weiter von ihren männlichen Altersgenossen, denen sie dadurch ebenbürtig, wenn nicht überlegen wurden. Gekränkt, wütend und eifersüchtig, besannen sich die Verschmähten in mehreren Ländern auf eine ›Gemeinsam sind wir stark‹-Strategie: »Noch jede soziale Bewegung hat versucht, durch einen Appell an die eigentliche Stärke ihrer Anhänger deren Gefühl der Unterlegenheit zu überwinden.«[28] Sie bezeichneten also Frauen, die von den Besatzungssoldaten galant als Damen behandelt wurden, – deswegen – als Huren, und sie päppelten ihr geknicktes Selbstwertgefühl mit Gelöbnissen und Aufrufen. Auf den Kanalinseln fand sich eine Gruppe zusammen, deren erklärtes Ziel die Bestrafung von Frauen war, die »sich mit Deutschen daneben benahmen«, wie sie das zu tun gedachten, geht aus dem Namen hervor, den sie sich gaben: ›The Guernsey Underground Barbers‹.[29] In Island schworen einige junge Männer, nie etwas mit einer Frau anzufangen, die mit amerikanischen Soldaten aus gewesen war, und das, obwohl man »in Island den Männern die Schuld dafür gab, daß die Frauen die Amerikaner und Briten vorzogen, weil sie die Frauen so unhöflich und grob behandelt hatten. Nur Männer können Frauen zu Prostituierte machen«.[30] Im Nachkriegsdeutschland zirkulierte folgender Aufruf, scheinbar an die Adresse von ›Amiliebchen‹ gerichtet, tatsächlich aber wohl eher ein verzweifelter Appell an die deutschen Männer:

Deutsche Frauen! Man mag es nennen, wie man will; am besten wäre es jedoch, vollkommen zu schweigen, denn was deutsche Frauen tun ist nicht zum Lachen. Ein Riegel Schokolade, ein Stück Kaugummi, verbergen den Namen: DEUTSCHE HURE! Wieviele deutsche Männer haben ihr Leben gegeben für ebendiese Frauen? Statt jener zu gedenken, die gefallen sind, geben sie ihre Liebe an andere. Ebenso wie die Zeiten sich ändern, so wird auch manche Liebe enden. Und dann können eben diese Hübschen SCHLANGE STEHEN FÜR DEUTSCHE MÄNNER. Aber diese werden kalt und uninteressiert sein und werden eine treue Frau wählen, keine Hure.[31]

Aus dieser Drohung spricht banales Gekränktsein und alltägliche Eifersucht, die sich (wie so häufig) hinter angeblichen nationalen und moralischen Interessen verschanzen. Hier präsentieren sie sich als dreiste nationalsozialistisch-patriarchalische Geschichtsverdrehung, ja Geschichtslüge (»Wieviele deutsche Männer haben ihr Leben gegeben für ebendiese Frauen?«) – als sei es Hitler und seinen Schergen bei ihrem Krieg auch nur im entferntesten darum gegangen. Aber in einer Situation realer Machtlosigkeit nimmt man zum einen für sich gern die moralische Überlegenheit in Anspruch,[32] zum anderen verdrängt man alles, was das Bild der eigenen Ehrbarkeit stören könnte. Ein anderer zeitgenössischer Text zeigt sich weniger zimperlich, er rechtfertigt körperliche Gewalt gegen deutsche Frauen, die mit alliierten Soldaten zusammen waren, unumwunden als Notwehr: »Der Grimm mancher Männer über die ›Gretchen‹ machte sich übrigens in anonymen Anschlägen Luft, in denen zur Selbsthilfe durch Haareabschneiden und Prügel aufgerufen wurde.«[33]

Selten allerdings offenbart sich der Mechanismus des Vertuschens und/oder Verdrängens als solch vielsagende Gedächtnislücke wie bei einem Dänen, der Anfang der neunziger Jahre in einem Interview von einer ›Aktion‹ gegen ein ›Deutschenmädchen‹ erzählte, an der er als Widerstandskämpfer beteiligt gewesen war: Acht oder neun junge Männer fuhren mit ihr vor die Stadt, zogen sie aus, schoren ihr den Kopf völlig kahl, drohten ihr, sie mit Zigarettenglut zu foltern und zu erschießen. Sie taten weder das eine noch gar das andere, und die detaillierte Darstellung dieses, wie man meinen könnte, außerordentlich eindrücklichen Erlebnisses schließt mit den knappen Worten: »Was wir schließlich mit ihr machten, weiß ich nicht mehr.«[34]

Von Vergewaltigung ist nicht die Rede. Was zunächst als Zufall – oder weiterer Vertuschungsversuch – erscheint, entpuppt sich bei der Lektüre der verfügbaren Literatur zum Thema nach und nach als Regel: Es ist *nie* von Vergewaltigung die Rede. Alle öffentlichen Situationen – seien es eruptive Übergriffe auf einer belebten Straße oder die offiziellen, geradezu inszenierten Scher-Aktionen in Frankreich, wurden von der Bevölkerung mitgetragen und fanden im Beisein von »anständigen« Frauen und Kindern statt, dabei waren Vergewaltigungen natürlich ausgeschlossen. Mein Erstaunen gilt ausschließlich Szenen wie der geschilderten, die alles haben, um zu einer Gruppenvergewaltigung – *gang rape* – zu eskalieren, es aber offenbar nicht tun.

Scheren ist zwar eine symbolische Vergewaltigung, das aber scheint mir als Erklärung zu dürftig, denn es gibt nicht nur die Gelegenheit zu einer realen Vergewaltigung, es gibt vor allem die dafür typische explosive Gefühlsmischung aus Unterlegenheitsgefühl, Demütigung, Machtphantasien, Imponiergehabe, Gruppenzwang, Gewalt und Haß. Mir ist unverständlich, warum das – jedenfalls in Norwegen und Dänemark – nicht (oder äußerst selten) zu eindeutig sexuellen Gewalttaten führte, auch in den wenigen bislang veröffentlichten Arbeiten über das Scheren in Frankreich habe ich keine Hinweise auf Vergewaltigungen gefunden. Daß es sich um Frauen der eigenen Gruppe handelt, verhindert bekanntermaßen Vergewaltigungen ebenso wenig wie die großmäulige Behauptung, ›so eine‹ würde man nicht einmal mit der Kohlenzange anfassen. Im Gegenteil, diese Äußerungen verweisen auf gewalttätige Sexualphantasien und befördern Übergriffe vermutlich eher.

Vielleicht halten es manche Männer wirklich, wie sie selbst behaupten, für das Äußerste an Verachtung, sich *nicht* zu einer Vergewaltigung herabzulassen. (Frauen mögen da anderer Meinung sein.) Vorstellbar wäre auch, daß unter diesen speziellen Umständen die Gruppensituation eine Vergewaltigung nicht begünstigte, sondern ausnahmsweise verhinderte, denn wenn bei Gruppenvergewaltigungen »das Motiv, vor den Mittätern seine Männlichkeit beweisen zu wollen, eine wichtige Rolle spielt«,[35] wollte vielleicht in den hier zur Rede stehenden Situationen keiner als erster die kollektive »Ächtung« der Frauen durchbrechen und damit einen Gesichtsverlust riskieren. Möglich auch, daß der Leiter des dänischen Freiheitsmuseums Esben Kjeldbæk mit seiner Vermutung recht hat, die zunächst befremdlich klingt – zumindest fand ich das, als ich sie hörte. Mangels anderer Erklärungen, die mir einleuchtender und zufriedenstellender erscheinen, finde ich sie allerdings inzwischen ebenso gut, vielleicht sogar besser als jede andere: Norweger und Dänen, meint er, seien damals ausgesprochen unaggressiv gewesen. Vergewaltigung hätte einfach nicht zu ihrem Handlungsrepertoire gehört.[36]

Daß die ›Deutschenmädchen‹ bei den Männern Sexualphantasien und Begehrlichkeiten auslösten, steht außer Frage, das wird auch durch Äußerungen von Däninnen belegt, die während des Krieges mit Deutschen befreundet waren. Mehrere erwähnten in Gesprächen mit Anette Warring, ihnen seien damals auf der Straße oft dänische Männer gefolgt – nicht in Gruppen, sondern allein. Sie seien sehr darauf bedacht gewesen, nicht mit den Frauen gesehen zu werden, um ihnen dann, sobald die Gelegenheit günstig schien, eindeutige Angebote zu machen und sie wie Prostituierte zu behandeln. Sie hätten sie allerdings weder bedroht noch angegriffen.

Wenn ich sage, daß *nie* von Vergewaltigung die Rede ist, stimmt das nicht ganz. 1997 erschien in Norwegen ein Buch, das bislang vertuschte Akte der Lynchjustiz aufdeckt, die ›die guten Norweger‹ (wie sich die patriotischen Norweger nannten) während der Besatzung und nach der deutschen Kapitulation an jenen Landsleuten verübten, die auf der falschen Seite gestanden hatten. Das Buch schildert auch das Schicksal einer 26-jährigen, die als Büroangestellte beim deutschen SD arbeitete. Man fand ihre Leiche am 23. Dezember 1942 unweit der Sprungschanze Holmenkollen, sie war entkleidet, vergewaltigt und lebendig begraben worden, neben ihr lag ihre ebenfalls ermordete zweijährige Tochter.[37] Vielleicht muß nun, da in Europa allenthalben Geschichtsmythen revidiert werden, auch das Bild der gewaltarmen Skandinavier nochmals überprüft werden.

Eine Dänin der Nachkriegsgeneration, mit der ich über das Phänomen der ›fehlenden‹ Vergewaltigungen diskutierte, meinte etwas spöttisch, vielleicht hätten sich die Dänen nicht schlechter aufführen wollen als die Deutschen – die nämlich hatten in Nord- und Westeuropa strikteste Order, sich gegenüber der

Zivilbevölkerung ›korrekt‹ zu verhalten. In Nord- und Westeuropa standen Vergewaltigungen unter ganz anderen Strafandrohungen als in den besetzten Ostgebieten, aus Dänemark und Norwegen sind sehr wenige Vergewaltigungen durch Deutsche bekannt, und es heißt, die betreffenden Soldaten seien dafür schwer bestraft worden. Nun ist die Dunkelziffer bei Vergewaltigungen generell hoch, es ist leicht vorstellbar, daß die Angst vor der Rache des Feindes sie noch höher werden ließ, zugleich ist sexuelle Nötigung verbreitet, aber als Straftat mitunter sehr schwer faßbar. Hätten allerdings die Deutschen während der Besatzungszeit versucht, solche sexuelle Gewalttaten systematisch zu vertuschen, wäre das vermutlich spätestens nach Kriegsende bekannt geworden. Allerspätestens – denn gezielt lancierte Gerüchte über Vergewaltigungen durch deutsche Soldaten hatten im besetzten Dänemark einen sehr hohen Propagandawert, die Darstellung des Feindes als (Vergewaltigungs)bedrohung für die Frauen und Mütter der Nation war bei allen Kriegsteilnehmern, den Alliierten wie den Deutschen, schon im Ersten Weltkrieg Propaganda-Alltag gewesen. Bereits damals wurden von französischer Seite die wenigen Berichte von sexuellen Gewalttaten durch deutsche Armeeangehörige mit schaurigen Details ausgeschmückt, um die Bevölkerung gegen die deutschen Angreifer zu mobilisieren. Die Historikerin Ruth Harris zeigt auf, »wie durch die Instrumentalisierung der vergewaltigten Frauen diese stellvertretend für die durch die deutsche Invasion gedemütigte und verletzte französische Nation standen und das persönliche Schicksal der Betroffenen in der nationalen Entrüstung über die »barbarischen« Deutschen unterging«.[38]

Kämpfende Männer, ob in Armeen oder Widerstandsgruppen, nehmen für sich in Anspruch, sich selbst in Lebensgefahr zu bringen, um das Vaterland und dessen Frauen vor dem Feind zu schützen (»Wieviele deutsche Männer haben ihr Leben gegeben für ebendiese Frauen?«). Es wäre also denkbar, daß sie sich verhöhnt fühlen, wenn die Frauen, die sie zu schützen vorgeben, offensichtlich keineswegs geneigt sind, sich beschützen zu lassen, sondern im Gegenteil dem Feind mit offenen Armen entgegenlaufen, mit ihm schlafen. Damit demontieren sie das Bild des unmenschlichen Feindes, sie potenzieren die Machtlosigkeit ihrer Landsleute und damit zugleich die Macht des Gegners. All das führte im Zweiten Weltkrieg natürlich dazu, daß Männer des Widerstands die ›Deutschenmädchen‹ bestraft sehen wollten.

Eine enge inhaltliche Verknüpfung zwischen den verhaßten Liebesbeziehungen und der Arbeit des Widerstands ergab sich auch durch die Schärfe, mit der die deutsche Wehrmacht gegen jene vorging, die ›Deutschenmädchen‹ beleidigten oder sich mißbilligend über deren Lebenswandel äußerten. Das Beispiel der norwegischen Friseuse, deren Geschichte ich im ersten Kapitel erzählte, zeigt, wie wenig es brauchte, damit die Gestapo einschritt und Gefängnisstrafen androhte. Wer die Deutschen beleidigte, indem er deren Freundinnen mit patriotischer Empörung, Haß, Rachegedanken oder auch nur Herablassung begegnete, riskierten damit Leib und Leben, und solche Meinungsbekundungen wurden im Verlauf des Krieges immer gefährlicher. Die Deutschen ließen es immer seltener mit einer Verwarnung bewenden, sondern verhängten gleich Gefängnisstrafen oder deportierten die Beschuldigten nach Deutschland – es ging also keineswegs um ›einen kleinen Schrecken‹.[39]

Darin lag für die Widerstandsbewegungen ein drängendes Problem, aber auch eine Chance. So, wie in Frankreich viele junge Männer zunächst nur in den Untergrund gingen, um sich der Zwangsrekrutierung zur Arbeit in Deutschland zu entziehen, und dann als Folge des Lebens in der Illegalität *maquisards* wurden und gegen die Deutschen kämpften, mag in den skandinavischen Ländern so mancher zum Widerstandskämpfer geworden sein, weil er sich nach einer unbedachten Äußerung oder Handlung seiner Verhaftung und Deportierung entziehen mußte, und nicht, weil er den Besatzern und dem Nazi-Deutschland von Anfang an so feindlich gegenübergestanden hätte, daß er deswegen seine gesamte Existenz aufs Spiel zu setzen gedachte.

Das scharfe Durchgreifen gegen Widersacher der ›Deutschenmädchen‹ empörte die Zivilbevölkerung in besonderem Maß, was die Stellung der Widerstandsgruppen stärkte. Diese waren allerdings offenbar nicht bestrebt, die Bevölkerung vor den Gefahren abfälliger Äußerungen zu warnen und gar davon abzubringen. Sie schürten im Gegenteil die Stimmung, indem sie in den illegalen Zeitungen »schwarze Listen‹ mit ›Deutschenflittchen‹ veröffentlichten – natürlich mit Namen und Adressen. In einer illegalen dänischen Zeitung vom September 1942 folgt auf eine Liste von Namen (vor allem Männer), die politischer Vergehen beschuldigt werden – z.B. englandfeindliche Äußerungen, Denunziantentum, nationalsozialistische Sympathien (z.B. »Tritt gelegentlich in Naziuniform auf, die auf dem Rücksitz seines Wagens liegt« oder »Gewährt deutschen Soldaten 10% Rabatt«) – eine separate Rubrik unter der Überschrift »Damenbekanntschaften der Wehrmacht«. Darin heißt es unter anderem:

Fräulein Grethe G., Telefonistin, [Adresse]. Geht mit deutschen Offizieren.

Frau Ingeborg Hansen, verheiratet mit Friseurmeister Vald. H. [Adresse]. Geht auf Kopenhagens Straße mit deutschen Soldaten spazieren.

Frau Grossist Hannes H., [Adresse]. Frau H. und ihr Dienstmädchen empfangen seit geraumer Zeit Besuch von deutschen Soldaten. Das Mädchen hat davon offenbar genug, denn sie hat den Ort verlassen, nachdem sie sich bei der Gnädigen mit Krätze angesteckt hat. Frau H. hat sehr viel Zeit zur freien Verfügung, da ihr Mann wegen Betrugs und des Verkaufs von Schwarzgebranntem eine längere Gefängnisstrafe absitzt. Die Familie ist bei den Geschäftsleuten im Viertel gut bekannt, denen sie Geld schuldet, das nicht einzutreiben ist, da sie sich hinter der Behauptung verschanzen, sie hätten nichts. Nichtsdestoweniger geht die Gnädige wie eine Prinzessin gekleidet, aber sie hat vermutlich verdeckte Einkünfte, während ihr Mann auf ›Ferien‹ ist. Es stört sie nicht, daß sie Mutter von drei Kleinkindern ist, um die sich die Fürsorge kümmern sollte.[40]

Die Listen sollten die Genannten der öffentlichen Schande preisgeben und die Bevölkerung wohl auch zu Schikanen und

›spontanen‹ Bestrafungen animieren – was, wie gesagt, gefährlich war. Doch über Sinn und Zweck solcher Listen herrschte zwischen den verschiedenen Widerstandsgruppen aus anderen Gründen Uneinigkeit: die einen meinten pragmatisch, man müsse Nutzen daraus ziehen, daß die Bevölkerung über die abtrünnigen Frauen aufgebracht sei, sie bestraft sehen wolle und daher Aktionen gegen sie grundsätzlich begrüße. Zudem förderten schwarze Listen die Verbreitung und Lektüre der illegalen Zeitungen, da sie (was selbstredend nirgends gesagt wurde) den Voyeurismus und die Sensationslust bedienten. Andere hingegen fanden die Listen denunziatorisch und menschlich verwerflich. Sie meinten, man müsse die Wut und den Widerstandswillen gegen die wirklichen Feinde richten – und das seien neben den Deutschen auch die Spitzel, Landesverräter und Kriegsgewinnler in den eigenen Reihen.

Schon die Teilung in eine Liste (über der nur ›September 1942‹ steht) mit ›politischen‹ Vergehen und eine zweite mit der Überschrift ›Damenbekanntschaften‹ zeigt, daß die ›Deutschenmädchen‹ das weibliche Bild des – inneren wie äußeren – Feindes repräsentierten. Dies paßt zu Virgilis Bericht über einen Ort an der Oise: Als am 30. August 1944 die alliierten Truppen dort auftauchten, teilten sich die Widerstandskämpfer in zwei Gruppen, die eine machte Jagd auf die *boches*, die andere auf jene Frauen, von denen es hieß, sie hätten verwerfliche Beziehungen zu den Deutschen unterhalten.[41]

Die Zweiteilung der Schwarzen Liste bekräftigt auch Warrings Beobachtung: »Die ›Deutschenmädchen‹ wurden zwar als Schande für Dänemark hingestellt, aber die sexuellen und geschlechtsmoralischen Argumente waren weitaus vorherrschender als die nationalen. Es war viel die Rede von ihrer Sexualität und wenig davon, daß sie ein Sicherheitsrisiko darstellten.«[42]

Das war verständlich, denn die allermeisten ›Deutschenmädchen‹ waren ja vor der Besatzungszeit keine Ausgestoßenen, sondern die Nachbarstochter, die Verkäuferin in der Bäckerei, die eigene Schwester oder die Mitschülerin – also ›normale

Frauen‹, über deren Sexualität und Lebenswandel sich die Nachbarn auf jeden Fall den Mund zerrissen hätten, wenn sie einen Fingerbreit von den geltenden Regeln abgewichen wäre – Capdevila schreibt: »Eine junge Frau, die keine Prostituierte ist, die Liebhaber hat, die ihre Fruchtbarkeit im Griff hat: in der katholischen Bretagne war dieser Typ Frau nicht akzeptabel«[43] – ebensowenig wie in Dänemark oder im stockprotestantischen Norwegen. Die soziale Kontrolle galt (und gilt) dem Verhalten junger Frauen generell, und da war eine Liaison mit dem unerwünschten deutschen Soldat ebenso abweichend und Anlaß zu Klatsch wie ein Techtelmechtel mit dem begehrenswerten Gutssohn aus dem Nachbardorf.

Die Liaison mit dem Feind jedoch zwang ihre Umwelt zu einer Entscheidung: Wenn sie, die gestern noch ›eine von uns‹ (also anständig) war, sich heute voll Zuneigung dem Feind zuwendet, dem alle menschlichen (und männlichen) Tugenden abgesprochen werden, dann ist entweder der Feind kein Unmensch oder die Frau nicht anständig, nicht normal, keine ›von uns‹. Die erste Lösung funktionierte, wie schon an anderer Stelle beschrieben, überall dort, wo das Nebeneinander von Soldaten und der Bevölkerung so eng und unausweichlich war, daß sich quasi alle Bewohner eines Dorfes oder einer Region als ›anormal‹, ›unanständig‹ und ›unpatriotisch‹ hätten definieren müssen – was sie selbstredend nicht taten. Die zweite Lösungsmöglichkeit war die ›offizielle‹, d.h., die des Widerstandes: Wir sind die Guten, sie sind die Bösen, dazwischen ist nichts als eine tiefe Kluft.

Wenn man auf den Zweiten Weltkrieg und die Jahre der Besatzung (zumindest auf jene Jahre in Dänemark und Norwegen) zurückschaut, blitzt mitunter der Eindruck auf, als seien alle – im besetzten Land ebenso wie im Land des Besatzers – gegen die ›gemischten‹ Paare gewesen, als hätte alle auf die eine oder andere Weise versucht, das Zustandekommen und den Fortbestand ihrer Verbindung zu verhindern, und zwar alle mit Gründen, die aus ihrer eigenen Sicht durchaus plausibel waren.

Wer sich während der Besatzungszeit als Patriot fühlte, wäre niemals auf den Gedanken gekommen, Liebesbeziehungen zwischen ›ihren Frauen‹ und den feindlichen Soldaten als mögliche Brücke zu sehen, mit der Individuen auf zwischenmenschlicher Ebene dem Krieg und dem verordneten Haß ein Schnippchen schlagen konnten. Stellt man sich aber einen Augenblick lang ganz naiv, ist es doch zumindest vorstellbar, daß die Bevölkerung einer besetzten Nation während des Zweiten Weltkriegs und in den Jahren danach ihre verliebten ›Landsmänninnen‹ nicht als Verräterinnen verdammt, sondern sie als Vermittlerinnen gesehen hätte.[44] Schließlich galt es jahrhundertelang als erstrebenswerte, ja mustergültige Diplomatie, Konflikte zwischen Staaten nicht durch Kriege, sondern die Verehelichung der beiderseitigen Nachkommen zu bereinigen – in dem geflügelten »Andere mögen Kriege führen, du, glückliches Österreich, heirate« schwingt ja durchaus Neid über die äußerst geschickte Heiratsdiplomatie der Habsburger. Aber das ist lange her, im Konflikt zwischen dem Dritten Reich und den von ihm besetzten Ländern gab es nichts zu vermitteln, und außerdem galt vermutlich schon im achtzehnten Jahrhundert die ›Heiratsdiplomatie‹ nur für die Reichen und Mächtigen und nicht für das Volk.

Das glückliche Österreich ist leider kein erstrebenswertes Vorbild mehr dafür, wie nationale Konflikte gelöst oder verhindert werden können. Aber unseren Paaren ging es ja auch nur um Liebe, nicht um Politik.

Damit sich alle erinnern, auf ewig

Das Kriegsende

In allen Städten und Dörfern des befreiten Europas strömte in den ersten Maitagen 1945 die Bevölkerung aus den Häusern und feierte – erleichtert, glücklich, ja übermütig. Die Osloer Innenstadt war schon in den frühen Morgenstunden des 8. Mai voller Menschen, überall wehte die norwegische Flagge, die Kirchenglocken läuteten, Bekannte und Fremde umarmten sich. An einigen Geschäften stand, »Geschlossen wegen Freude«, auf den Straßen brannten Freudenfeuer aus Verdunklungsgardinen, Straßenbahnen fuhren gratis. Eine Zeitung jubelte, »Unser Kampf von Sieg gekrönt«.[1]

»Im Laufe des Vormittags tauchen im Stadtzentrum die ersten Grini-Gefangenen auf.[2] Sie tragen noch die gestreiften Gefangenenanzüge, man empfängt sie mit ohrenbetäubendem Jubel. Einige werden von jungen Leuten auf die Schultern gehoben, im Triumph ein Stück durch die Menge getragen. [...] Auch Angehörige der Heimatfront, die jetzt überall auftauchen, mit Armbinden und Maschinenpistolen, werden mit großem Hurra begrüßt. Wie in der Hauptstadt, so feiert man in ganz Südnorwegen.«[3]

Aber es gibt aus jenen Tagen auch Bilder wie die von Robert Capa, Bilder der Strafe und Vergeltung, der Racheakte an den noch erreichbaren Feinden: an Spitzeln und Landesverrätern, vor allem aber an den Freundinnen der Deutschen. Capas Chartres-Bilder entstanden im August 1944, also neun Monate vorher, nahezu identische Szenen der öffentlichen Demütigung ereigneten sich in jenen August-Tagen in ganz Frankreich:

Bei unserer Ankunft in Nogent-le-Rotrou versammelten sich etwa dreitausend Menschen am Place de la République. Die einen standen auf dem Balkon des Rathauses, die anderen bildeten ein Rechteck um die Mitte des Platzes.

In der Mitte waren sechzehn Frauen zwischen zwanzig und sechzig Jahren, aufgereiht, wie Kriegsgefangene. Genau das waren sie auch: Gefangene, Verräterinnen, die die Résistance für die Nazis ausspioniert hatten.

Man hatte zwei Stühle herbeigebracht. Hinter den beiden Stühlen standen zwei Friseure, mit Schere und Rasiermesser bewaffnet. Eine nach der andere setzte sich hin und wurden geschoren. Wenn sie aufstanden, lachte die Menge, pfiff und johlte. Dafür hatten sie gute Gründe [...]

Nachdem man sie geschoren hatte, wurden sie in einen Waschzuber gesetzt und mit Wasser überschüttet. Danach gingen sie an den Bürgern vorbei, damit sich alle daran erinnern, auf ewig.

Nogent-le-Rotrou, zweite Augusthälfte 1944[4]

Am Platz vor dem Rathaus vollzieht sich ein Schauspiel, dessen Ablauf allen geläufig zu sein scheint, es vollzieht sich auf geordnete Weise, die Zuschauer lassen die Bühne frei, auf der sich das Geschehen entfalten wird, Stühle und Akteure stehen bereit, die »Hauptpersonen« betreten ruhig den Ort des Geschehens, das Publikum lärmt nicht, sondern »applaudiert« an bestimmten Stellen. Nach vollzogener Strafe werden die Frauen im Kreis umhergeführt, »damit sich alle daran erinnern, auf ewig«.

Das waren keine spontanen Übergriffe einiger frustrierter oder erzürnter Patrioten, die sich vergaßen. Es war ein Ritual, ja ein nationales Lehrstück, das sich im Spätsommer 1944 in ungezählten befreiten Gemeinden, in mindestens siebenundsiebzig der damals neunzig Départements Frankreichs wiederholte, es wurde angekündigt und als Ereignis erwartet. Dort, wo in den zeitgenössischen Quellen keine Scher-Aktionen verzeichnet sind, gibt es mitunter andere Hinweise. Fabrice Virgili zitiert in einem Aufsatz über das Scheren einen Zeitungsartikel vom Oktober 1944, der Buben beim »Maquis«-Spielen beschreibt: »Bis an die Zähne mit Holzsäbeln bewaffnet, bemächtigen sie sich des Obstgartens, dringen zum Hühnerstall vor und befreien die Kaninchen. Danach ›scheren‹ sie drei Mädchen.« Daraus schließt Virgili – zu Recht, wie mir scheint: »Wenn die Kinder für ihr Spiel das Verhalten der Erwachsenen übernehmen, ist dies ein signifikanter Hinweise auf die Verbreitung eines Phänomens.«[5]

Das Scheren wurde angekündigt und als Ereignis erwartet. Gertrude Stein schrieb, »Heute ist das Dorf aufgeregt schrecklich aufgeregt weil man die Köpfe der Mädchen schert die es während der Besatzung mit den Deutschen gehalten hatten, man nennt es die Frisur 1944, und natürlich ist es schrecklich weil das Scheren öffentlich gemacht wird, es wird heute gemacht.«[6] In manchen Orten wurden die Frauen auf der Ladefläche eines Lastwagens oder einem offenbar nur für diesen Zweck gezimmertes Podest geschoren, eine Anordnung, die die Ähnlichkeit dieser öffentlichen Bestrafung mit einer Hinrichtung besonders augenfällig macht. Ein anderes Motiv, ebenfalls aus mehreren befreiten Ländern, läßt an die Karren denken, die Verurteilte zur Hinrichtungsstätte brachten: Frauen stehen auf offenen Lastwagen und werden durch die Stadt gefahren, manche tragen ein großes Schild um den Hals, auf dem – in der jeweiligen Landessprache – »Ich bin eine Deutschenhure« steht. Das ist eine moderne Variante des Prangers – und sie ist offenbar, wie zahllose Fotos aus dem China zur Zeit der Kulturrevolution beweisen, als Demütigung und Diffamierung weit verbreitet.

Jenes »Tauchen« der Frauen, das in Frankreich mitunter die inszenierten Scher-Aktionen beendete, hat dort eine lange Tradition. Bereits im vierzehnten Jahrhundert wurden in La Rochelle Ehebrecherinnen mit einem ›bain forcé‹ bestraft.[7] Eine interessante Parallele, die vermuten läßt, daß die Bevölkerung die ›Deutschenmädchen‹ intuitiv als Ehebrecherinnen empfand und bestrafte – sie hatten die Nation betrogen, der sie angehörten. Daher verloren sie ihre Identität als »legitime« Französinnen und wurden zu ›femmes à boches‹.

Andere, weniger bekannte Fotos, meist private Schnappschüsse aus Frankreich und den später befreiten Ländern zeigen Bestrafungen, die direkter sind, weniger stilisiert, brutaler, grausamer. Sie bilden ab, was die folgenden Erinnerungen beschreiben – Szenen der Gewalt, die sich auf gespenstische Weise von einem Land zum nächsten gleichen, so, als habe man sich europaweit über ein gemeinsame Vorgehen verständigt – und das in Zeiten einer überaus strengen Pressezensur. Selbst Frankreich war im »Sommer 1944 in zahlreiche Gebiete zersplittert, die untereinander kaum Verbindung hatten und von denen ein jedes eine eigene Entwicklung nahm«.[8] Wie sich das so schnell herumsprechen konnte, ist schwer nachvollziehbar, auch wenn der Bericht über Nogent-le-Rotrou im August 1944 von Radio London gesendet wurde und so seinen Teil dazu beigetragen haben mag.

Als wir durch die Grønnergate gehen, hören wir eine Frau furchtbar schreien. Wir gehen den Schreien nach. Sie kommen aus einem Hinterhof. Dort sind vier Männer dabei, ein 17- bis 18-jähriges Mädchen zu scheren. Wir wußten beide, wer sie war.

Sie liegt auf dem Rücken, das Kleid bis unter die Arme geschoben. Zwei Münner sitzen auf ihr. Sie haben ihr die Jacke vom Leib gerissen, die Strümpfe sind zerfetzt. Die Brüste entblößt. Der dritte hält ihre Hände fest, der vierte hat die Schere. Er greift hart in die langen schwarzen Haare. Um sie herum liegen lange schwarze Strähnen. Sie weint und schreit. Kann aber nichts ausrichten gegen die vier, die etwa 30 bis 40 Jahre alt sind.

»Bleib endlich liegen, du verdammte Deutschenhure«, brüllt der mit der Schere.

Aber sie windet sich weiter. Er rutscht mehrfach mit der Schere ab. Das Blut spritzt. Wir laufen davon. Keiner von uns erträgt den Anblick länger. Etwas weiter die Straße hoch muß sich mein Freund übergeben.

Tromsø, Norwegen. Zwei Uhr am Morgen des 8. Mai 1945[9]

Eine Gruppe junger Männer zog mit einer Flagge durch die Straßen und griffen nach einem Mädchen. Sie nannten uns ›Jerryites‹, aber keiner von ihnen hatte während des Krieges etwas getan, um den Deutschen Wider-

stand zu leisten. Dann rannte ein Mädchen an uns vorbei, ihr Kopf war völlig blutüberstömt; sie war nackt wie am Tage ihrer Geburt, das Blut lief ihr aus den Wunden, dort, wo die Schere hineingestoßen war. Sie zitterte und war hysterisch, daher gab ich ihr meinen Regenmantel. Ich habe ihn nie zurück bekommen.

St. Helier, Jersey. Im Mai 1945[10]

Sieben junge Männer dringen in die Wohnung zweier Frauen ein, von denen bekannt ist, daß sie intimen Umgang mit deutschen Besatzungssoldaten hatten. Die Männer sind bewaffnete Widerstandskämpfer, sie zwingen die Frauen, ihnen in einen nahe gelegenen Luftschutzbunker zu folgen, wo sie ihnen nach einem kurzen Verhör erst die Haare abschneiden und sie dann völlig kahlscheren. Nach und nach versammeln sich immer mehr Männer in dem Bunker. Sie beginnen, den Frauen Kleider vom Leib zu reißen. Auf die entblößten Brüste und Rücken der Frauen malen sie mit schwarzem Lack Hakenkreuze, dann treiben sie die Frauen auf die Straße, wo bereits weit über einhundert Menschen versammelt sind. Unter Brüllen, Spucken und Schlagen werden die Frauen gezwungen, die Straße entlang zu gehen, ohne sich bedecken zu können.

Kopenhagen, im Mai 1945[11]

In einer US-Statistik sind eine ganze Reihe von Übergriffen verzeichnet, bei denen deutsche Männer einen an Jüdinnen bereits erprobten Handgriff anwendeten und den als ›Ami-Flittchen‹ Geschmähten die Haare abrasierten. Die Notizen lesen sich lapidar: ›Bayreuth late november: German men set fire to hair of German girl who fraternized.‹

Bayreuth, im November 1945[12]

»Einen an Jüdinnen bereits erprobten Handgriff« – zur Straßenjustiz gehörten neben dem Abschneiden und Scheren der Haare auch Schläge, Entkleiden, das Bemalen von Gesicht und Körper mit Hakenkreuzen sowie der Spießrutenlauf durch eine Menschenmenge. Das Scheren des Kopfhaares, das Entblößen der Geschlechtsteile, das Markieren des Körpers durch Beschreiben (d.h. Tatöwieren), Schlagen und Spießrutenlaufen – all das gehörte auch in deutschen Konzentrationslagern zur

Routinebehandlung von Gefangenen. Es ist fraglich, ob man das beispielsweise 1944 in Frankreich bereits gewußt haben konnte, und es muß hier dahingestellt bleiben, inwieweit dies universelle Methoden der Demütigung sind, die in den dreißiger und vierziger Jahren von den Nationalsozialisten aufgegriffen und ›perfektioniert‹ wurden. Wichtig ist mir zum einen, daß diese Parallele kaum je erwähnt wird,[13] und zum anderen, daß sich Strafen, die direkt auf dem Körper vollzogen werden, des ganzen Menschen bemächtigen. Der Vertreter der Macht schreibt diese Macht auf den Körper des Unterlegenen ein – er prägt sie ihm ein, vergleichbar einem Brandzeichen und dessen Botschaft: Du gehörst mir. Und sagt zugleich: Du gehörst mir, aber Du bist keine von uns. Theresa Wobbe erläutert das: »Diese Form der Macht, nämlich die Macht, anderen im direkten Akt des körperlichen Verletzens etwas anzutun, unterscheidet sich von anderen Machtaktionen dadurch, daß sie die Person als Ganze treffen, da sich diese nicht aus ihrem Körper zurückziehen kann.«[14]

In jener Zeit und an zahllosen Orten des befreiten Europas wurden die körperlichen Strafen vor allem an Frauen vollzogen, während Männer vor solchen »Handgreiflichkeiten« geschützt blieben – selten allerdings stoßen die Gegensätze so eklatant aneinander wie in dem Bericht eines Schweizer Journalisten, der am 27. oder 28. August 1944 in Paris ein Auto sieht, das sehr schnell an ihm vorüberfährt, »auf dem Beifahrersitz ein französischer Offizier, auf dem Rücksitz ein deutscher General, verhaftet, in großer Uniform. Er sitzt aufrecht, wirkt hochmütig, betrachtet die Passanten, die ihn auspfeifen, mit einer gewissen Verachtung. Etwas weiter, durchdringende Schreie. Mitten in einer Gruppe entfesselter Menschen liegt am Boden eine Frau, die sich wehrt. ›Ein Deutschenflittchen‹, heißt es. Ein Friseur aus dem Stadtteil schert ihr die Haare. [...] Sie zerreißen ihr die Kleider. Völlig nackt, flieht sie.«[15] Eine Dänin, die mit deutschen Soldaten befreundet war, bringt es auf den Punkt, wenn sie sagt: »Wir wurden eigentlich schlechter behandelt als die Deutschen selbst.«[16]

Kein Wunder, daß viele Norwegerinnen und Däninnen versuchten, den Strafen zu entgehen, indem sie sich bei Kriegsende nach Schweden absetzten. Die Norwegerinnen wurden im Pulk zurückgeschickt und in Oslo interniert. Viele versuchten, wenn nicht das Land, so doch wenigstens die Stadt zu verlassen, in der sie »bekannt« waren. Kari Helgesen schreibt über die westnorwegische Stadt Molde: »Die ersten Tage nach der Befreiung müssen von hektischen Reiseaktivitäten der ›Deutschenliebchen‹ geprägt gewesen sein, die Molde verließen. Die Polizei erhielt eine Menge Meldungen über Frauen, die dabei waren, abzureisen. Allein im Laufe des 11. und 12. Mai gingen von verschiedenen Seiten Hinweise auf zehn ›Deutschenliebchen‹ ein, die mit Sack und Pack gesehen worden waren.« Andere, die nicht freiwillig aus Molde abreisten, wurden hingegen in ihre Heimatorte zwangsverschickt, offenbar mit dem Hintergedanken, daß sich jede Polizeikammer »um ihre eigenen« kümmern sollte.[17]

Mitunter wurden die ›Deutschenmädchen‹ genauso behandelt wie jene (männlichen und weiblichen) Landsleute, die der Kollaboration, des Landesverrates, der Schieberei, der Denunziation usw. beschuldigt wurden – das heißt: wie Verbrecher. Die Ergreifung der Freundinnen der Deutschen allerdings schien von besonderer Eile, als gelte es, eine drohende Gefahr abzuwenden, und sie war auch von besonderer Häme begleitet. Eine Frau, die im westnorwegischen Ålesund interniert war, spricht in einem Gedicht mit dem Titel »Lied einer Gefangenen« davon, daß »plötzlich alle Mädchen in der Stadt verhaftet wurden, die Leute jubelten und schrien wie besessen, als man uns Mädchen in die Ausnüchterungszelle zerrte«,[18] Fotos im dortigen Stadtarchiv illustrieren, wovon sie spricht: Ab dem 8. Mai standen die Ålesunder dichtgedrängt an der Straße, die bergauf zur Polizei führten – und das *mehrere Tage lang*. Sie warteten auf ihre verhafteteten Landsleute: NS-Mitglieder, Kollaborateure, Kriegsgewinnler und ›Deutschenmädchen‹. Dabei drängten sie sich Schulter an Schulter auf den Bürgersteigen, die Fahrbahn ließen sie frei. Jedes ankommende Auto mit Inhaftierten hielt auf einem Platz am Fuße der Straße, die Insassen mußten aussteigen und in Begleitung von Polizisten oder Heimatfrontleuten – im Grunde aber natürlich allein –, mitten auf der leeren Straße durch die Menschenmenge hindurch zur Polizeistation gehen. Auf einigen Bildern rangeln Buben nahe der Eingangstür zur Polizeistation um den besten Platz.[19]

Die Menschen drängten sich, um einen Blick auf die »Verräter« zu werfen – das ist eine Neugier ganz eigener Prägung, denn in dem Städtchen mit damals 20000 Einwohnern kannte jeder jeden. Zu bestaunen und begaffen gab es also nicht den Fremden, sondern den Nachbarn und die Klassenkameradin, die doch eigentlich so waren wie man selbst, die aber dann, ohne daß man es ihnen hätte ansehen können, einen anderen Weg gegangen waren – sie waren anders, und damit bedrohlich und fremd geworden. In Zeiten wie diesen, in denen die Dinge entweder richtig oder falsch sein müssen, mag sich in die Erleichterung, auf der richtigen Seite zu stehen, und die Schadenfreude, daß es einen anderen trifft, vielleicht auch Verwunderung darüber mischen, wie es geschehen kann, daß die vermeintlich Berechenbaren so unberechenbar handelten. Und bei manchen Inhaftierten mag der eine oder andere Zuschauer auch Genugtuung empfunden habe, auf so ›elegante‹ Weise eine alte Rechnung begleichen zu können, die eher privater als politischer Natur war.

Ähnliche Szenen wie in Ålesund sind aus anderen Orten in Norwegen bekannt, und die großen Inszenierungen des Scherens in Frankreich bieten im Grunde das gleiche Bild.

Es scheint, als habe man die Stadt und den öffentlichen Raum ein letztes Mal jenen überlassen, die ihn noch wenige Tage zuvor mit den Deutschen beherrscht hatten. Damit nahm die Bevölkerung den kollektiven öffentlichen Raum wieder in Besitz, der »vier Jahre lang von der Angst, der Ausgangssperre, den Bekanntmachungen, Fahnen, Schriftzügen, und insbesondere durch die Vichy-Polizei, die Miliz und die Besatzungstruppen vereinnahmt gewesen war«. Jeder, so kommentierte die

Union des femmes françaises de l'Indre im August 1944 den »Tag der Freude, den Tag, an dem die Frauen ihre Revanche bekommen«, ist mal mit Zittern dran.[20]

Ich möchte hier kurz innehalten, um noch einiges über das Scheren zu sagen: Wir leben in einer überaus liberalen Zeit, und es ist für uns kaum noch nachvollziehbar, was Scheren damals bedeutete, wie demütigend, entehrend und beschämend es war, das erleiden zu müssen – in allen befreiten Ländern wird von Frauen berichtet, die aus Scham und Verzweiflung darüber Selbstmord begingen. Als Strafe war (und ist) das Scheren im wesentlichen Frauen vorbehalten, wenn Männer geschoren werden, dann meist als zusätzliche Demütigung, sie ›wie eine Frau‹ zu bestrafen. Der kahlgeschorener Kopf verwies auf »Riten der Entmenschlichung, der Entmännlichung und der Entweiblichung; er bedeutete für die/den Geschorene/n eine furchtbare Strafe und für den Scherer ein intensives Vergnügen«[21]. Die heutige Mode bei jungen Leuten, sich den Kopf kahlzuscheren, hat dazu geführt, daß sich meine eigenen historischen Wahrnehmungsgrenzen auf befremdliche Weise verwischt, ja aufgelöst haben: Ich sehe in ihnen, besonders natürlich in den jungen Frauen, mit Entsetzen die Unglücklichen der alten Fotos. Zugleich aber stellt sich das tiefe Erschrecken, das ich noch vor einigen Jahren über die Geschorenen auf den Fotos empfand und an das ich mich gut erinnere, heute nicht mehr ein.

Es ist unbekannt, wieviele Menschen bei Kriegsende auf der Straße erschlagen oder von Widerstandskämpfern liquidiert wurden – für Frankreich schwanken die Schätzungen zwischen 10000 und 100000 Opfern, darunter eine ebenfalls nicht bekannte Anzahl Frauen, die der ›horizontalen‹ Kollaboration bezichtigt wurden. In Nordeuropa gab es nur wenige Liquidierungen, die Bevölkerung verhielt sich äußerst diszipliniert, worauf diese Länder zu Recht stolz sind. Jene »Machtaktionen, die die Person als Ganze treffen« allerdings, die es doch gab, trafen in Nordeuropa und auf den britischen Kanalinseln fast nur Frauen.

Die Übergriffe – also das Scheren, Schlagen, Bemalen, usw. – wurden jedoch schon bald als dunkler Fleck auf der strahlend weißen Weste der ruhigen, mustergültigen Übernahme durch die neuen Machthaber empfunden. Daher wurde der wesentliche Anteil der offiziellen Widerstandskräfte an diesen Aktionen aus der offiziellen Geschichtsschreibung ausgespart, zum Teil glatt geleugnet. Es wollte niemand mehr gewesen sein. Daher wird heute zwar (wenn überhaupt darüber gesprochen wird), das Unrecht eingeräumt, das den Frauen zugefügt wurde, die Scherer aber bleiben im Halbdunkel. Meist ist vage von ›mehreren jungen Männern‹ die Rede, deren Identität ungeklärt bleibt. Es wird mit keiner Silbe erwähnt, daß für diese ›jungen Männer‹ – und es handelte sich ja tatsächlich oft um junge Männer von achtzehn oder zwanzig Jahren – diese Ausschreitungen nach fünf Jahren Besatzung und angstvollem Kuschen die erste Möglichkeit waren, gefahrlos über die Stränge zu schlagen, ihre Wut zu äußern, sich für ihre mannigfach erlebten Zurücksetzungen zu rächen, sich als handlungsfähig und potent zu erleben. Das Scheren mag ihnen den Weg in eine Welt eröffnet haben, in der sie endlich selbst zu jenen Männern gehören, die die Macht haben, und in der Frauen sich dieser Macht entweder beugen oder zumindest den Männern zusehen und applaudieren müssen. Unbedacht bleibt auch, daß in dieser Situation erneut, wie schon während der Besatzungszeit, junge Menschen aufeinandertreffen – ein Mann und eine Frau. Jetzt aber bemächtigt sich der junge Mann mit der Gewalttat brutal des Körpers einer jungen Frau, den er lange Zeit nicht haben konnte, und selbst wenn er sein Opfer nicht vergewaltigt, zwingt er die Frau damit für kurze Zeit in eine von ihr abgelehnte Paarkonstellation hinein. Solche Überlegungen sollen und können nichts rechtfertigen, aber sie könnten Licht auf Motive werfen – doch davon, wie gesagt, keine Silbe.

Die »Scherer« werden auch als frustrierte Einzeltäter beschrieben, die endlich die Gelegenheit hatten und nutzten, in rasender Eifersucht jene Frauen zu demütigen, von denen sie während der Besatzungszeit erniedrigt oder als Sexualpartner verschmäht worden waren. Andere Erklärungen charakterisieren ihn als den ewigen Feigling, der während des Krieges nichts tat oder, schlimmer noch, selbst kollaborierte, der fünf Minuten nach zwölf noch rasch eine Gelegenheit sucht, seine patriotische Gesinnung unter Beweis zu stellen, und sich dafür am schwächsten Opfer vergreift – Brossat nennt ihn den »anonymen Antihelden, er ist, was ich selbst auf keinen Fall sein möchte, der Mittelmäßige, der Feige, der Weichling, der Hahnrei ... er ist der Scherer mit der großen Schere und dem kleinen, unbeschäftigten Penis«.[22]

Das alles mag zutreffen – die ganze Wahrheit aber ist es nicht. Zum einen waren auch Übergriffe, die spontan wirken mochten, keineswegs spontan. Es mußte ihnen ein – wenn auch vielleicht geringes Maß – an Planung vorausgegangen sein, denn eine Schere von der erforderlichen Größe und ein Rasiermesser pflegt man ebenso wenig zufällig bei sich zu tragen wie Benzin, mit dem ein Mensch angezündet werden kann. Wichtiger aber ist, daß der Mythos des Einzeltäters eben das ist: Ein Mythos. Zumindest in Frankreich, Dänemark und Norwegen waren Männer des Widerstandes maßgeblich daran beteiligt. Viele Fotos, auch die von Robert Capa, zeigen bewaffnete und uniformierte Widerstandskämpfer nicht als die Retter der von wütenden Menschen angegriffenen Frauen, sondern als deren Peiniger.

Inzwischen haben sich die Widerstandsbewegungen allerorten entschieden von den Übergriffen distanziert, und zwar nicht, indem sie ihr damaliges Unrecht öffentlich bedauern, sondern indem sie ihre Beteiligung daran bestreiten oder beschönigen. So sucht man im Norwegischen Heimatfrontmuseum in Oslo vergebens nach Bildern oder auch nur einer Erwähnung derartiger Vorkommnisse, und auch in dessen Archiven gibt es nach Angaben der Museumsleitung »keinerlei Unterlagen zu eigenen Aktionen. Dabei geht aus den Protokollen der Polizei, aus Verhaftungsprotokollen sowie Zeitungsberichten eindeutig hervor, daß die Heimatfront in hohem Maße an Aktionen gegen Deutschenmädchen beteiligt war. Wenn es darüber keine Unterlagen in den Archiven der Heimatfront gibt, muß man davon ausgehen, daß sie entfernt wurden«.[23] Das sind die knappen Schlüsse der norwegischen Sozialwissenschaftlerin Kari Helgesen, die herauszufinden versuchte, auf welche Weise und mit welchen Begründungen ›Deutschenmädchen‹ verhaftet wurden. Helgesen wurde an anderen Orten fündig, im Staatsarchiv Trondheim entdeckte sie ein Dokument der Heimatfront vom 4. Juni 1945, in dem es heißt, wichtigstes Ziel aller Aktionen gegen die Frauen sei es, eine »feste Meinungsfront gegen diese Huren« aufzubauen, dabei müsse aber unbedingt darauf geachtet werden, zunächst nur die »übelsten Flittchen« zu bestrafen: »Knöpft man sich eine vor, mit der die Bevölkerung Mitleid empfinden könnte, kann das der Aktion schwer schaden … Man muß sich darüber im klaren sein, daß die Anwendung von Zwangsmitteln rechtlich nicht gedeckt ist.«

Hier, schließt Helgesen »ist nicht die Rede von Schutz vor Übergriffen, dem Hindern am Zutritt zu verbotenen Orten wie deutschen Internierungslagern, und es kann nicht darum gehen, Geschlechtskranke ins Krankenhaus zu bringen«[24], all jene Gründe also, die seit Kriegsende als Rechtfertigungen dafür angeführt wurden (und werden), warum Frauen für etwas bestraft wurden, was kein Strafbestand gewesen war: der Geschlechtsverkehr mit dem Feind. Der Leiter der obersten norwegischen Polizeibehörde, also eine hochoffizielle Stelle, nannte im Sommer 1945 gleich mehrere solcher triftig klingenden Gründe: Man müsse die Frauen zu ihrem eigenen Besten in Sicherheitsverwahrung nehmen, um sie vor dem Zorn ihrer Landsleute zu schützen. Man müsse sie von der Straße holen, um Unruhen vorzubeugen, die vor allem drohten, wenn Frauen, die sich mit den Deutschen hatten sehen lassen, nun ›mit unseren alliierten Freunden‹ spazieren gingen.[25]

Doch die Begründung auf den Haftbefehlen lautete nicht selten ›Landesverrat‹, oder auch »… z.Zt. als Deutschenflittchen polizeilich gesucht«[26], und gegen die Ritterlichkeit des »Beschützungsmythos« spricht auch, daß alle Internierten (Männer wie Frauen) schwere körperliche Arbeit verrichten mußten. Von den damals internierten Frauen haben sich (soweit ich weiß) nur wenige öffentlich dazu geäußert, die aber sagen übereinstimmend, sie hätten die Internierung nicht als Schutz, sondern als Strafe empfunden. Und es gibt kaum überlieferte Fälle von Frauen, die baten, zu ihrer Sicherheit in Schutzhaft genommen zu werden.

Schätzungen zufolge waren zwischen Mai und Winter 1945 in neun norwegischen Lagern 3000 bis 5000 Frauen interniert. In den Lagern herrschte scharfe Disziplin – eine Lagerordnung stellte beispielsweise Pfeifen unter Strafe und schließt mit der Warnung, die Lagerwachen würden bei Bedarf von der Schußwaffe Gebrauch machen.[27] Die Internierten konnten zunächst bis zu 30 Tagen, mit Zustimmung des Justizministeriums maximal 120 Tage festgehalten werden – ohne gerichtliche Prüfung, ohne einen Anwalt, ohne Einspruchsmöglichkeit. Das ist eine massive Freiheitsberaubung, die selbst in den Zeiten des Nachkriegschaos ihresgleichen sucht. Als Rechtsgrundlage diente eine »provisorische Anordnung für Maßnahmen gegen Geschlechtskrankheiten vom 12. Juni 1945«, die allerdings *ausschließlich Frauen* betraf. Sie wurden bei Ankunft im Lager »interviewt«, um sicherzugehen, »daß sie tatsächlich zur Gruppe der Prostituierten oder promiskuitiv Lebenden gehörten, in Übereinstimmung mit den Definitionen der provisorischen Anordnung«. Aber Frauen sollten ja nicht wegen (verbotener) Prostitution interniert werden, wie diese Passage vermuten lassen könnte, sondern aus medizinischen Erwägungen: »Dieser Schritt war ein notwendiges Übel zur Bekämpfung einer gefährlichen Epidemie von Geschlechtskrankheiten, er war weder eine Strafe noch ein Racheakt für unnationales Verhalten«, schrieben noch 1990 zwei Norweger, die 45 Jahre zuvor als junge Mediziner an diesen gesundheitspolitischen Maßnahmen zur Bekämpfung von Geschlechtskrankheiten beteiligt gewesen waren.[28] Doch im größten Lager – Hovedøya, eine Insel im Oslofjord – hatten von etwa 1000 Frauen nur etwa ein Drittel bei ihrer Einlieferung frische Syphilis oder Gonorrhoe. »Der angebliche Schutz von Zivilisten und englischen Soldaten kann also nicht der einzige Grund gewesen sein. In den gleichen Tagen kamen tausende junger Männer aus England und Schweden nach Hause, einige ebenfalls geschlechtskrank. Sie wurde weder untersucht noch gar interniert. 1945 stieg die Zahl der Geschlechtskrankheiten in Norwegen zu neuen Höhen – was bedeuten kann, daß die Internierungen irrelevant waren.«[29]

Mehr als 50% der auf Hovedøya internierten Frauen waren zwischen 15 und 24, weitere 23 Prozent nicht älter als 29 Jahre alt. Anfangs wurde das Lager, in dem die jungen Frauen saßen, von einigen eben jener jungen norwegischen Soldaten bewacht, die gerade aus Schottland, Schweden oder England zurückgekehrt waren. In einem offiziellen Beschwerdebrief führt der Chef der Sittlichkeitspolizei Klage darüber, daß das Lagerpersonal mehr Mühe habe, auf die Soldaten als auf die Frauen aufzupassen: »Die Soldaten gingen nur allzu leicht in die Netze, die die Frauen auslegten.«[30]

Einige dieser unschuldigen und leicht verführbaren jungen Männer mögen 1947 mit den ersten norwegischen Einheiten nach Deutschland gezogen sein – es ist wenig bekannt, daß norwegische Soldaten einige Jahre lang als Alliierte im Harz stationiert waren. Fast die Hälfte der 2700 Soldaten tapsten auch dort in ausgelegte Netze und ließen sich von raffinierten deutschen Frauen ins Bett locken. Im Vergleich zu ihren in Norwegen dienenden Kameraden erkrankten diese Angehörigen der »Deutschlandbrigade« siebenmal häufiger an Syphilis und dreizehnmal häufiger an Gonorrhoe.[31] Das war in der norwegischen Öffentlichkeit nur insofern ein Thema, als man sich darüber stritt, ob zur Ausrüstung der Soldaten Kondome und eine desinfizierende Creme gehören sollten. 440000 von 3,2 Millionen Norwegern protestierten mit ihrer Unterschrift dagegen – die »Deutschlandbrigadisten« erhielten sie dennoch.

Zurück zu 1945, zurück zu den ›Deutschenmädchen‹. Einige waren interniert, weil sie versucht hatten, mit ihren deutschen Geliebten in Verbindung zu kommen – denn als »der Frieden kam«, wie es im Norwegischen heißt, waren sie ja noch da. Sie – das waren einige Millionen Wehrmachtsangehörige in ganz Europa, etwa 100000 in Dänemark, 350000 bis 400000 in Norwegen. Da Kapitulation nicht gleichbedeutend war mit Entwaffnung, fürchtete die Bevölkerung dort, die Soldaten könnten trotz der Kapitulation einen letzten Kampf versuchen,[32] doch sie entwaffneten sich praktisch selbst und machten sich so unsichtbar, wie es knapp 400000 Mann nur irgend möglich war – sie tauchen weder auf den Fotos noch in den Erzählungen jener Tage auf, so daß man leicht aus dem Blick verlieren kann, daß der Rückzug fast ein halbes Jahr dauerte – erst im Oktober hatte die deutsche Wehrmacht Norwegen verlassen.[33]

Einige Soldaten heirateten noch rasch: Im Sommer 1945 war bei jeder siebten ›norwegischen‹ Ehe der Bräutigam Deutscher.[34] Generell aber waren alle Kontakte zu den Wehrmachtsangehörigen unter Strafe gestellt worden, Norwegern war der Zutritt zu und der Aufenthalt in jenen Lagern verboten, wo die Deutschen bis zum Rückzug lebten. Wehrmachtsangehörige, die auf den britischen Kanalinseln stationiert gewesen waren, wurden als Kriegsgefangene nach Großbritannien gebracht. Jede Korrespondenz zwischen diesen Gefangenenlagern und den Kanalinseln war verboten, daher wußten viele Frauen auf den Inseln nicht, wo ihr Freund war – das war im Grunde nichts Neues, denn das hatte ja den ganzen Krieg über geschehen können, sobald ein Soldat versetzt wurde. Seine Freundin hatte selten die Möglichkeit, mit ihm Kontakt aufzunehmen, bevor er ihr geschrieben hatte, und manchmal war ihm das nicht möglich, weil beispielsweise von bestimmten Frontabschnitten Feldpost nur nach Deutschland erlaubt war. Wenn sie also – sei es im Krieg, sei es danach – nichts mehr von ihm hörte, blieb sie häufig auf immer in Ungewißheit über das Schicksal ihres Geliebten: War er verwundet, vermißt, in Gefangenschaft geraten? War er gefallen? Oder hatte er sie doch nur benutzt, war sie seine »Beute« gewesen, hatte er sie verraten? Einige britisch-deutsche Liebespaare waren findig genug, nach Kriegsende auf dem Weg über die Schweiz Briefe zu wechseln, aber selbst sie verloren mit der Zeit den Kontakt zueinander, denn alle abgefangenen Briefe wurden von der Zensur sofort vernichtet. Dadurch wurden Paare auseinandergebracht, die das nicht wollten und vermutlich auch nicht wußten, daß die Briefe nicht ausblieben, weil sie nicht geschrieben worden waren, sondern weil der britische Staat es als sein Recht ansah, Briefe nicht nur zu zensieren, sondern seine erwachsenen Bürgerinnen auf eine Weise zu bevormunden, wie sich das sonst nur Väter pubertierender Mädchen anmaßen.

Die Situation war in Norwegen nicht ganz so kompliziert, weil die Lager, in denen die deutschen Wehrmachtssoldaten auf ihren Rückzug warteten, sozusagen »vor der Tür« lagen. Selbstredend versuchten einige Frauen allen Verboten zum Trotz, mit ihren Geliebten Verbindung aufzunehmen, indem sie Briefe oder gleich sich selbst in die Lager zu schmuggeln versuchten. Capa hat in Frankreich gefangene deutsche Offiziere fotografiert, die mit erhobenen Händen fortgeführt werden. Hinter ihnen geht eine einzelne Frau in Zivilkleidung. Capa erläutert: »Gefangene deutsche Offiziere werden zum Gefangenenlager transportiert, gefolgt von einer französischen Hure, die bei ihren Kunden zu bleiben wünscht.« Was Capa dazu bewegt hat, die Frau als »Hure« zu bezeichnen, ist ungewiß.

Aus Norwegen wie aus Dänemark existieren Fotos von Frauen in deutscher Wehrmachtsuniform, die bei dem Versuch verhaftet worden waren, mit den Deutschen außer Landes zu kommen – sei es, weil sie mit ›ihren‹ Männern zusammenbleiben wollten, sei es, weil sie die Rache ihrer Landsleute fürchteten.[35]

Keiner weiß, wievielen Frauen es auf diesem und ähnlichen Wegen gelang, illegal ihr Heimatland zu verlassen. Eine, die es geschafft hat, war Kari, vierundzwanzig Jahre alt, NS-Mitglied, Verlobte eines deutschen Offiziers und Sekretärin bei einer hohen deutschen Militärbehörde. Auf sie hätte im Mai 1945 der offene Haß ihrer Mitbürgerinnen und Mitbürger, eine sofortige Internierung, der Prozeß wegen Landesverrat, Kollaboration und Mitgliedschaft in der NS sowie eine vermutlich hohe Gefängnisstrafe gewartet. Dank ihrer guten Verbindungen zu den deutschen Besatzungsbehörden erhielt sie wenige Tage vor der Kapitulation einen deutschen Paß, der einer deutschen Krankenschwester gehört hatte. Die leitenden Rot-Kreuz-Schwestern wußten davon, sie ließen Kari als eine der ihren bei den Schwestern untertauchen. Mit dem deutschen Sanitätspersonal kam Kari nach Deutschland, in ein Land, über das sie viel wußte, in dem sie aber noch nie gewesen war. Doch da sie akzentfrei deutsch sprach, fiel sie weder während der Flucht noch danach als Ausländerin auf. Sie lebte einige Jahre unter diesem Namen in Deutschland und legten ihn erst ab, als sie heiraten wollte, und das auch nur, weil ihr zukünftiger Mann und die eingeweihten Freunde meinten, wenn sie unter falschem Namen heirate, werde die Ehe ungültig sein.

Ein ehemaliger norwegischer Widerstandskämpfer, dem ich diese Geschichte erzählte, bemerkte bitter, darin liege eine Willenskraft und eine Energie, die Kari und Frauen wie sie, hätten sie eine andere Wahl getroffen, durchaus auf der Seite des Widerstandes hätten einsetzen können.[36]

Dann wären sie vermutlich gefeiert worden, denn was sie wagten, war mutig, ja tollkühn – und außerdem äußerst romantisch: Die Zeitläufte zwingen die Liebenden auseinander, die verzweifelte Frau setzt in Männerkleidern ihrem Geliebten nach, weil ihre Liebe größer ist als Angst oder weibliche Sittsamkeit, sie kämpft um ihr Glück. Eine solche Frau mag auch auf der Theater- oder Opernbühne in einer Hosenrolle als Heldin glänzen, in der Realität – im Sommer 1945 in Dänemark und Norwegen – war sie das verhaßte ›Deutschenflittchen‹, eine norwegische Zeitung nennt sie eine schamlose, brunftige Hure, »die immer frecher wird, weil sie zu ihrem Fritz will«.

Gudrun, die während des Krieges bei ihren Schwiegereltern in Berlin gelebt hatte und Anfang 1945 von ihrem Vater nach Norwegen zurückbeordert worden war, entsprach in nichts diesem verzerrten Bild, aber auch sie wollte nach Deutschland. Sie war immer noch nicht mit ihrem Klaus verheiratet, und hätte daher nur illegal versuchen können, nach München zu kommen, wo er inzwischen war. Das aber verbot ihr Vater, so blieb sie in Norwegen, korrespondierte mit ihrem Verlobten und hoffte, daß sich die Zeiten bald bessern würden. Ende 1947 schrieb Klaus völlig überraschend, er werde in Kürze heiraten. Darüber, was das damals für sie bedeutete, spricht sie nicht. Aber bei unserem Gespräch wiederholte sie mehrfach, sie seien bis zu seinem Tod vor wenigen Jahren befreundet gewesen.

Als die Zauberin entdeckte, daß ein geheimer Geliebter an Rapunzels Haaren zu dem Mädchen hinaufgestiegen war und sie entjungfert und geschwängert hatte, schnitt sie ihr die Haare ab: »In ihrem Zorn packte sie die schönen Haare der Rapunzel, schlug sie ein paarmal um ihre linke Hand, griff eine Schere mit der rechten, und ritsch, ratsch waren sie abgeschnitten, und die schönen Flechten lagen auf der Erde.« Daraufhin verließ Rapunzel an ihrem eigenen, abgeschnittenen Zopf den Turm, und begab sich auf die Suche nach ihrem Geliebten – dem Vater ihrer Zwillinge.

Etwa 3000 bis 4000 Norwegerin machten sich ebenfalls auf die Suche nach ihrem Geliebten. Sie reisten nach Deutschland – viele schwanger oder mit einem Kind, eins jener mindestens 9000 Deutschenkinder, gegen die in Norwegen 1945 bereits fast ebenso gehetzt wurde wie gegen die Frauen. Sie reisten in ein zerbombtes, hungerndes, gedemütigtes und von Krankheiten heimgesuchtes Land, dessen nationale Zukunft gänzlich ungewiß war, das nach Ansicht ihrer Landsleute die Heimat des Bösen war. Dennoch mögen sie diese Reise gern angetreten haben, denn sie sollte für sie ja in eine bessere Zukunft führen: fort von den Feindseligkeiten ihrer Landsleute und dem Makel, der ihnen anhaftete, hin zu dem Mann, den sie liebten, nach dem sie sich sehnten.

Doch selbst wenn beide über das Wiedersehen zunächst froh waren, konnte einem Happy End noch einiges im Wege stehen:

Vielleicht stellten sie fest, daß sie einander fremd geworden waren oder einander nicht mehr liebten, die Schwiegereltern setzten der unerwünschten Fremden zu, einige Frauen ertrugen das entbehrungsreiche Leben nicht oder litten furchtbar unter Heimweh. Und für viele erfüllten sich die Hoffnungen, die sie mit ihrer Reise verbanden, aus anderen Gründen nicht: Manche fanden weder den Mann noch seine Familie – sei es, weil sie aufgrund des Krieges nicht mehr zu finden waren, sei es, weil er ihr bewußt eine falsche Adresse gegeben hatte. Manche fanden zwar seine Familie, erfuhren jedoch, daß er gefallen oder vermißt war und waren als ausländische Freundin des Abwesenden nicht willkommen, wollten vielleicht auch nicht allein unter Fremden bleiben. Manche Männer waren verheiratet, an eine andere gebunden oder wollten einfach nichts mehr von ihr wissen. Und einige hatten ihre Heirat vermutlich schon wieder bereut und die Scheidung eingereicht.[37]

Im Nachkriegsdeutschland muß es tausende und abertausende von Europäerinnen gegeben haben, die aus solchen Gründen nach Deutschland gekommen und dort gestrandet waren: Enttäuscht und verzweifelt in einem fremden Land, dessen Sprache sie möglicherweise kaum beherrschten, ohne Existenzgrundlage, weil sie als Ausländerinnen keine Arbeitsgenehmigung erhielten, mit unterernährten oder kranken Kindern. Sie kamen in Flüchtlingslagern unter oder mußten im Freien leben.

In Berlin baten die Norwegerinnen bei der norwegischen Militärmission um Hilfe für sich und ihre Kinder, doch die Mission konnte wenig tun, denn die Frauen durften nicht zurück. 1947 erschien in einer norwegischen Zeitschrift ein Artikel, der »das Schicksal der Deutschenmädchen« in Berlin schildert und mit tiefem Mitgefühl um der leidenden Kinder willen um Nachsicht mit ihren Müttern bat. Eine solche öffentliche Bitte verlangte damals einiges an Mut, denn die Worte ›Deutschenflittchen‹ und ›Deutschenkind‹ gehörten bis in die fünfziger Jahre hinein zu den schlimmsten Schimpfwörtern der norwegischen Sprache. Autorin war die norwegischen Journalistin

Bergaust, die im Widerstand gekämpft hatte und 1942 vor den Deutschen über die grüne Grenze nach Schweden hatte fliehen müssen. Nach dem Krieg arbeitete sie an der norwegischen Militärmission in Berlin und heiratete einen Deutschen, den sie in der gemeinsamen Widerstandsarbeit kennengelernt hatte. Über diese Heirat schreibt sie: »So wurde ich – trotz der Warnungen von Freunden und norwegischer Beschwörungen und schwedischer Bekreuzigungen und dänischer Bitten – eine deutsche Hausfrau.« Wie alle anderen frischgebackenen deutschen Hausfrauen, mußte auch diese bei der Eheschließung den Namen ihres Mannes annehmen, und hieß fortan nicht mehr Rut Bergaust, sondern Rut Brandt.[38]

Wie alle Europäerinnen damals, verlor sie durch die Ehe mit einem Ausländer auch ihre Staatsbürgerschaft, eine, wie Warring es nennt, ›geschlechterdiskriminierende Praxis‹, die für alle ›Kriegsbräute‹ galt, die durch ihre Ehe Deutsche geworden waren. Der rechtliche Status der dänischen Ehefrauen war nach 1945 unklar, den »Nicht-mehr-Norwegerinnen« wurde die Rückkehr nach Norwegen verboten. Im August 1945 sagte der stellvertretende Leiter der Polizei: »Einreisevisa erhalten bis auf weiteres nur Witwen, Geschiedene sowie Frauen, die vor dem Krieg geheiratet haben. Jene, die während des Krieges geheiratet haben, wollen wir nicht nach Norwegen zurückbekommen, selbst wenn sie kinderlos und verwitwet sind.«[39] Im Dezember 1946 (!) bestätigte die norwegische Regierung, daß Norwegerinnen, die mit einem Deutschen verheiratet waren, ihre norwegische Staatsangehörigkeit auch dann verloren, wenn sie weiterhin in Norwegen wohnen.[40] In einem 1990 erschienenen Artikel über die Internierungspraktiken in Oslo bei Kriegsende steht über die Gründe, eine Frau nicht zu internieren: »Konnte bewiesen werden, daß die Frau mit einem Deutschen verheiratet war, wurde sie nach Deutschland geschickt.« Die Art der Formulierung ist so gewählt, daß daraus weder hervorgeht, ob die Beweislast für die Ehe bei den Frauen oder den Behörden, noch, ob das »Verschicken« nach Deutschland auf Wunsch oder – schlimmstenfalls – sogar gegen den Widerstand der

Frauen geschah, was ein anderer Satz zu implizieren scheint: »Die, die mit Deutschen verlobt oder verheiratet waren, wurden nach Deutschland geschickt oder reisten freiwillig dorthin.«[41]

Eines ist sicher: Man wollte sie nicht, keine von ihnen. *Alle* Frauen, nicht nur die Verheirateten, nicht nur die Prostituierten und Geschlechtskranken, sollten nach Deutschland verschwinden, »wohin sie gehören«, taten sie das nicht, mußte man auf andere Weise mit ihnen fertig werden. Bedauerlicherweise aber waren sie nun, da sie keinen deutschen Soldaten mehr an ihrer Seite hatten, nicht als der Abschaum zu erkennen, der sie nach Ansicht so vieler waren, mehr noch: Sie sahen wieder aus wie jede andere Norwegerin auch. Darum forderte im August 1945 in einer westnorwegischen Lokalzeitung ein Leser in einem Brief an seine Zeitung, »daß Deutschenmädchen, wenn sie schon frei herumlaufen dürfen, unbedingt gekennzeichnet werden müssen: Sie müssen sich ein T (Tyskergjente [Deutschenmädchen]) oder ein P (Prostituierte) an das Kleid oder den Mantel heften. Das Zeichen sollen sie tragen, damit Schuldlose sich vor ihnen in Acht nehmen können«. Der Redakteur fand diesen Gedanken *per se* offenbar weder alarmierend noch absurd oder gar faschistisch, sondern kommentiert ihn mit den Worten: »Der Vorschlag, Deutschenmädchen zu kennzeichnen, *hört sich gut an*, hat aber doch zwei Seiten.«[42]

Ein weiteres Problem ergab sich daraus, daß nach dem Krieg in vielen weiblichen Berufen akuter Arbeitskräftemangel herrschte, man auf die »Flittchen« also im Grunde nicht verzichten konnte, auch wenn man sie sehr gern aus dem Erwerbsleben ausgeschlossen hätte. Die offizielle Gewerkschaftsposition dazu lautete, man solle sie anstellen, wo und falls sie gebraucht würden und solange sie keiner »guten« Norwegerin den Arbeitsplatz wegnehme, und die Kollegen sollten aufgefordert werden, diese Frauen am Arbeitsplatz zu bessern. Wer allerdings, so dieser Aufruf weiter, zu dieser Gruppe gehöre und als Arbeitskraft nicht gebraucht werde, gegen die müsse natürlich eine Eisfront gebildet werden, damit auch sie ihre Strafe bekämen.[43]

75 % der Dänen waren im Frühsommer 1945 der Meinung, die Frauen müßten irgendwie bestraft werden. Mein Eindruck ist, daß diese Zahl durchaus für alle besetzten Länder repräsentativ sein könnte. Doch auch hierin konnte ›Volkes Stimme‹ sehr unterschiedlich klingen – es gab Unterschiede zwischen Stadt und Land, wie auch zwischen Gegenden mit vielen und solchen mit wenigen Besatzern. Manche Männer, die jahrelang im Ausland gewesen waren, ob im Widerstand oder im Exil, ahnten nicht, wie kompliziert an vielen Orten das Verhältnis zwischen den Deutschen und der Zivilbevölkerung gewesen war, und sie nahmen sich nicht die Zeit, es zu begreifen. Vielleicht verstanden sie gar nicht, daß es etwas zu begreifen gab – jedenfalls kam es zu brutalen Übergriffen gegen Frauen, die ihnen als Deutschenflittchen ausgedeutet wurden, ohne daß sie die Hintergründe kannten oder wenigstens die Anschuldigungen überprüft hätten.

Daß es oft nicht um Gerechtigkeit, sondern um Rache ging, beweisen ausgerechnet die norwegischen Landesverrats-Prozesse, vor allem die gegen Frauen. Angeklagte Frauen wurden von der Presse grundsätzlich, gleichgültig, wessen sie beschuldigt wurden, als »tøs« bezeichnet – also als Flittchen.

Sunnmørsposten, die Lokalzeitung des westnorwegischen Ålesund, berichtete ab Herbst 1945 detailliert über alle Prozesse. Ich greife als Beispiel die Verhandlung gegen Petra H. heraus, jener jungen Frau, von der im ersten Kapitel die Rede war, deretwegen eine gleichaltrige Friseuse zur Gestapo zitiert worden war. Der Prozeß begann Mitte September 1945. Es war der zweite Landesverratsprozeß am Ort, er eröffnete vor überfülltem Zuschauerraum.

Petra H. war seit 1942 Hausgehilfin, arbeitete bis März 1945 als Serviermädchen im Soldatenheim in Ålesund, danach war sie drei Wochen lang, bis zur Kapitulation, mit ihrem deutschen Freund in dem nahen Städtchen Dovre gewesen. Wie alle, die in den folgenden Monaten wegen Landesverrats vor Gericht gestellt wurden, war sie bereits seit Mitte Mai 1945 interniert.

Als sie die Frage, ob sie sich der Mitgliedschaft in der Nasjonal Samling (der norwegischen Nazipartei) schuldig bekennt, nicht verstand, sah der Reporter der *Sunnmørsposten* darin den Beweis ihrer Zurückgebliebenheit. Dieser erste, kurze Artikel schlägt nicht nur den Ton für die Verhandlung gegen Petra H., sondern für die gesamte weitere Berichterstattung über die Landesverrats-Prozesse an.

Am folgenden Tag erschien ein mehrspaltiger Bericht über den weiteren Prozeß[44]: Als Petra H. sich erneut gegen Ingrid R.s Behauptung verwahrte, sie habe Kopfläuse gehabt, konterte der Richter: »Sie können doch froh sein, daß sie die Läuse gefunden hat. Ich kann mir nicht vorstellen, daß es so angenehm war, Läuse zu haben.« Petra H. war empört – sie habe keine Läuse gehabt. Und der Richter antwortete: »Nun, von den Deutschen, mit denen Sie sich rumtrieben, konnte man ja so einiges bekommen. Die brachten doch Kakerlaken und noch ganz andere Schweinereien mit.« Petra H. sagte, sie habe es sich nicht bieten lassen wollen, daß Ingrid R. sie als Deutschenhure und Deutschenschwein bezeichnete, das habe sie in ihrer Ehre gekränkt. Übrigens sei sie in diesem Salon sehr gut bedient worden, solange sie über ihre Kontakte zu den Deutschen der Besitzerin Kaffee und Zigaretten besorgt habe.

Der Staatsanwalt verwarf ihre Erklärung, sie sei der Partei nur beigetreten, um ihre Arbeit bei den Deutschen nicht zu verlieren, »eine solche Mitgliedschaft muß mit Gefängnis bestraft werden«, und fuhr fort: »Die Angeklagte sagt, Fräulein R. sei ihr mit Verachtung entgegengetreten. Kann man etwas anderes erwarten? Wenn jemand mit Deutschen umherzog, für die Deutschen arbeitete, dann war es nicht nur das Recht, es war die Pflicht eines jeden guten Norwegers, auf sie herabzusehen, auf alle, die so tief gesunken waren. Das war ein Glied in der Arbeit der Heimatfront. Frl. R. war eine gute Norwegerin, Menschen wie ihr trachtete die Gestapo nach dem Leben, sie wollten sie niederschlagen, um den gesamten norwegischen Widerstand zu ersticken. Das alles geschah 1944, als der Krieg bereits weit fortgeschritten war. Daher wußte auch die Angeklagte, was die Gestapo war und was Frl. R. erwartete, wenn sie diesen Handlangern des Teufels gemeldet würde. Es war nur ein glücklicher Zufall, daß Frl. R. nicht zwei Jahre Gefängnis bekam. Denunziation ist im Krieg das niederträchtigste aller Verbrechen. Es muß streng bestraft werden, doch mit Rücksicht auf die Jugend der Angeklagten beantrage ich lediglich zwei Jahre Zwangsarbeit sowie den Verlust der bürgerlichen Ehrenrechte auf zehn Jahre.«

Am Ende des Artikels wird das Plädoyer des Verteidigers sehr knapp zusammengefaßt, nicht in der lebhaften direkten Rede des Staatsanwaltes, sondern in flacher indirekter Rede. Er machte im wesentlichen geltend, daß es fraglich sei, ob sie mit ihrer Unterschrift unter den Bericht ihres Vorgesetzten an die deutsche Polizei dem Feind zugearbeitet habe, und daß sie sich des Tatbestands der Denunziation nicht bewußt gewesen sei. Auch er verwies auf ihre Jugend. Petra H. wird der Mitgliedschaft in der NS, der Denunziation sowie der versuchten Freiheitsberaubung für schuldig befunden. Das Urteil lautet auf anderthalb Jahren Zwangsarbeit und Verlust der bürgerlichen Ehrenrechte auf zehn Jahre.[45] Luc Capdevila erwähnt in einem Aufsatz, der sich der Behandlung der »femmes des boches« in einem französischen Département im Mai 1945 widmet, bei Anklagen wegen Denunziation seien gegen weibliche Angeklagte ausnahmslos höhere Strafen verhängt worden als gegen männliche (die Todesstrafe ausgenommen).[46]

Es ist schwierig, bei der Lektüre solcher Prozeßberichte gelassen zu bleiben. Sie geben nur ›Höhepunkte‹ wider, Äußerungen, die die Angeklagte verunglimpfen und lächerlich machen, wozu gehört, ihre (und nur ihre) Äußerungen im Dialekt wiederzugeben, was sie geradezu primitiv erscheinen läßt. Diese Unbedarftheit wird jedoch niemals zu ihren Gunsten gedeutet, es heißt nie, sie habe aufgrund mangelnder Intelligenz die Reichweite ihres Tuns nicht abschätzen können – denn Petra H.s Verhalten hätte ja für Ingrid R. wirklich furchtbare Folgen haben können. Dieser Fall führt beispielhaft vor, wie geradezu absurd der Anlaß sein konnte, damit aus dem charmanten Caféhausgast und dem belesenen, gern gesehenen Buchhandlungskunden jener Vertreter der Besatzungsmacht wurde, als der die Deutschen zu Recht in ganz Europa gefürchtet waren. So nichtig die Zänkerei gewesen sein mag – in der konkreten historischen Situation war Ingrid R. äußerst schlecht beraten, sich mit Petra H. anzulegen, und als diese sich bei ihrem deutschen Vorgesetzten über die Friseuse beschwerte, war das dumm, boshaft, gehässig, rachsüchtig – es war auf jeden Fall äußerst unbedacht. Ob es Denunziation oder gar Landesverrat war, kann und will ich nicht entscheiden.

Doch ob schuldig oder nicht – Petra H. hatte keine Chance. Keiner ihrer Einwände wird berücksichtigt, nicht einmal der, die Besitzerin des Salons habe über längere Zeit von Petra H.s Beziehungen zu Deutschen profitiert. Der Richter gab sich über seine Gehässigkeiten stolz als befangen zu erkennen, es gab keine Unschuldsvermutung, ein Freispruch war ausgeschlossen. Vom Staatsanwalt gab es gratis, wenn auch etwas verspätet, eine Lektion in patriotischem Verhalten, und Friseurlehrling Ingrid R., deren Beitrag zum Widerstand darin bestand, eine Gleichaltrige angegiftet zu haben, wurde zum Sinnbild aller Norweger, denen die Gestapo nach dem Leben trachtete.

Das ist so weit über das Ziel hinausgeschossen, daß man es ruhigen Gewissens als Propaganda bezeichnen kann. Der politische Gegner wird vorgeführt, der Sündenbock ist ausgedeutet. Es drängt sich der Begriff »Siegerjustiz« auf – die neuen Herren sitzen über die Täter von gestern zu Gericht. Das kann nun allerdings nicht anders sein: Die Täter können nicht über sich selbst urteilen, nur die Sieger können die Verlierer zur Verantwortung ziehen. Das gilt für alle Nachkriegsprozesse – von den Nürnberger Prozessen bis hin zu jener bitteren Provinzposse des Verfahrens gegen Petra H. Die entscheidende Frage bei solchen Prozessen ist nicht, ob der Sieger den Besiegten beurteilt, sondern ob der Sieger den Besiegten *fair* beurteilt. Das muß für die norwegischen Prozesse gegen Landesverräter verneint werden, ebenso übrigens wie für die gesamte damalige

Prozeßberichterstattung, da die Presse selbstverständlich und aus guten Gründen in den Händen jener Leute lag, die nicht mit den Deutschen zusammengearbeitet hatten.[47] Prozeßführung wie Berichterstattung zielten nicht nur auf die Erheiterung der Zuschauer, bzw. der Leser, sie zielten ganz generell auf das selbstgefällige, selbstgerechte Lachen des Starken, der dem Schwachen beim Straucheln zusieht.

Siegerjustiz im verfemten Sinne des Wortes fand auch in den wenigen Prozessen gegen Männer statt, die ›Deutschenmädchen‹ tätlich angegriffen hatten. Nach den Berichten zu urteilen, glichen sie aufs Haar den klassischen Vergewaltigungsprozessen, in deren Mittelpunkt nicht die Gewalttat, sondern das Sexualleben der Frau steht. War die Frau nach Auffassung des Gerichts tatsächlich eine ›Deutschenhure‹, wurde der Angeklagte, ob er der Tat überführt war oder nicht, mit Sicherheit freigesprochen. Dabei gab es in allen ehemals besetzten Ländern durchaus Stimmen, die die Behandlung der ›Deutschenmädchen‹ als mittelalterlich und als eines modernen Rechtsstaates für unwürdig anprangerten. Anette Warring beschreibt die Situation in Dänemark: »Wer die Scheraktionen verurteilte, gehörte oft zu jenen, die im Laufe des Sommers 1945 die Widerstandsbewegung diskreditieren und als überhaupt illegal hinstellen wollten. Die meisten aber fanden, daß es zutiefst ungerecht sei, wenn die, die für Dänemark ihr Leben eingesetzt hatten und dann im heißen Sommer 1945 ein wenig zu weit gegangen waren, bestraft werden sollten, während die, die den Besatzern das Leben versüßt haben, ungestraft davonkamen.[48]

Ungestraft davon kamen auch die ›Deutschenarbeiter‹ – es sei denn, sie waren zugleich NS-Mitglied. Von vier ›Deutschenarbeitern‹, die auf denselben Baustellen die gleiche Arbeit verrichteten, war einer NS-Mitglied. Er wurde, wie alle NS-Mitglieder, vor Gericht gestellt und verurteilt, doch das Gericht wertete seine Arbeit für die Deutschen als strafverschärfend, dafür bekam er zusätzlich ein halbes Jahr Zwangsarbeit. Seine drei Kollegen wurden nicht angeklagt, geschweige denn verurteilt. Und straffrei blieben auch die Besitzer jener 980 norwegischen Firmen, die der Deutschen Handelskammer in Oslo angehörten. Die Kammer war 1940 gegründet worden und hatte stark dazu beigetragen, die Zusammenarbeit zwischen norwegischen Unternehmen und der deutschen Besatzungsmacht zu legalisieren und legitimieren.[49]

Die Urteile gegen Kriegsgewinnler, soweit sie überhaupt vor Gericht gestellt wurden, fielen in Norwegen auch deswegen so milde aus, weil sie als letzte vor Gericht gestellt wurden – da waren die Sensationslust und Rachsucht der ersten Friedenstage schon befriedigt, man war wieder zum Alltag übergegangen. So konnte es geschehen, daß ein junges Mädchen, das bei Kriegsausbruch 13 Jahre alt gewesen war und als Kellnerin für deutsche Soldaten gearbeitet hatte, zu einer sechzigtägigen Gefängnisstrafe wegen Kollaboration verurteilt wurde, und daß der größte Bauunternehmer der Region, der in den Kriegsjahren einen Umsatz von 30 Millionen Kronen erzielt hatte, die gleiche Strafe erhielt.[50] Petra H. bekam, Sie erinnern sich, anderthalb Jahre Zwangsarbeit.

Dreißig Landesverräter wurden in Norwegen zum Tode verurteilt, die letzten fünf Verurteilten wurden im August 1948 zu lebenslanger Haft begnadigt, weil es zu schwierig geworden war, ein freiwilliges Exekutionskommando für sie zusammenzustellen.[51]

Ein letztes Mal in diesem Kapitel schreiben wir Sommer 1945. Gudrun ist in Norwegen bei ihren Eltern und sendet Briefe an ihren Verlobten, Kari steckt in der Tracht einer deutschen Krankenschwester und befindet sich auf dem Weg nach Deutschland. Petra H. ist interniert und wartet auf ihren Prozeß. Und Lucie, die wagemutige Französin?

Sie und Hans kommen noch vor Kriegsende zusammen nach Stuttgart – sie übrigens mit falschen Papieren, die einer seiner Vorgesetzten für sie ausgestellt hat. Hans hat es zwar geschafft, ganz legal eine kleine, voll eingerichtete Wohnung zu organisieren, aber sie sind immer noch nicht verheiratet. Darum geht er, als die Franzosen nach Stuttgart kommen, sofort zur Militärbehörde, dringt bis zu dem Offizier vor, dem das Standesamt untersteht, und ersucht um eine Heiratserlaubnis. Als dieser die Bitte abschlägt, sagt Hans empört und in fließendem Französisch: »Seit vier Jahren versuche ich, eine Frau Ihres Landes zu heiraten, Hitler hat es nicht erlaubt.« Mit dem mag der Franzose sich nun nicht gemein machen, daher unterschreibt er die Erlaubnis doch, und weil Hans darauf drängt, schreibt er auch noch ›tout de suite‹ auf das Formular. Als Hans das Blatt wenige Minuten später dem deutschen Standesbeamten vorlegt, pocht dieser auf Aufgebotsfristen, bemängelt fehlende Urkunden – Berge von Hindernissen, die Hans mit dem Hinweis auf das ›tout de suite‹ sowie mit der Frage aus dem Weg räumt, ob der Beamte sich etwa den Anordnungen der französischen Militärregierung widersetzen wolle. Das wollte er keinesfalls. Er erklärt sich sogar bereit, Trauzeugen zu organisieren, besteht aber darauf, daß wenigstens die Braut bei der Trauung anwesend sein müsse. Dieser Meinung ist auch Hans. Er rennt nach Hause und kehrt umgehend mit einer völlig überrumpelten Lucie zum Standesamt zurück. Aus Angst, daß sein Coup in letzter Minute mißlingen könnte, hatte er ihr nicht einmal Zeit gelassen, sich umzuziehen.

Es gibt kein Hochzeitsbild – leider, denn nach den Jahren des Wartens auf diesen Augenblick heiratete Lucie in den Kleidern, in denen sie gerade einen gründlichen Wohnungsputz in Angriff genommen hatte.

Gezeichnet mit dem Brandmal des Feindes

Die Kinder

Lotte Tarp ist ein dänisches ›Deutschenkind‹. Wenn sie ihre Lebensgeschichte erzählt, ist das zwangsläufig auch die ihrer Mutter Åse, die nichts unversucht ließ, um der Schande eines unehelichen ›Deutschenkindes‹ zu entgehen. Als Åse von einem deutschen Soldaten schwanger wurde, zog sie bis zur Geburt auf einen Bauernhof in Jütland, ein »diskreter Ort«, der mehreren jungen Frauen in der gleichen Situation Unterschlupf bot. Nachdem sie im Februar 1945 ein Mädchen – Lotte – zur Welt gebracht hatte, brachte sie sie in ein Kinderheim in Århus und reiste allein nach Kopenhagen, wo niemand sie kannte und wo man sie nicht als ›Deutschenhure‹ verfolgen und schikanieren würde. Angeblich sollte das Kind Lotte nur so lange im Kinderheim bleiben, bis Adoptiveltern gefunden waren. Lotte Tarp aber beurteilt das heute anders, denn im Alter von einem Monat war sie »stark unterernährt und sah aus wie eine alte, runzlige Frau. Es war mit mir seit der Geburt sehr schnell bergab gegangen. Sie hatte mich nicht angerührt. So macht man das offenbar, wenn das Kinderheim zum offiziellen ›Engelmacher‹ werden sollte«.[1]

Sie starb nur darum nicht, weil ein Verwandter Åses Entscheidung mißachtete und den vier Wochen alten Säugling aus dem Heim holte. Lotte wuchs bei ihren Großeltern auf, die viele Jahre vorgaben, ihre Eltern zu sein. Es dauerte lange, bis sie erfuhr, daß ihre bewunderte »große Schwester« Åse in Wirklichkeit ihre Mutter ist. Lotte wurde von Åses Ehemann adoptiert, dessen Namen sie noch heute trägt. Als sie Åse fragte, wer ihr richtiger Vater sei, antwortete diese, er sei ein dänischer Widerstandskämpfer gewesen, die Deutschen hätten ihn in einem Konzentrationslager umgebracht, eine Version, an der Åse nach außen (und ›nach außen‹ war auch ihr Ehemann) bis zu ihrem Tod festhielt. Doch Lotte hatte genügend versteckte Hinweise aufgefangen, um zu wissen, daß das nicht wahr war. Sie war schon dreißig Jahre alt, als sie endlich wagte, das ihrer Mutter zu sagen. Die schwieg zunächst. Erst als Lotte sie verzweifelt anschrie, sie müsse endlich die Wahrheit wissen, brach Åse ihr Schweigen: Lottes Vater war ein deutscher Soldat. Er war zweiundzwanzig Jahre alt, als Åse und er sich rettungslos ineinander verliebten. Åses Eltern kannten und mochten ihn, sie wußten von der Beziehung. Ein Jahr lang waren sie zusammen, dann wurde er an die Front geschickt und sie bemerkte, daß sie schwanger war: »Ich hatte nie bezweifelt, daß ich nach dem Krieg mit Wolfgang zusammenleben würde, aber ich versuchte dennoch mit allen Mitteln, dich loszuwerden. Ich war so unglücklich. Die Zeiten waren grausam, ich würde auf immer als Deutschenflittchen abgestempelt sein.« Ende 1944, im siebten Monat schwanger, reiste sie durch das zerbombte Deutschland nach Eberswalde, Wolfgangs Heimatort. Er ist auf Urlaub zu Hause, doch sie sehen sich nur kurz, dann weisen seine Eltern ihr die Tür. Sie sah Wolfgang nie wieder, er ist in Polen vermißt.

1984 reiste Lotte nach Eberswalde – da sie wußte, daß ihr Vater tot war, war es eine Suche nach seiner Geschichte, nach seiner –und somit auch ihrer – Familie. Doch bei den dortigen Behörden stieß sie auf taube Ohren, niemand wollte ihr weiterhelfen. Ähnliches erlebte auch die Niederländerin Guus aus Nelleke Noordervliets autobiographischem Roman, als sie sich auf der Suche nach ihrem Vater in Weimar an Behörden wandte. Man beschied ihr, sie werde keinerlei Auskünfte erhalten, da man das Privatleben der DDR-Bürger schützen müsse: »Glauben Sie, daß Sie die erste sind, die mit einem Foto und einer Adresse zu uns kommt und Auskunft haben möchte? Glauben Sie, daß die Väter auf die Kinder warten, von deren Existenz sie nichts ahnen, nichts vermuten und erst recht nichts wissen wollen? Nach vierzig, fünfzig Jahren! Glauben Sie, daß wir uns dazu berufen fühlen, alte Männer mit einer Vergangenheit zu konfrontieren, die wir bewältigt haben?«[2] Trotz der vielen Hindernisse, die die eigene – mütterliche – Familie ebenso wie alle in Frage kommenden Bürokratien ihnen in den Weg zu stellten, fanden schließlich beide – Lotte Tarp und Nelleke Noordervliet – Verwandte ihrer toten Väter.

Die Dänin und die Holländerin waren in ihren Ländern die ersten ›Deutschenkinder‹, die mit ihrer Geschichte an die Öffentlichkeit gingen. In Norwegen hatte eine Frau namens Turid das schon zehn Jahre zuvor gewagt.[3] Für alle war das ein äußerst mutiger Schritt, denn sie waren wie viele, vielleicht sogar die meisten europäischen ›Deutschenkinder‹ in einer Atmosphäre des Schweigens, des Verheimlichens, des Ausgrenzens und der Schande aufgewachsen. Sie waren verhaßt, weil sie allein durch ihre Existenz an eine Zeit erinnern, die alle vergessen wollen, an den verhaßten Gegner, die leidvollen Kriegsjahre.[4] Als greifbares und materielles Resultat dieser verfemten Beziehungen bezeugen sie zum einen die Schande der Mutter, zum anderen aber die Schande der Nation, die gedemütigt und entehrt worden war.

Sie wurden ausgegrenzt, sie sollten nicht Teil der Nation sein, und das zeigte sich an vermeintlichen Kleinigkeiten wie der, daß in den Nachkriegsmonaten norwegische Zeitungen in Artikeln über ›unsere Deutschenkinder‹ das Wort ›unser‹ stets in Anführungszeichen setzten. Die starke Verachtung traf nicht nur die Kinder der in ganz Europa verfemten Deutschen, sie gilt Besatzungskindern generell. Auch in Island hieß es, Kinder mit isländischer Mutter und amerikanischem oder britischen Vater hätten gemischtes Blut, und wer keinen isländischen Vater habe, sei sowieso un-isländisch. Wenn man dem nicht entgegenwirke, werde es die isländische Nation bald nicht mehr geben. Solche offen rassistischen Argumente, die um die »Reinhaltung« und »Verbesserung« der Nachkommenschaft kreisten, waren in Übereinstimmung mit einer Haltung, die beim europäischen Bürgertum im Verlauf des 19. Jahrhunderts entstand. Michel Foucault konstatiert: »Bei Heiraten achtete man nicht nur auf ökonomische Imperative und die Regeln der sozialen Homogenität, nicht nur auf die Aussichten auf die Erbschaft, sondern auf die Gefahren der Vererbung.«[5] Das führte zu einem »dynamischen Rassismus, einem Rassismus der Expansion« – der sich, selbst in einem als liberal geltenden Land wie Norwegen, auch als ›Rassismus der Expulsion‹ äußern konnte – der illegitime, verhaßte Nachwuchs mußte fort, die durch den Feind verunreinigte Mutter am besten gleich mit. Hatten die Deutschen in Norwegen die Kinder der Soldaten auch in der Absicht erfaßt, diese zu einem späteren Zeitpunkt in großem Stil nach Deutschland zu verschicken, mit oder ohne ihre Mütter, zur Not auch ohne oder gegen deren Willen,[6] so liebäugelte die norwegische Regierung ab Mai 1945 pikanterweise ebenfalls mit diesem Gedanken – allerdings nicht, wie ein Arzt und SS-Offizier bereits im Mai 1940 frohlockte, um durch die massenhafte Umsiedlung norwegischer Frauen und Kinder »die rassisch zurückgebliebenen süddeutschen Regionen aufzunorden«.[7]

Im Gegenteil: Waren die Norwegerinnen im gebärfähigen Alter generell und die ›Deutschenkinder‹ im besonderen für die Deutschen »wertvoll« gewesen, empfand ein Großteil der norwegischen Bevölkerung die etwa neuntausend Kinder der Wehrmachtsangehörigen offenbar als gravierendes Problem – daß viele Kinder schon bald nach Kriegsende mit ihren Eltern in Deutschland lebten, wurde nie erwähnt. ›Deutschenbalg‹ war in Norwegen (wie in allen ehemals besetzten Ländern) noch lange nach Kriegsende ein böses Schimpfwort, man äußerte Befürchtungen, daß die Kinder sich als Erwachsene mehr deutsch als norwegisch fühlen und zu einer »fünfte Kolonne« der Deutschen heranwachsen könnten. Das Kriminelle und Asoziale liege ihnen im Blut, sie galten als gefährlicher Cocktail aus allen schlechten Eigenschaften der deutschen Nazis und einer unmoralischen, unpatriotischen Mutter, die obendrein möglicherweise nahezu debil war. Einige besonnene Stimmen meinten besorgt, die Norweger hätten sich offenbar in den fünf langen Besatzungsjahren von der Rassenideologie der Nazis anstecken lassen, doch diese Warnungen bewirkten wenig. Die Regierung setzte eine Kriegskinder-Kommission ein, die Vorschläge zur Lösung des »Problems« erarbeiten sollte. Grundlage aller Überlegung war die Behauptung eines Psychiaters, etwa die Hälfte der Mütter sei erbbiologisch minderwertig, folglich seien ihre Kinder Träger defekter Erbanlagen. Die Angelegenheit sei also nicht zu vernachlässigen, nicht zuletzt, »weil unsere Irrenanstalten bereits jetzt außerstande sind, mehr als einen Bruchteil *unserer eigenen* Geistesschwachen zu versorgen«[8]. Davon ausgehend unterbreitete die Kommission – zum Wohle der Kinder, wie sie betonte – Vorschläge wie den, sie in neutrale Länder wie Schweden zu schicken und dort zur Adoption zu geben. Vorher aber »muß man sie vermutlich alle und ohne Ausnahme mit Zwang von ihren Mütter fortholen, sie zunächst in größere oder kleiner Sammellager bringen, ihnen neue Herkunftspapiere geben, Ort und Tag der Geburt fingieren, einschließlich eines neuen Namens.«[9]

Der neue Name sollte die Kinder nicht – wie die nationalsozialistischen Kollektiv-Vornamen Israel und Sarah, bzw. Friedrich und Luise (von denen noch die Rede sein wird) – als Fremde brandmarken, sondern im Gegenteil von dem allzu offensichtlichen Makel ihrer Herkunft befreien; man wollte alle deutschen Vornamen in norwegische ändern. Am weitaus populärsten aber war und blieb die Idee, Mütter und Kinder samt und sonders nach Deutschland zu deportieren – man wollte also nicht nur die Frauen, sondern auch tausende von Kindern, alle norwegische Staatsbürger und alle unter fünf Jahren, in ein fremdes Land schicken, von dem man wußte, daß es hungerte, von Krankheiten heimgesucht war, in Trümmern lag.[10] Ob das völkerrechtlich überhaupt möglich gewesen wäre, ist äußerst zweifelhaft, doch bevor das geklärt wurde, lenkte die Kommission ein, man müsse die Kinder mit ihren Mütter in Norwegen dulden.

Dann aber geschah etwas völlig Überraschendes, und wäre es für die betroffenen Kinder nicht so schicksalsschwer gewesen, man könnte es als Ironie des Schicksals, ja als Farce belächeln: Statt die lästigen Kriegskinder nach Deutschland loszuwerden, mußte Norwegen Kinder norwegischer Mütter von dort zurückholen. Diese Kinder waren in Norwegen geboren, dort zu Adoption gegeben und in Kinderheime nach Deutschland gebracht worden. Manche lebten 1947 noch in Kinderheimen, andere hatten Adoptiv- oder Pflegeeltern gefunden.[11] Es muß den verbitterten Norwegern wie ein Hohn vorgekommen sein, daß dies nach Ansicht der Alliierten nicht deutsche, sondern »allied children« waren – genauer: norwegische Staatsbürger. Das war schlüssig, denn zum einen erhalten unehelich geborene Kinder die Nationalität der Mutter, zum zweiten gehören dem ›Besitzer‹ der Frau auch deren Kinder: Ist sie unverheiratet, sind es die Kinder der Familie ihres Vaters und ihrer Nation, ist sie verheiratet, sind es die Kinder der Familie ihres Ehemannes und dessen Nation. Und so mußte im Jahre 1947 ein äußerst widerstrebendes Parlament für deren Heimholung und Versorgung 80000 norwegische Kronen bewilligen.[12]

Damit waren die Norweger (zum letzten Mal) in die Rassenideologie der Nazis verstrickt worden, denn die Alliierten hatten die Kinder mittels der minutiös geführten Archive der in Norwegen tätigen *Abteilung Lebensborn* aufspüren können, einem Ableger des *Lebensborn e. V.* Diese mythenumrankte Nazi-Organisation unterhielt keineswegs, wie die Fama es will, Elite-Bordelle, in denen, Vollbluthengst und Zuchtstute vergleichbar, ausgewählte Männer mit reinen Frauen zusammengeführt wurden, um wertvollen Nachwuchs zu zeugen. Dieser krude Unsinn konnte sich wohl deswegen bis heute in den Köpfen halten, weil er so viele platte Männerphantasien in sich vereint: Der Zutritt zu einem exklusiven Bordell, der Beischlaf mit der leibhaftigen Verschmelzung von reiner Mutter und verfügbarer Hure, das Zeugen eines Kindes ohne daraus folgende Verpflichtungen – und das alles aus dem edlen Motiv der aufopfernder, patriotischer Pflichterfüllung. Die Wahrheit ist äußerst profan: Der *Lebensborn e.V.* war organisatorisch in die SS eingegliedert, alle hauptamtlichen SS-Führer waren Pflichtmitglieder des eingetragenen Vereins. Er war ein rassenpolitisches Instrument des Dritten Reiches, dem es um die Betreuung und Mehrung »rassisch und erbgesund wertvoller Kinder« ging, dem, was Heinrich Himmler selbst »Menschenzüchtung« nannte. Als solches war der Lebensborn das Gegenstück zum Massenmord an Millionen und Abermillionen. Verkürzt gesagt hoffte Himmler, die Geburtenrate erwünschter Kinder unter anderem dadurch zu heben, daß er arischen deutschen Frauen (und nur diesen) zur (sowieso strengstens verbotenen, ab 1943 sogar unter Todesstrafe gestellten) Abtreibung eine Alternative bot. Unehelich schwanger gewordene Frauen sollten in Heimen des Lebensborn Unterschlupf finden, dort die letzten Monate der Schwangerschaft verbringen und anonym entbinden können, um dann das Kind entweder (bis sie es zu sich nehmen konnten) vorübergehend betreuen zu lassen oder nach der Geburt zur Adoption zu geben.[13]

Dies umreißt auch die wesentlichen Aufgaben des Lebensborn in Norwegen, wo Frauen, die von einem deutschen Soldaten schwanger waren, neun Lebensborn-Entbindungs- und Kinderheime zur Verfügung standen. Sie erhielten überdies für sich und das Kind verschiedene finanzielle Unterstützungen. Diese großzügigen Zuwendungen geschahen keineswegs aus uneigennütziger Hilfsbereitschaft oder einem Verantwortungsgefühl für die Kinder, sondern aus rassenideologischen Beweggründen. ›Arisch wertvolle Frauen‹ und deren Kindern sollten betreut werden, was »durch die heimliche Absicht motiviert war, die unehelichen Kinder deutscher Besatzungsangehöriger der Nationalität ihrer ausländischen Mutter, der sie von Geburt an zugehörten, möglichst zu entfremden, ja sogar völlig zu entziehen«.[14]

Ziel des Lebensborns war, so Hitler, die »Erhaltung und Förderung rassisch wertvollen germanischen Erbgutes«[15], auch hierin waren die nationalsozialistischen Vorstellungen äußerst brutal: Himmler sagte, er sei bereit, »germanisches Blut in der ganzen Welt zu holen, zu rauben und zu stehlen«. Das bedeutete in der Praxis, daß das Dritte Reich sich das Recht anmaßte, Kinder von Ausländerinnen – also Bürger eines anderen Staates – nach Belieben als Deutsche zu definieren und somit auch für Deutschland zu beanspruchen, und das vor allem (aber nicht nur), wenn der Vater Deutscher und die Mutter ›guten Blutes‹ waren. Solche »Elternkonstellationen« fanden sich ab 1940 in den besetzten Länder Nordeuropas sowie in den nördlichen und östlichen Regionen des besetzten Westeuropas, Frankreich gehörte laut Hitlers ausdrücklicher Anweisung nicht dazu: »Wir wollen uneheliche germanische Kinder schützen und betreuen; an Franzosen haben wir rassenpolitisch kein Interesse.«[16] Himmler hingegen fand es unklug, Frankreich völlig zu ignorieren. Man müsse vielmehr »alljährlich einmal unter der germanischen Bevölkerung Frankreichs einen blutmäßigen Fischzug« durchführen.[17]

Keinerlei Interesse bestand an Kindern, deren Mütter nicht »germanisch« waren, wie die nordnorwegischen Saminnen und Halbsaminnen. Deren Kinder sind nicht in den Lebensborn-Akten verzeichnet, obwohl es in der SS-Broschüre SS für ein *Grossgermanien* ausdrücklich heißt, daß auch »Kinder, die einen deutschen Soldaten zum Vater haben, aber nicht den Auslesekriterien entsprechen, so untergebracht werden, daß sie unter gesunden Verhältnissen heranwachsen«. Auch diese Anweisung geschah nicht aus Nächstenliebe, sondern ausschließlich aus Propaganda, wie der unmittelbar folgende Satz ausdrücklich erläutert: »Keinesfalls darf die Arbeit des ›Lebensborn‹ Anlass zu Hetzartikeln der feindlichen Propaganda geben.« Eine Auslese müsse aber erfolgen, und bei »sehr schlechtem Ausfall der Beurteilung wird selbstverständlich die harte Folgerung gezogen«.[18] Wann der Zeitpunkt für die Auslese gekommen sein, was »*die* harte Folgerung« sein würde, wird nicht erläutert, aber es braucht nicht viel Phantasie, sich das vorzustellen: Hätten die Deutschen den Krieg gewonnen, sie hätte sich in Nord- und Westeuropa vermutlich nicht mehr so intensiv um ihre Imagepflege gekümmert, die Samen in Lagern zusammengetrieben und nach und nach ermordet. Dazu hätten vielleicht auch die samischen Kinder mit deutschem Vater gehört. Eine Alternative wäre gewesen, ihnen einen Sonderstatus zwischen »erwünscht« und »unerwünscht« einzuräumen, so, wie es für russische Kinder in einer Aktennotiz von 1942 vorgeschlagen wird, die Barbara Johr gefunden hat. Darin heißt es, daß drei der sechs Millionen Soldaten im Osten Verkehr mit russischen Frauen hätten und,

»bei 1½ Millionen russischer Mädchen dieser Verkehr nicht ohne Folgen bleibt. Der Vorschlag geht nun dahin, die dadurch jährlich anfallenden 750000 deutsch-russische Knaben und ebenso viele Mädchen zu erfassen als wertvoller Ersatz für die kriegsbedingt ausgefallenen Geburten. [...] In Anlehnung an die Bezeichnung der Juden mit ›Israel‹ und ›Sarah‹ sollten die hier in Rede stehenden unehelichen Kinder neben den russischen Vornamen die Namen ›Friedrich‹ bzw. ›Luise‹ erhalten«.[19]

Konkretere und weiterreichende Pläne hatte man mit Kindern aus einer Verbindung zwischen einem Deutschen und einer »rassenreinen« Nord- und Westeuropäerin – sie sollten, wie bereits erwähnt, nach dem Krieg zur Aufnordung der Deutschen nach Deutschland umgesiedelt werden.[20] Zur Vorbereitung wollte man die Kinder und ihre Mütter in einem ersten Schritt lückenlos erfassen und betreuen, was zunächst und auf Hitlers ausdrücklichen Wunsch hin nur in den Niederlanden und Norwegen geschah. Dänemark hätte man gern eingeschlossen, das aber war aufgrund der besonderen Besatzungssituation erst ab 1944 möglich, Verordnungen für die anderen in Frage kommenden Länder – Belgien, Frankreich und die britischen Kanalinseln – wurden vor 1944, bzw. 1945 nicht mehr erlassen. In den Niederlanden wurden die unehelichen Kinder von der Nationalsozialistischen Volkswohlfahrt betreut, in Norwegen nahm der Lebensborn e.V. im Frühjahr 1941 seine Tätigkeit auf.

In keinem anderen besetzten Land führten die Deutschen so genau Buch über die unehelichen Kinder deutscher Soldaten wie in Norwegen. Die besetzten Länder hatten an dergleichen keinerlei Interesse. Wir wissen daher nicht einmal annähernd, wieviele »Wehrmachts-Nachkommen« es gibt – Schätzungen bewegen sich in der absurd anmutende Spanne von einer Viertel- bis zwei Millionen, und obwohl sich die krasse Spanne durch Forschungsarbeiten sicher eingrenzen ließe, ist es wenig wahrscheinlich, daß es jemals präzise Gesamtzahlen geben kann.[21] Halbwegs zuverlässig wirkende Angaben existieren nur für Nord- und Westeuropa, alle aus Quellen des Deutschen Reiches: Achtzig- bis einhunderttausend Kinder in Frankreich, knapp zehntausend in Norwegen, gut sechstausend in Dänemark, achthundert auf Jersey, circa vierzigtausend in Belgien, etwa fünfzigtausend in Holland[22] – dies sind bereits über 200000 Kinder, folglich ist die Zahl von 250000 für alle besetzten Länder mit Sicherheit viel zu niedrig. Und offizielle Zahlen müssen als absolutes Minimum gelten – die Dunkelziffer ist hoch.

Obwohl in den besetzten Gebieten im Osten der »Geschlechtsverkehr mit Andersrassigen« verboten war, kann als sicher gelten, daß es massive Verstöße gegen die Rassengesetze gab. So verfuhr beispielsweise die SS-Gerichtsbarkeit in solchen Fällen großzügig, da sie sonst »schätzungsweise jeden zweiten SS-Mann hätte belangen müssen«.[23] Wieviele Kinder die Soldaten in Osteuropa zeugten, wieviele davon bei Notzuchtverbrechen, wieviele der Frauen und Kinder überlebt haben, wie ihr Leben verlief – all das ist in solchem Maße ungewiß, daß sich selbst Spekulationen verbieten. Johr bezeichnet die Zahl von jährlich 1,5 Millionen Kinder in der von ihr gefundenen Aktennotiz als ›Panikzahlen‹, Zahlen also, die aus Angst viel zu hoch angesetzt sind. Helke Sander berichtet, ihr sei die Zahl von *insgesamt* einer Million weißrussischer Kinder zunächst absurd erschienen, doch als all ihre weißrussischen Gesprächspartner von irgendwelchen Deutschenkindern wußten oder selbst welche kannten, sei sie ihr schließlich nicht mehr unwahrscheinlich vorgekommen.[24]

Hinter diesen spröden Zahlen verbergen sich die Schicksale

von Kindern und ihren Müttern, von denen sich vermutlich nur wenig unbeschwert über ihre Schwangerschaft freuen konnten. Ich kenne kein Material darüber, was mit den Frauen und Kindern in Ost- und Südeuropa geschah und wende mich daher wieder Nord- und Westeuropa zu. Selbst unter günstigsten Umständen – wenn sie das Kind haben wollten und mit dessen Vater verlobt oder verheiratet waren –, lebten sie, wie viele Frauen in Europa, mit der Angst, daß ihr Mann fallen könnte, mit ungewissen Zukunftaussichten, aber sie wurden zudem vielleicht noch von ihren Landsleuten angefeindet. Andere Frauen waren nicht mit dem Vater des Kindes, sondern mit einem Landsmann verheiratet, der fort war und als leiblicher Vater des Kindes nicht in Frage kam, der aber eines Tages zurückkommen und mit diesem unbestreitbaren Beweis der Untreue konfrontiert sein würde – auf den Kanalinseln verlautete kurz vor der Befreiung, die einheimische Polizei werde nicht so genau hinsehen, wenn die betrogenen Ehemänner zurückkämen, denn dann gäbe es sicherlich einige Morde.[25]

Viele Schwangere waren ledig – zu einer Zeit, als eine uneheliche Schwangerschaft überall in Europa als tiefe Schande galt. Wenn bekannt wurde, daß der Vater des Kindes ein Besatzungssoldat war, konnte die Schwangerschaft zu einer lebensbedrohenden Katastrophe werden.

Niemand weiß, wie verbreitet Abtreibungen damals waren, aber hin und wieder blitzt etwas auf: Eine norwegische Zeitung kolportierte im Dezember 1945, auf der Insel Aukra (die von den Deutschen evakuiert, verwüstet und dann als Flugplatz ausgebaut worden) hätten einige der »Damen« ihre Neugeborenen verbrannt, und eine »Quacksalberin habe davon gelebt, die Leibesfrucht zu entfernen. Bei einer entfernte sie nacheinander drei Stück, aber beim dritten Mal starb das Opfer«. Auf den Kanalinseln gab es während der Besatzung viele Prozesse wegen Abtreibungen, über die die Zeitungen ausführlich berichteten. Im französischen Charente-Inférieure erhielt die Gendarmerie einen anonymen Brief, in dem eine Frau bezichtigt wurde, das Kind eines Deutschen abgetrieben zu haben, und in den Protokollen der sich anschließenden Zeugenvernehmungen tauchen Äußerungen auf wie: »wenn man den Gerüchten Glauben schenken will, hat sie eine Abtreibung vorgenommen«, oder: »man erzählte sich, daß sie schwanger war«. Kein Gerücht ist, daß die »letzte Frau, die in Frankreich geköpft wurde, eine Frau war, die während des Krieges Abtreibungen gemacht hat.«[26]

Frauen, die einen Abbruch nicht wagen konnten oder wollten (oder bei denen er fehlgeschlagen war), versuchten, ihre Schwangerschaft zumindest in ihrem Heimatort oder vor ihrer Familie zu verheimlichen, sie zogen in eine andere Stadt, gaben das Neugeborene sofort zur Adoption, oder erfanden, falls sie das Kind behielten, wenigstens einen weniger schändlichen Vater für ihr Kind.[27] Lotte Tarps Mutter Åse hatte alles probiert – ein sicherer Indikator dafür, wie verzweifelt sie über die Schande war, die sie meinte, mit diesem Kind über sich gebracht zu haben. Auch wenn sie den Vater des Kindes liebte, sah sie das Kind, das sie von ihm bekam, nicht als ›souvenir d'amour‹.

In Westdeutschland kamen von 1945 bis 1956 etwa 94000 Kinder unehelich zur Welt, als deren Vater ein amerikanischer Besatzungssoldat angeben war, und auch hier trennten sich Frauen von ihren Neugeborenen: »Die historische Tatsache, daß von 1945 bis Ende der fünfziger Jahre mehrere 10000 Kinder, die infolge von Vergewaltigungen, aber auch infolge sexueller Beziehungen zu Soldaten der Besatzungsmächte, geboren und von ihren Müttern zur Adoption ›freigegeben‹ wurden, kann hierzulande getrost als eines der hartnäckigen Tabus deutscher Nachkriegsgeschichte bezeichnet werden.«[28]

Im Grunde gelten Kinder von Besatzungssoldaten in jedem Land als Besatzungsschaden, und sie sind auch immer die Kinder der anderen: Im Land ihrer Mütter sind sie die ›Russengöre‹, der ›Deutschenbastard‹, der ›Amibalg‹, für das Land ihrer Väter existieren sie überhaupt nicht. Der deutsche Sohn eines Rotarmisten schreibt, »Mein Vater hat dieses Land befreit und da ein Kind hineingepflanzt, eine archaische, machomäßige Sache.«[29] Sobald sich diese »archaische, machomäßige Sache«, die so eindeutig politisch ist, nicht (mehr) zu politischen Zwecken nutzen läßt, ist sie keine nationale Frage (mehr), sondern wird sofort zur Privatsache der Mütter erklärt. Es ist *ihr* Problem, schließlich haben *sie* sich unpatriotisch verhalten, *sie* haben sich in Schwierigkeiten gebracht. Die Väter oder gar die Nation, die diese Väter als Soldaten in eine anderes Land geschickt hatte, haben mit den Kindern gar nichts zu tun. Sieht man von den wenigen rassenpolitisch motivierten Ausnahmen der Nazis ab, gilt für Besatzungsarmeen gemeinhin – mit schwungvoller Generalisierung könnte man sagen: für alle Armeen zu allen Zeiten und an allen Orten – daß sie zwar Kinder zeugten, diese aber niemals als ›ihre‹ Kinder begriffen.

Daher mochte 1945 niemand die europäischen Deutschenkinder für sich reklamieren. In Norwegen deutete nichts mehr darauf hin, daß sich Deutsche und Norweger die gesamte Besatzungszeit über darum gestritten hatten, wessen Kinder sie waren. Sie lieferten sich einen regelrechten bürokratischen Kleinkrieg, weil beide Seiten die Kinder für sich beanspruchten. Die unehelich Geborenen unterstanden als norwegische Staatsbürger fraglos der norwegischen Justiz, die Nationalsozialisten aber beriefen sich auf ihr liebstes »höheres« Gesetz – das des Blutes: »Ohne Zustimmung des ›Lebensborn‹ darf das norwegische Justizdepartment keine Adoption für das uneheliche Kind eines deutschen Vaters durchführen, da ja das Kind deutsches Blut in sich hat, und über solche Kinder zu entscheiden, liegt einzig und allein in deutscher Hand.«[30]

Ab 1945 wurden die unehelichen Kinder deutscher Wehrmachtsangehöriger (zum Glück) nicht mehr als ›deutsche‹ Kinder definiert. Die beiden deutschen Staaten zogen nach ihrer Gründung auch unter dieses »archaische, machomäßige« Kapitel des Krieges einen entschiedenen Strich. Sie tilgten die Kinder aus der deutschen Kriegsgeschichte, es gab sie einfach nicht mehr. Das funktionierte auch darum so brillant, weil alle es ebenso machten: Lotte Tarp schreibt, sie habe nicht verstehen können, warum in Dänemark niemals über die tausende von

Kindern gesprochen wurde, die als Folge der dänisch-deutschen Beziehungen geboren worden waren.

Die Kriegskinder selbst, von ihrem Heimatland oder ihren Müttern, manchmal von beiden, unerwünscht, wuchsen mit einer schweren Last auf, die immer auch Thema der fiktionalen und der wenigen autobiographischen Lebensberichte ist. Zum einen teilen sie das Schicksal der meisten Menschen, die einen oder beide Elternteile nicht kennen: Das Geheimnis ihrer Herkunft läßt ihnen keine Ruhe. Sie wollen wissen, woher sie kommen, wer sie sind, sie wollen etwas über den unbekannten Menschen erfahren, dessen Kind sie sind. Sie träumen die Situation herbei, daß der Vater (oder die Mutter) unerwartet kommt, um sie in die Arme zu schließen oder gar zu sich zu holen, es ist ihnen wichtig zu erfahren, ob er (falls er von ihnen wußte) in den Jahren der Trennung an sie gedacht hat, ob sie in seinem Leben noch irgendwie vorkommen. Viele Kinder lernen bald, daß sie auf keine ihrer Fragen eine Antwort bekommen, daß sie mit ihren Fragen bei ihrer Mutter oder bei Verwandten vehemente Reaktionen auslösen, daß sie mit Themenwechsel, Beiläufigkeiten oder Lügen abgespeist werden. Sie bleiben mit ihren Zweifeln, ihrem einfachen Wunsch, etwas über ihren Vater, ihre Mutter zu erfahren, allein.

Die Kriegskinder jedoch trugen und tragen noch einige zusätzliche Lasten, denn zur inneren Unruhe kommt bei ihnen die äußere Schande. Viele mußten allein mit den Anfeindungen anderer Kinder fertig werden, weil sie instinktiv erfaßten, daß sie davon zu Hause nichts erwähnen durften. Selbst wenn sie gar nicht wußten, was ›Deutschenkind‹ überhaupt bedeutete, warum es ein Schimpfwort war und was die Ursache dafür war, daß man sie verhöhnte und ausgrenzte, begriffen sie, daß es ein Familiengeheimnis betraf, in dessen Mittelpunkt sie selbst standen und an dem sie dennoch nicht rühren durften. Zu den Qualen und Schuldgefühlen, die alle Kinder durchleben mögen, die glauben, als ›Kind der Schande‹ die Ehre der Mutter und der Familie befleckt zu haben, gesellte sich bei Kriegskindern noch die Anklage, der Vater sei ein Mörder und ein Feind des Vaterlandes, die Mutter habe das Vaterland verraten und sich unpatriotisch verhalten, und es bedeutete für die Kinder auch, daß sie irgendwie doch nicht zu dem Land gehörten, in dem sie lebten und dessen Bürger sie waren.

Die Kinder konnten auf ihre Mutter nicht nur *nicht* stolz sein, sie schienen überdies selbst die Ursache für die Schande der Mutter zu sein. Sie lebten (und leben) mit einem Gefühl der Scham, der Schande und der Schuld. In Herbjørg Wassmos Roman »Das Haus mit der blinden Glasveranda« glaubt das ›Deutschenkind‹ Tora, ihre Mutter sei geschoren worden, *weil* sie Tora bekam. Nelleke Noordervliet schreibt in ihrem autobiographischen Roman *Im Namen des Vaters* über das Mädchen, das sie selbst war: »Sie fing an, Buße zu tun. Sie nahm die Schuld auf sich. Ihr Körper war der lebendige Beweis für Mutters Verrat.« Aber sie schreibt auch über das Wissen, einen deutschen Vater zu haben: »Die kleine Guus schämte sich, und das wollte sie auch. Es machte sie zu etwas Besonderem. Niemand hatte so ein Geheimnis wie sie.«[31]

Über das dunkle Geheimnis wurde nicht gesprochen, aber man ließ auch nicht zu, daß die Kinder die Schande vergaßen. Durch die Mauer des familiären Schweigens sickerte wortlos Mißbilligung, gegen den Vater, manchmal auch gegen die Mutter, gegen das Kind. Wußten sie von der Nationalität ihres Vaters, wagten sie kaum, das Wort ›Deutschland‹ auch nur auszusprechen. Es herrschte ein unausgesprochenes Verbot, irgend etwas zu erwähnen, das mit dem Krieg zusammenhing. Im Geschichtsunterricht schämten sie sich, ›Deutsche‹ zu sein. Viele hielten in einer Welt, in der alle die Deutschen haßten und sie verfluchten, den Traum von einem guten Vater aufrecht, der kommen und sie von allem Bösen und Schmerzlichen fortholen würde.[32]

Wenn die eigene Herkunft mit einer solch hohen Hypothek belastet ist, wird es offenbar ungemein wichtig, daß es im Verhalten, in den Motiven der Mutter, der Eltern etwas gibt, das die empfundene Schuld mindert. Und so fragt in praktisch allen fiktionalen und autobiographischen Berichten das »Kind« früher oder später die Mutter, einen Verwandten oder eine andere Person, die es wissen könnte, ob die Mutter und der Vater sich *liebten*. Das ist von größter Bedeutung, selbst dann noch, wenn die Begegnung allem Anschein nach eher flüchtig war. Offenbar vermag im Empfinden der Nachkommen nur die *Liebe* den vermeintlichen Verrat der Mutter zu rechtfertigen. Noordervliets Romanfigur Guus ist dankbar, als sich die Behauptungen eines niederländischen Onkels als unrichtig erweist, ihre Mutter habe nur einen deutschen Freund gehabt, weil sie wie alle Mädchen gern Schokolade und Seidenstrümpfe haben wollte. Sie erhält von ihrer Mutter einen Brief des Vaters, kurz nach Kriegsende geschrieben, in dem er Guus' Mutter »sein liebes holländisches Mädchen« nennt und von der »Frucht ihrer Liebe« spricht. Mit dem Brief erhält sie auch eine Fotografie von ihm, das Bild eines jungen Mannes in Uniform, mit dicken Brillengläsern.

Sie wußte, daß er aus Weimar stammte, daher fuhr sie im Dezember 1989 dorthin, und da sie von den Behörden keine Hilfe bekam, rief sie alle »Schulz« in Weimar und Umgebung an. Ein Anschluß gehörte tatsächlich ihrem Vater August Schulz, doch nicht er hob ab, sondern seine Schwester, Guus' Tante. Guus war wenige Monate zu spät gekommen war, um ihren Vater kennenzulernen. Er war im Spätsommer gestorben. Seine Schwester bestätigt ihr aber, daß die beiden sich liebten. Er habe seine holländische Freundin auch nach dem Krieg noch heiraten wollen. Und plötzlich überfällt Guus – nach dem Vater Augusta getauft – »eine heftige Rührung über das Leben dieser niederländischen Frau und deren Tochter, die sie vor sich sah in ihrer Jugend, gezeichnet mit dem Brandmal des Feindes, der wiederum auch nur ein kleiner Mensch war, ein schlecht sehender, zweifelnder, verwundbarer junger Mann«.[33]

Wie Nelleke Noordervliet und Lotte Tarp, haben in den letzten Jahren einige ›Deutschenkinder‹ das Schweigen gebrochen und sind mit ihrer gemeinsamen Geschichte, aber auch mit ihren individuellen Leidensgeschichten an die Öffentlichkeit gegangen. Begonnen hat das in Norwegen, genauer: durch die Journalistin Veslemøy Kjendsli, die allerdings gar nicht an die Kinder dachte, sondern im Frühjahr 1985 eine Radiosendung über Hovedøya geschrieben hatte, jener Insel im Oslo-Fjord, auf der 1945 einige tausend ›Deutschenmädchen‹ interniert waren. Es war seit Kriegsende die erste öffentliche Erwähnung des tabuisierten Themas ›Deutschenmädchen‹. Doch binnen kurzer Zeit meldeten sich bei ihr nicht betroffene Frauen, sondern einige der inzwischen erwachsenen Kinder. Sie berichteten von einem Leben in Scham und sagten, sie ertrügen das Schweigen über ihre Herkunft nicht mehr. Sie gründeten eine Selbsthilfegruppe, den »Kriegskinderverband«, und halfen (und helfen) einander zum einen bei der Bewältigung ihrer seelischen Verletzungen, zum anderen bei der Suche nach ihren deutschen Vätern. Auch in den Niederlanden soll es eine solche Gruppe geben, und als auf Island, wo etwa fünf- bis siebenhundert »Kinder« amerikanischer Soldaten leben, ein Kriegskinderverband gegründet werden sollte, kamen zum ersten Treffen statt der höchstens dreißig Interessenten, mit denen die Veranstalter gerechnet hatten, dreihundert.[34]

Viele Kinder von Soldaten versuchen, ihre Väter und deren Familien zu finden. Sie fürchten, wie Guus und Lotte ihre Väter nicht lebend anzutreffen, sie hoffen auf Momente des Wiedererkennens und der familiären Zugehörigkeit wie jene, die Guus und Lotte beschreiben. Als Guus in der Nähe von Weimar ihre Tante traf, weiß sie sofort, »da hatte sie ihre Augen her«, sie sagte zur Tante: »Wir sehen uns ähnlich. Zum erstenmal in meinem Leben sehe ich jemanden, mit dem ich Ähnlichkeit habe.« Als Lotte Tarp in Oranienburg der jüngeren Schwester ihres Vaters Wolfgang gegenüberstand, sagte diese erschüttert: »Aber … das ist doch Wölfchen!«

In Norwegen sind die Voraussetzung für die Suche nach einem unbekannten Elternteil inzwischen vergleichsweise günstig, da Adoptierte seit Mitte der achtziger Jahre das Recht haben zu erfahren, wer ihre leiblichen Eltern sind,[35] und die entscheidenden Lebensborn-Unterlagen für Norwegen im Reichsarchiv in Oslo lagern. Alle Kinder, von denen der Lebensborn zum Zeitpunkt ihrer Geburt Kenntnis hatte, sind in zwei gewaltigen Folianten verzeichnet – nach Geburtsdatum geordnet, stehen da mehr als achttausend Namen, einer pro Zeile, es folgen Name und Wohnort der Mutter sowie des Vaters, und zu jeder Zeile – jedem Kind –, gehört eine Akte mit allem, was die deutsche Bürokratie bis zum Kriegsende über dieses Kind zusammengetragen hatte. Aus einer solchen Akte erfuhr die adoptierte Norwegerin Turid – Lebensborn-Kind 2022 – nicht nur den Namen ihrer leiblichen Eltern, sie erfuhr zu ihrer Überraschung, ja ihrem Entsetzen auch, daß sie als Kind in Deutschland gelebt hatte, woran sie bis heute keinerlei Erinnerung hat. Sie wurde als Kleinkind nach Deutschland geschickt und war dort einige Jahre lang Pflegekind bei einer Familie Schneider, bevor sie 1947 im Zuge der Rückführung der *allied children* nach Norwegen zurückgebracht worden war. 1986 fuhr sie zusammen mit Veslemøy Kjendsli nach Westdeutschland, besuchte alle in der Akte verzeichneten Orte ihrer frühen Kindheit, Kinderheime ebenso wie die damaligen Wohnorte ihrer Pflegefamilie, in der – enttäuschten – Hoffnung, sich an etwas aus den Kinderjahren in Deutschland erinnern zu können. Doch mit einer Mischung aus Glück und genialem Spürsinn konnte Kjendsli noch während der Reise die Pflegeeltern ausfindig machen: Nach siebenunddreißig Jahren schlossen Bernhard und Hildegard Schneider gerührt und glücklich ihre verlorene Pflegetochter in die Arme. Dabei nannten sie Turid – wie damals auch – Elke.

Turids leiblichen Eltern hingegen haben sich über deren Versuche der Kontaktaufnahme nicht gefreut. Die Mutter lehnte jede Verbindung strikt ab, auch der Vater, der in der DDR lebte, wollte mit ihr nichts zu tun haben. Nach seinem Tod und der Öffnung der Grenze gab es zwischen Turid und seinen ›deutschen‹ Kinder eine kurzfristige Annäherung, dann aber hörte Turid nichts mehr von ihnen. Sie hält es für möglich, daß ihre Halbgeschwister damals um ihr Erbe fürchteten. Trotz der verletztenden Abwehr des Vaters hat sie den Trost, daß er auch nach dem Krieg noch an sie, seine norwegische Tochter gedacht haben muß, daß sie ihm nicht völlig gleichgültig gewesen sein kann: Er hat seiner ältesten Tochter ihren Namen gegeben. Auch sie heißt Turid.

Die Väter und Mütter, soweit sie noch leben, reagieren unterschiedlich auf die schon lange erwachsenen Menschen, die sich bei ihnen melden und sagen, sie seien ihr Kind. Die zuständige Angestellte des norwegischen Roten Kreuzes sagt, die meisten deutschen Väter, aber nahezu keine der norwegischen Mütter, die sie aufspüre, wünschten einen Kontakt zu den wiederaufgetauchten »Kindern«.[36] Mit deren Auftauchen entsteht im Leben des inzwischen alten Menschen eine neue Situation, die selten ihn allein betrifft. Seine Familienangehörigen sind plötzlich damit konfrontiert, daß es in der Vergangenheit eines ihnen nahestehenden, vertrauten Menschen etwas gibt, das ihnen verschwiegen wurde – ein Liebesverhältnis, sogar ein Kind. Bei der Frage, *wie* betrogen sie sich fühlen werden, ist von entscheidender Bedeutung, ob es sich bei diesem vertrauten Menschen um einen Mann oder eine Frau handelt: In der Biographie der meisten Männer ist ein Kind, zumal zu Kriegszeiten, auch heute noch wenig mehr als eine Fußnote. Wenn der Krieg es verlangt, verlassen sie die Frau und das gemeinsame Kind – ob gern oder ungern, ist in diesem Zusammenhang unerheblich, und sie kehren früher oder später in ihr ›wirkliches‹, ihr ziviles Leben zurück. Wenn ihre Familie nach Jahrzehnten von diesen »Kriegsabenteuern« erfährt, mag sie verblüfft bis entsetzt reagieren, sie wird sich aber in den seltensten Fällen zutiefst betrogen und hintergangen fühlen. Und ein Mann kann zur Not immer noch bestreiten, von einem Kind überhaupt gewußt zu haben.

In der Biographie einer Frau jedoch ist ein Kind alles andere als eine Nebensächlichkeit. Es ist ein gravierender Einschnitt, und wer mit einer Frau emotional eng verbunden ist, wird wie selbstverständlich davon ausgehen, daß er (oder sie) über etwas derart Wichtiges im Leben der eigenen Schwester, Ehefrau oder Mutter, vielleicht sogar der engen Freundin informiert ist. Die Enthüllung, daß es in der Vergangenheit einer Frau ein vertuschtes – eheliches, meist aber uneheliches – Kind gibt, kann eine solch massive, nicht wiedergutzumachende Erschütterung des bisherigen Vertrauens nach sich ziehen, daß ihr gesamtes bisheriges Leben daran zerbricht. Diese Situation stellt hohe Anforderung an alle Beteiligten, und so manche Frau handelt wohl nur realistisch, wenn sie sich über ihre Vergangenheit ausschweigt.

Freunde erzählten mir vor vielen Jahren von einer solchen Frau, sie taten es beim Abendessen und eher beiläufig, weil sie von meiner Verbindung zu Norwegen wußten. Diese Frau – nennen wir sie Sylvi – hatte einen Sohn von einem deutschen Soldaten, und als der Krieg vorüber war, reiste sie mit dem Kind zu ihm an den Rhein. Die beiden waren willkommen, doch nach einiger Zeit kehrte Sylvi allein nach Norwegen zurück – ob es als kurze Reise, als Abschied für lange Zeit oder für immer geplant war, ob sie fuhr, weil sie Heimweh hatte, den Mann nicht mehr liebte, ob sie den Sohn in Deutschland lassen oder später holen wollte – darüber wußten meine Freunde nichts zu sagen. Jedenfalls lernte Sylvi in Oslo einen Mann mit einwandfreier patriotischer Vergangenheit kennen, sie verliebten sich, sie heirateten, sie bekamen drei Kinder – und nie schien der richtige Moment, das Geheimnis zu enthüllen. Sie hatte, fast wie im Märchen, in einer bedrängenden Situation ein Kind gegen ein neues Leben getauscht.

Doch das ist nur die Hälfte der Geschichte, und nur die Hälfte von Sylvis Geheimnis. In all den Jahren hatte sie über eine norwegische Freundin die Verbindung nach Deutschland aufrecht erhalten, und irgendwann, Ende der fünfziger, vielleicht Anfang der sechziger Jahre, wollte sie ihren Sohn wiedersehen. Das war kein geringes Unterfangen, es war teuer, vor allem aber war es damals für eine verheiratete Frau durchaus nicht üblich, ohne Ehemann und Kinder zu verreisen. Schließlich gelang es Sylvi, mit ihrer Freundin zu einer Rheinfahrt aufzubrechen – Sylvi besuchte ihre »deutsche« Familie, die Freundin fuhr den Rhein hinauf und hinunter. Das taten sie fortan jedes Jahr einmal.

Als ich – vierzig und mehr Jahre nach Kriegsende – Sylvis Geschichte hörte, wußte ihre norwegische Familie immer noch nicht, warum sie *wirklich* an den Rhein fuhr. Und ich fragte mich, ob ihr Mann und ihre Kinder tatsächlich gänzlich ahnungslos sind, oder ob sich in all diesen Jahren nicht doch zumindest eine Ahnung vermittelt hat, daß da *etwas* ist, etwas Unbekanntes, Unbenanntes, Unbenennbares. Ich fragte mich, ob Sylvi auf dem Sterbebett oder in ihrem Testament ihr Schweigen brechen und ihren Erstgeborenen doch noch zu ihrem legitimen Kind machen wird, oder ob sie das Geheimnis seiner Existenz und somit einen wesentlichen Teil ihres eigenen Lebens tatsächlich mit ins Grab nehmen wird.

Und falls sie sich dafür entscheiden sollte – wird es für ihren deutschen Sohn selbstverständlich sein, mit seiner Mutter über ihren Tod hinaus loyal zu bleiben und ihr Geheimnis zu wahren? Wird ihn das geteilte Geheimnis vielleicht sogar auf besondere Weise mit ihr verbinden, wird er, wie die Holländerin Guus, das Gefühl haben, daß es ihn zu etwas Besonderem macht, weil niemand so ein Geheimnis wie er hat? Oder wird er seine Halbgeschwister zwingen, die vermeintlich bekannte, die geheimnislose Mutter – und die wenig beachteten Bilder der jährlichen, eher spießigen Rheinfahrten – mit neuen, mit anderen, mit ungläubigen Augen zu sehen?

Es hat mich auch niemand gefragt

Das Schweigen

Am 9. April 1997, dem 57. Jahrestag der Besetzung Norwegens, schrieb Gudrun, inzwischen 72 Jahre alt, mir einen Brief. Über ihre Liebe zu Klaus heißt es da:

Ich vergesse ihn nie, aber ich würde am liebsten vergessen, wie wir uns kennengelernt haben. Seit vielen, vielen Jahre spüre ich ›in mir‹, daß ich wie zwei Menschen gelebt habe – es ist bei Freunden und Bekannten nicht sehr populär, wenn man sagt, daß man einen deutschen Soldaten gekannt hat, ja sogar mit ihm liiert war. Das geht einfach nicht –!

Ich habe immer, vor allem in den ersten Jahren nach dem Krieg, in der Angst gelebt, daß ich »auffliege«, nicht zuletzt an meiner Arbeitsstelle, aber das ging ja einigermaßen gut.

Für mich wurde es eine schicksalsschwere und in vieler Hinsicht »teure« Bekanntschaft.

Ich verdankte den Kontakt zu ihr einer gemeinsamen Bekannten, Gudrun hatte sich zögernd zu einem Gespräch mit mir bereit erklärt. Als wir dann das erste Mal telefonierten, um uns zu verabreden, wirkte sie gehetzt, und sie hatte mir gerade die Uhrzeit, nicht aber den Ort des Treffens genannt, als sie buchstäblich mitten im Satz auflegte. Ich ging zur verabredeten Zeit zu ihrer Wohnung, wo sie mich tatsächlich erwartete. Sie erklärte mir, während unseres Telefonats hätte plötzlich ihr Lebensgefährte neben ihr gestanden, mit dem sie nicht zusammenwohne, der aber zu Besuch gewesen sei. Sie seien seit fast zwanzig Jahren zusammen, aber er wisse von all dem nichts und dürfe es auf gar keinen Fall erfahren. Er kenne Klaus und seine Frau zwar, glaube aber, daß sie sie in den frühen sechziger Jahren in einem norwegischen Berghotel kennengelernt habe. Nach dem Tod einer Jugendfreundin, die ihre einzige Vertraute war, wüßten nun, mit Ausnahme ihrer Brüder, nur noch zwei Menschen die Wahrheit über sie und Klaus: Unsere gemeinsame Bekannte – und ich, eine Fremde. Als ihr Freund sie fragte, mit wem sie telefoniert habe, hatte sie in panischer Angst eine wahre Räuberpistole erfunden, um die Verabredung mit mir – die ich sie zu dieser Vergangenheit befragen wollte – zu vertuschen. Das führte dazu, daß sie während meines Besuchs mehrere Telefongespräche mit verschiedenen Bekannten führen und sich neue Lügen ausdenken mußte, um die abstruse Geschichte auf überprüfbare, wenn auch recht wacklige Beine zu stellen.

Ich hatte aufgrund des angespannten Telefongesprächs mit ihr befürchtet, sie werde mir nichts erzählen, doch das Gegenteil geschah: Die Gelegenheit, frei über diese Zeit, diesen Mann, diese Liebe, über alles, was sie als Teenager erlebt und was ihr ganzes weiteres Leben geprägt hatte, zu reden, belebte und erleichterte sie so sehr, daß sie mich am Ende des Nachmittags kaum gehen lassen wollte. Sie erzählte mir Bewegendes: Es liege an Klaus, daß sie nie geheiratet und keine Familie habe. Sie habe nach seiner Heirat so sehr gehofft, einen Mann heiraten zu können, der wegen seiner Mitgliedschaft in der Nasjonal Samling als Landesverräter verurteilt worden sei, mit ihm hätte sie sich nicht schämen müssen, mit ihm hätte sie ehrlich sein können. Statt dessen habe sie sich immer in »gute Norweger« verliebt, denen sie ihre Geschichte nicht habe erzählen können, sie habe privat und im Beruf immer Angst vor Entdekkung gehabt und noch in den achtziger Jahren kurzfristig ihre Anmeldung zu einem Kongress zurückgezogen, als sie entdeckte, daß auf der Teilnehmerliste der Namen eines früheren Nachbarjungen stand, der sie 1942 wegen ihrer Beziehung zu Klaus einmal mit »Heil Hitler« begrüßt hatte. Es hätte ihr Berufsleben gefährdet, wenn »die Wahrheit über sie« an den Tag gekommen wäre.

Ich empfand ihre Reaktion in diesen und einigen anderen Situationen, von denen sie berichtete, als völlig überzogen. Allein, daß sie nicht auf die, wie mir schien, naheliegende Idee gekommen war, ihrem Freund nach unserem Telefongespräch zu sagen, unsere gemeinsame Bekannte habe sie gebeten, sich dieser ortsfremden Deutschen – also meiner – ein wenig anzunehmen, erschien mir als Zeichen einer geradezu paranoiden Angst, einer Angst, die sich über fünf Jahrzehnte in ihr verankert, sich verselbständigt und sie für die Realität blind gemacht hatte.

Das glaube ich nicht mehr – genauer gesagt: Ich bin der Ansicht, daß Gudrun, wenn sie aus der Liebe ihres Lebens eine beiläufige Reisebekanntschaft macht, durchaus realitätsnah handelt, und ich weiß inzwischen, daß sie mit ihrer Vergangenheit nicht viel anders umgeht als viele andere Frauen – als Sylvi, von der im letzten Kapitel die Rede war, die über Jahrzehnte ihren ›deutschen‹ Sohn verheimlichte; als Lotte Tarps Mutter Åse, die ihrer Tochter sagt, sie werde sich umbringen, falls jemand erfahre, daß Lottes Vater Deutscher war. Sie ist jener Ostdeutschen nicht unähnlich, die aus Scham darüber, von zwei russischen Soldaten vergewaltigt worden zu sein, erst ihren Nachbarn und Freunden, später auch ihrem Sohn erzählte, sie habe sich mit einem amerikanischen Soldaten eingelassen und das Kind sei das Resultat dieser kurzen, heftigen Liebesbeziehung.[1] Und sie erinnert mich an eine Norwegerin, die ihre Beziehung zu einem deutschen Offizier verheimlichen möchte und zugleich so unfähig ist, sie völlig zu verschweigen, daß sie für sich eine Karriere in der Nasjonal Samling erfand. Diese Umdeutung einer Liebesbeziehung in etwas ausschließlich Politisches ist äußerst bemerkenswert, denn sie läuft ja nicht nur der üblichen Argumentation der ›Deutschenmädchen‹ zuwider, die ihr Handeln durchgängig als unpolitisch bezeichnen, sondern auch den eifrigen Nachkriegsbestrebungen aller Europäer, sich vom Nationalsozialismus so entschieden wie irgend möglich zu distanzieren. Diese Verkehrung ist für sie aber offenbar die Lösung ihres Dilemmas, weder über die Jahre der

Besatzung reden noch von ihnen schweigen zu können. So kann sie beides, ohne sich als anti-deutsch darstellen und ihn damit – wie sie meint – verraten zu müssen, aber auch ohne das Stigma des ›Deutschenflittchens‹.[2]

Das Schweigen und das verdrehte Reden darüber setzt sich aus vielen Facetten zusammen. Als Augusta in Noordervliets Buch die Mutter um den Namen des Vaters bittet, den diese ihr nie genannt hat, erhält sie von ihr einen Schuhkarton mit den wenigen Dingen, die sie von ihm besitzt und für ihre Tochter aufbewahrt hat. Als sie fragt: »Was willst du wissen?«, will Augusta nichts hören, denn »sie sah die Entschuldigungen voraus, die Rechtfertigungen, Beschönigungen, die Lücken, die Erniedrigung am Tag der Abrechnung, das Selbstmitleid, die Versicherung, daß sie Augusta so geliebt hätte, sie sah alle Lügen voraus, die Menschen zu Hilfe rufen, um ihre Selbstachtung nicht zu verlieren«.

Das Gegenstück zum Erzählen ist das Schweigen, heißt es in einem Interview mit Jan Philipp Reemtsma,[3] der Begleiter des Schweigens, könnte man hinzufügen, ist das Verdrängen. Auf meine Frage, ob man in ihrer Heimatstadt Frauen geschoren habe, antwortete meine französische Gesprächspartnerin Lucie, sie selbst sei im August 1944 in Deutschland gewesen, doch wenn etwas Derartiges geschehen wäre, hätten ihre Eltern sicher darüber berichtet. Einige Wochen später las ich bei Brosat die Beschreibung einer äußerst brutalen und von einer großen Menschenmenge verfolgten Strafaktion im Zentrum eben dieser Stadt und schickte ihr eine Kopie der Seiten. Sie war überrascht und erklärte ihre Unkenntnis des Vorfalls nicht nur mit ihrer eigenen Abwesenheit, sondern fügte hinzu, ihre Eltern hätten davon nichts wissen können, da sie den Sommer immer auf dem Land zugebracht hätten.

Mir erscheint es wenig wahrscheinlich, daß dergleichen in einer Kleinstadt nicht über längere Zeit Thema gewesen sein soll. Aber im Nachhinein mögen diese Vorkommnisse eine gewisse Irrealität angenommen haben. Im Krieg, sagte eine

Kriegsreporterin, sind alle Regeln aufgehoben, die im Frieden gelten,[4] und so waren die Tage um die Befreiung, in denen es zu den meisten und schwersten Übergriffen auf ›Deutschenmädchen‹ kam, in der Realität der Nation wie im Empfinden des Einzelnen Tage des Übergangs, eine Zeit, in der die Regellosigkeit des Krieges vorüber war und die Regeln des Friedens noch nicht galten. Nicht zufällig nannte man diese Tage, die gleichermaßen Kriegsende wie Friedensbeginn und doch auch keines von beiden waren, eine Zeit der »Säuberung«. Die öffentliche Bestrafung der als schuldig Bezeichneten glich Übergangsritualen, die Reinheit schaffen sollten, damit an die Stelle des Schmutzigen und Verseuchten das Reine, das Neue, das Unbefleckte treten konnte.

Nun scheint es zu diesen speziellen Ritualen zu gehören, daß keiner derer, die dabei waren, später mit einem Außenstehenden darüber spricht – jedenfalls ist es nahezu unmöglich, heute jemanden zu finden, der zugibt, damals handelnd oder »nur« zusehend dabei gewesen zu sein. Die Wucht der damaligen Emotionen mag für alle Beteiligten im Rückblick unheimlich und beängstigend sein, vielleicht schämt sich mancher auch dessen, was damals geschah. Man möchte lieber nicht mehr daran denken, nicht mehr darüber sprechen, nicht mehr daran erinnert werden – nicht mehr an die hohe Emotionalität der Tage, ja Monate, die auf die Befreiung folgten, an die explosionsartige Ausgrenzung und Bestrafung von Frauen, die der »horizontalen Kollaboration« bezichtigt wurden, an die hohe Akzeptanz, die sogar Szenen der Lynchjustiz in der Bevölkerung hatten. Anders ist nicht zu erklären, warum so verblüffend rasch der Mantel des Schweigens darüber fiel, und warum *alle* schweigen. Mit den Übergangsritualen vom Krieg zum Frieden wurde auch der Übergang von den Racherufen zum Schweigen vollzogen.

Schweigen kann in Takt und Rücksichtnahme begründet sein, so, wenn auf den Kanalinseln die Frauen wieder in die Gesellschaft integriert wurden und »die Bewohner über die Frauen, die mit den Deutschen schliefen, heute nicht verurteilend, sondern voll Mitgefühl sprechen. Es würde ihnen nicht im Traum einfallen, die Namen dieser Frauen an Außenstehende weiterzugeben«. Das taktvolle Schweigen schützt die Frauen, denn es kaschiert, daß alle nach wie vor um ihre Schande wissen, selbst wenn sie keiner mehr erwähnt – zumindest nicht vor Außenstehenden. Man hat ihnen vergeben, aber man hat nicht vergessen.

Manchen wurde auch nicht vergeben. Die Norwegerin Gerd, deren Vater von den Deutschen als Geisel interniert worden war, erzählte mir von einer Frau, die »heute noch von vielen hier gehaßt wird« – sie sei sowohl die Geliebte eines Gestapo-Mannes als auch Denunziantin gewesen. Sie war 1945 fortgezogen, doch wenn sie zu Besuch in die Stadt komme, tue sie, Gerd, immer noch so, als kenne sie sie nicht. Das alles ist fast sechzig Jahre her, die damals gut Zwanzigjährigen sind jetzt bald achtzig. Doch Gerd und einige ihrer Freunde haben weder vergessen noch vergeben. Aber selbst bei ihr, der Verhaßten, schweigt man.

Doch die Ruhe trügt. In den ehemals besetzten Länder ist es gefährlich, an dem Schweigen zu kratzen. Unter der glatten, ja reglosen Oberfläche liegen die Nerven noch immer bloß, es braucht nur einen Funken, um erneut eine emotionale Explosion zu entfachen: Als Anette Warring vor etwa zehn Jahren ihre ersten Artikel über die *tyskerpiger* veröffentlichte, löste das bei einigen Dänen eine solche Wut aus, daß Warring nicht nur einige anonyme Briefe mit übelsten sexuellen Beschimpfungen, sondern auch eine anonyme Morddrohung gegen sich und ihre Kinder erhielt.

Und selbst ein Schweigen, das gebrochen wurde, kann fortbestehen. Ein treffendes Beispiel ist jene kleine Zahl von Veröffentlichungen, die in Norwegen um die Mitte der achtziger Jahre zu verschiedene Aspekte der ›Deutschenmädchen‹ erschienen.[5] Dazu gehörte auch Veslemøy Kjendslis Radiosendung über die Internierung von Norwegerinnen auf Hovedøya, der Insel im Oslofjord. Es ging Kjendsli um das Internierungslager, das aus der offiziellen Geschichte Oslos und der Insel getilgt worden war, vor allem aber um die ›Deutschenmädchen‹, einem seit Jahrzehnten totgeschwiegenen und verdrängten Thema. Die Sendung verursachte Wirbel, doch binnen kürzester Zeit sprach niemand mehr von den *Frauen*, und es gab auch keine weiteren Buch-Veröffentlichungen mehr über sie. Statt dessen ging es nur noch um die *Kriegskinder*, die durch die Sendung ermutigt worden waren, an die Öffentlichkeit zu gehen und darüber zu berichten, in welcher Atmosphäre von Haß und Verachtung sie aufgewachsen waren. Von den Frauen war nur noch am Rande die Rede, und dann auch nicht mehr als Freundinnen deutscher Soldaten, sondern nur noch als *Mütter* der Kinder. Als solche hatten sie erneut eine »schlechte Presse« – ihnen wurde global vorgeworfen, ihre Kinder vernachlässigt, ihnen mit ihrem Schweigen das Leben schwer gemacht und den Vater vorenthalten zu haben. An die Geschichte von Hovedøya, das sei nur der Vollständigkeit halber erwähnt, erinnert sich sowieso niemand mehr.[6]

Nach dem ersten Vorstoß vor gut zehn Jahren werden die »unpatriotischen Frauen« inzwischen wieder so gut vertuscht, wie es nur eben geht. Für die Erforschung ihrer Geschichte haben sich nur wenige interessiert.[7] Es grenzt beispielsweise an einen Skandal, daß in Norwegen noch niemand ernstlich der Frage nachgegangen ist, wie hoch die Zahl *aller* internierten Frauen eigentlich war. Das »Norges Hjemmefrontmuseum« in Oslo, das die nationale Geschichte der Besatzung und des Widerstands dokumentieren soll, ist ein gänzlich ungeeigneter Ort, um darüber etwas zu erfahren, dort geht die Verzerrung der historischen Realität so weit, daß man von Geschichtsklitterung sprechen muß. In der ständigen Ausstellung wird das Bild einer Nation gezeichnet, in der – von einer Handvoll abweichlerischer Schurken abgesehen – jeder einzelne Bürger und jede Bürgerin ihr Leben sofort und mit Freude für die Freiheit ihres geliebten Norwegens gegeben hätten. Offenbar um dieses Wunschbild zu zementieren, hat das Archiv des Heimatfront-

Museums mehrfach versucht, unliebsame Forschungsarbeiten, die das strahlende Heldenbild des Widerstands gefährden könnten, durch falsche oder bewußt unvollständige Auskünfte zu torpedieren. Der norwegische Staat arbeitet in die gleiche Richtung, denn das Kultusministerium beschloß 1995 (!), das gesamte Landesverrats-Archiv selbst für Historiker bis zum Jahr 2025 zu sperren. Auch die britische Regierung hatte alle Unterlagen über die Besatzungszeit auf den Kanalinseln ursprünglich auf einhundert Jahre gesperrt, einige wurden sofort vernichtet. Madeleine Bunting erklärt warum: »Fünfzig Jahre nach Kriegsende hallt in der heutigen Politik noch immer das Echo von Churchills Rede wider, daß die Briten von Anfang bis Ende allein – wie David gegen Goliath – gegen eine grausame Diktatur kämpften. Nur Großbritannien war keine Kompromisse eingegangen und hatte im Widerstand gegen den Nationalsozialismus eine ›reine Weste‹. Die Kanalinseln passen nicht zu dieser Geschichte; ihre Bewohner machten Kompromisse, kollaborierten und fraternisierten, wie Menschen überall im besetzten Europa.«[8]

1995 wurde in Norwegen, ein weiteres Mal wie überall im ehemals besetzten Europa, mit Reden, Zeitungs-Sondernummern, Fernseh- und Radiosendungen des fünfzigsten Jahrestages der deutschen Kapitulation gedacht. Eine Sondernummer der westnorwegischen *Sunnmørsposten* stellte unter der Überschrift »Eine norwegisch-deutsche Goldene Hochzeit« ein Ehepaar vor, das am 7. Mai 1945 geheiratet hatte, einen Tag vor der Kapitulation. Auf dem großformatigen Bild lachen sie in die Kamera, und in der Bildunterschrift heißt es, sie seien immer noch glücklich miteinander, sie würden einander immer wieder heiraten. Es ist auch von Diskriminierungen die Rede, die die Ehefrau erlebte, als sie 1949 mit dem gemeinsamen Sohn zum ersten Mal wieder nach Hause zurückkehrte, und der Kapitän des Postschiffs sie mit der Begründung, er dulde auf seinem Schiff keine ›Deutschenflittchen‹, nicht von Bergen nach Ålesund mitnehmen wollte. Vor allem aber ist es die herzerwärmende Geschichte einer Liebe, die in einer schweren Zeit allen Widrigkeiten trotzte. Ihr Erfolg als Paar hat ihnen Recht gegeben und rechtfertigt im Nachhinein den damaligen Tabubruch.

Weniger beliebt war es, sich anläßlich des Jahrestages mit jenen ›Deutschenmädchen‹ zu beschäftigen, die kein Happy End vorzuweisen haben. In einer linken Tageszeitung erschien ein Artikel von Dag Ellingsen, der unter der Überschrift »Schweigen über die Deutschenflittchen« die Frage aufwarf, warum in Norwegen, wo Historiker jedes Steinchen der Besatzungszeit inzwischen mehrfach gewendet haben, der ganze Themenkomplex ›Deutschenmädchen‹ praktisch unangetastet bleibt. Er mutmaßt, daß Historiker sich lieber um den Widerstand sowie das Schicksal und die Heldentaten »großer Männer« kümmerten, und weniger gern um die Abtrünnigen, um das Alltagsleben und das Leben der Frauen. Geht man aber mit einer solchermaßen eingegrenzten Sicht an die Kriegsjahre heran, kann einem in der Tat sehr leicht entgehen, daß Frauen – in *allen* besetzten Ländern – durchaus aktive und handelnde Personen waren, und zwar in beiden Lagern, denn während sich die einen mit den Besatzern anfreundeten, arbeiteten andere im Widerstand gegen sie.

Die Widerstandsfrauen tippten, vervielfältigten und erledigten Kurierdienste, sammelten Geld und Vorräte, in ihren Wohnungen fanden illegale Treffen statt, tauchten Widerstandsleute unter, wurden Waffen, Flugblätter und illegale Zeitungen gelagert. Ohne solche als »Hilfsdienste« degradierte Arbeiten wäre kein als solcher gefeierter Widerstandskämpfer sehr weit gekommen, und die Frauen begaben sich damit ebenso in Gefahr wie die Männer. Dennoch wurde und wird die Arbeit der Frauen nicht als eigenständiger Beitrag zum Widerstand gewertet oder gar gewürdigt, und erstaunlicherweise sehen die betreffenden Frauen das nicht anders. Anette Warring konnte am Beispiel Dänemark nachweisen, daß diese Fehleinschätzung entstand, weil die Frauen ihre Arbeit im wesentlichen in ihren Alltag integrierten, also im Rahmen ihres Zuhauses und ihrer Familie leisteten.

Diese Beobachtung machte ein Paradox sichtbar: Während die ›Deutschenmädchen‹ ihr Liebesleben als ihre strikte Privatsache ansahen, werteten viele Landsleute deren Verhalten als politische Meinungsäußerung zugunsten der Besatzer. Die fraglos politische Widerstandsarbeit von Frauen hingegen taucht als politische Arbeit überhaupt nicht auf, *weil* sie in der Privatheit ihres Heimes und ihrer Familie geschah. Bei dieser merkwürdigen Asymmetrie in Wahrnehmung und Zuschreibung geht es um die Frage, welche Sphäre der Frau zugestanden wird und in welcher sie tatsächlich agiert. Die ›Deutschenflittchen‹ waren als handelnde Frauen (an der Seite ihres uniformierten Freundes) *in die Öffentlichkeit* sichtbar geworden (wohin eine Frau, jedenfalls eine anständige Frau, nicht gehörte), während die Widerstandskämpferinnen die Grenze zwischen der Sphäre der Frau (das privaten Leben zu Hause) und der des Mannes (das politische Handeln ›da draußen‹) nicht überschritten, und daher auch nach Kriegsende und in den Geschichtsbüchern unsichtbar blieben![9] Mit ihrer stillschweigenden Aufteilung von »Drinnen« und »Draußen« fallen diese Bücher übrigens hinter den expliziten Wissensstand von 1945 zurück. In der ersten Nachkriegsnummer der *Frankfurter Rundschau* schreibt Emily Kraus-Nover,

»Selbst wenn wir uns auf den Standpunkt stellen wollen, daß die Frau auf dem Männergebiet nichts zu suchen hat, daß ihr dafür von Natur aus das Verständnis und die Eignung abgehen, so müssen wir uns doch darüber klar sein, daß die Herrschaft des Nationalsozialismus die Grenzen der Politik völlig verwischte und in einem Maße in unser privates Leben eingriff, wie es niemals eine Regierung vorher getan hatte. Es gab nicht mehr ein »Draußen« – eine Welt, die vor den Türen des Heimes Halt machte, und ein »Drinnen«, in dem das Wesen der Frau waltete und in dem der Mann sich ausruhen und entspannen konnte nach getaner Tagesarbeit.«[10]

Das Schweigen über etwas entsteht also nicht nur, weil Bekanntes vertuscht, Erdrückendes verdrängt oder Unliebsames umgedichtet werden muß, sondern weil der Chronist grundsätzlich nur das festhält, was er sieht und was ihm wichtig und berichtenswert erscheint. Da er nur den Widerstandskämpfer mit der Dynamitstange sowie die Schlampe sieht, die auf der Straße mit dem Soldaten poussiert, gibt es im offiziellen Bild der Besatzungszeit eine geschlechtliche Aufteilung von Gut und Böse: die »Schlechten – die mit dem Feind kollaborierten – sind weiblich, die »Guten« – die ihn bekämpften – männlich. Vergleichbares scheint übrigens auch im deutschen Bild des Zweiten Weltkriegs auf. Die Soziologin Gudrun Schwarz hat Lebensläufe von SS-Ehefrauen untersucht und aufgedeckt, daß viele nicht nur Mitwisserinnen der Taten ihrer Männer, sondern aktive Komplizinnen und Mittäterinnen waren. Dafür wurden sie von keinem Nachkriegsgericht belangt: »Die Handlungsspielräume von Frauen scheinen unter dem traditionellen Blickwinkel reduzierter Geschlechtsrollenzuweisungen betrachtet worden zu sein, wonach der Platz der Frau im Haus war, fernab jeder Möglichkeit, Verbrechen zu begehen oder an ihnen mitzuwirken.«[11]

In der deutschen Geschichtsschreibung über den Zweiten Weltkrieg klaffen weitere krasse Lücken, eine ist der gesamte Themenkomplex des Privatlebens der deutschen Wehrmachtssoldaten, zu dem deren sexuelle Beziehungen zu den Frauen der besetzten Länder ja in hohem Maße gehören. Historiker und Historikerinnen befassen sich offenbar generell äußerst ungern mit Gefühlen, was daran liegen könnte, daß das Handwerkszeug des Historikers – eindeutige Jahreszahlen, zitierbare Archivunterlagen, verifizierbare Fakten usw. – zur Durchquerung dieses sumpfigen, schlüpfrigen Terrains gänzlich ungeeignet ist. Durch dieses Gelände führt weder ein erkennbarer Weg zu den verliebten Soldaten noch gar zu den ›Deutschenmädchen‹ und ›Deutschenbastarden‹. Das alles hat offenbar weder mit dem »richtigen Krieg« noch mit »der deutschen Wehrmacht« etwas zu tun. Die Nichtbeschäftigung mit diesem Thema liegt also, so Birgit Beck in einem Aufsatz über die Vergewaltigungen von Frauen im Zweiten Weltkrieg, nicht nur »an der schlechten und unsicheren Überlieferung, sondern auch an den psychischen und kulturellen Blockaden der Historiker und ihres Umfeldes«.[12]

»Interessant ist«, sagt Jan Philipp Reemtsma in einem Interview zur Wehrmachts-Ausstellung, »daß die Historiker sich mit der Psychologie der Täter vergleichsweise wenig beschäftigt haben.«[13] Ob die deutschen Soldaten in ihrer Funktion als Geliebte der Frauen und Väter der ›Deutschenbälger‹ als *Täter* zu bezeichnen sind, soll hier nicht diskutiert werden. Sicher ist, daß sie sich in überwältigender Mehrheit aus der Verantwortung für ihre Kinder geschlichen haben. Das ist schuftig, aber bei Besatzungsarmeen wie bei einzelnen Männern wahrlich nichts Ungewöhnliches. Ob sie Schuld an dem Schicksal der Frauen auf sich geladen haben, steht auf einem anderen Blatt. Wer die Frauen ausschließlich als Opfer der Männer – der Besatzer wie ihrer Landsleute – darstellt, übersieht, daß sie in Nord- und Westeuropa bei der Wahl ihres Partners durchaus Handlungsspielraum und Entscheidungsfreiheit hatten. Man täte ihnen (und den Männern) Unrecht, wollte man sie in die Rolle des unschuldigen Opfers drängen, das »nur wegen dieser Männer« leiden mußte. Das Unbehagen, das in den ehemals besetzten Ländern allenthalben zu spüren ist, sobald die Sprache auf das Thema ›Deutschenmädchen‹ kommt, hat auch mit der Unmöglichkeit zu tun, sie ruhigen Gewissens *entweder* in die Kategorie »Opfer« *oder* in die Kategorie »Täter« einzusortieren.

Sicher ist jedenfalls, daß die Frauen wie die Kinder über fünf Jahrzehnte und länger eine Frage und ein Problem ihrer Heimatländer geblieben sind, die sich mit ihnen, wenn auch sehr gelegentlich, einfach deswegen befassen mußten, weil sie *da* waren. In Deutschland erinnert praktisch nichts an sie, und so konnten beide deutsche Staaten dem Vorbild der meisten Besatzungsmächte folgen und ihre »Hinterlassenschaften« in Europa mit keiner Silbe mehr erwähnen. Die beiden Deutschlands haben die Frauen nicht zur Kenntnis genommen, sich nicht um deren weiteres Schicksal oder um das Wohlergehen der Kinder gekümmert, ihre Geschichte nicht geschrieben. Es hat die Frauen, die Deutsche geheiratet haben und die seit Jahrzehnten hier leben, mit keiner Silbe erwähnt. Die DDR hat das auf die Spitze getrieben, indem sie einige ihrer Staatsbürger, die als Kinder durch den »Lebensborn« nach Sachsen gekommen waren, nicht nur um ihr Recht auf eine norwegische Staatsangehörigkeit betrogen, sondern auch darum, ihre leiblichen Mütter und ihre Familien in Norwegen kennenlernen zu können.[14]

Ronald Reagan hat die etwa eine Million War Brides aus dem Zweiten Weltkrieg 1985 offiziell geehrt, da sie »eine bedeutende Rolle im Alltag und in der Geschichte unserer Nation gespielt haben. Angesichts der Fähigkeiten und Stärken dieser Bürgerinnen kann Amerika sich wirklich glücklich schätzen«.[15] »Ihren« vietnamesischen Kindern haben die USA, wenn auch sehr halbherzig, eine Tür in die USA geöffnet. In Deutschland ist nichts dergleichen geschehen. Das Schweigen ist so vollständig, daß, ich kann es nicht oft genug sagen, die deutsche Sprache für die Frauen und die Kinder kein Wort hat, das nicht aus einer anderen europäischen Sprache ins Deutsche übersetzt wäre und das in all diesen Sprachen ein Schimpfwort ist.

Niemand reagiert in Deutschland auf das Wort ›Deutschenmädchen‹ mit Mißbehagen, Empörung oder gar Wut, die meisten verstehen gar nicht, wer oder was damit gemeint sein könnte. »Mädchen« klingt ja auch harmlos und verrät nichts über die Schärfe der Diffamierung, mit der es verbunden ist. Aber auch nachdem die Bedeutung des Wortes und seine Verbindung zum Dritten Reich, also zu Deutschland, erläutert wurden, bleiben die Reaktionen eigenartig gefühlsneutral. *Eigenartig*, weil es ja nicht nur die Menschen in den ehemals besetzen Länder betrifft, sondern auch Millionen deutscher Kriegsheimkehrer. Über sie schrieb damals eine Deutsche:

»Immer wieder bemerkte ich in diesen Tagen, daß sich mein Gefühl, das Gefühl aller Frauen den Männern gegenüber ändert. Sie tun uns leid, erscheinen uns so kümmerlich und kraftlos. Das schwächliche Geschlecht. Eine Art von Kollektiv-Enttäuschung bereitet sich unter der Oberfläche bei

den Frauen vor. Die männerbeherrschte, den starken Mann verherrlichende Naziwelt wankt – und mit ihr der Mythos ›Mann‹ ... Am Ende dieses Krieges steht neben vielen anderen Niederlagen auch die Niederlage der Männer als Geschlecht.«[16]

Sie kehrten geschlagen und entehrt zurück, und das, nachdem sie im Ausland einige Zeit Sieger und Helden gewesen waren, militärisch, aber auch sexuell. So, wie viele über das schwiegen, was sie an der Front und bei Einsätzen erlebt, getan und gesehen hatten, schwiegen sie auch über ihre sexuellen und erotischen Erfahrungen. Was genau hat man sich unter der Beobachtung des Kommandeurs der Sicherheitspolizei und des Sicherheitsdienstes für den Distrikt Galizien vom April 1943 vorzustellen, der über das Verhalten der Reichsdeutschen in den besetzten Gebieten berichtet, es falle »zunächst die Haltlosigkeit des deutschen Mannes gegenüber nichtdeutschen weiblichen Personen« auf?[17] Welche Geschichte steckt hinter jenem Foto aus der Brieftasche eines deutschen Kriegsgefangenen, das Jan Philipp Reemtsma beiläufig mit den Worten erwähnt, »es könnte die Schwester gewesen sein, vielleicht auch die polnische Geliebte«?[18] »In den besetzten Gebieten des Ostens lebten viele SS-Männer in einer sogenannten Ostehe«, so daß sich »vielfach fast die Einrichtung eines Kebsweibs herausgebildet hat«, mit der Folge, daß »viele Männer die Gelegenheit, ihre Familien nach hier nachzuziehen, nicht wahrnehmen, um nicht mit ihren polnischen Geliebten Schwierigkeiten zu bekommen«.[19] Dachte der Heimkehrer, wenn er sich von Familie und Ehefrau nicht verstanden und nicht geachtet fühlte, insgeheim an sein ehemaliges »Kebsweib«? Sehnte er sich zu ihr zurück? Tröstete ihn der Gedanke, daß sie, die den Krieg und die Besatzung auf *seiner* Seite miterlebt hatte, ihn auch jetzt verstünde? Idealisierte er sie dafür, daß sie um seinetwillen den Anfeindungen ihrer Landsleute getrotzt, sich selbst in Gefahr gebracht hatte? Wieviele vermißt Gemeldete, schon lange Totgeglaubte leben immer noch irgendwo in Europa mit einer Frau, die sie mehr liebten als ihre Heimat? Und wieviele kehrten aus Pflichtgefühl oder Ratlosigkeit, Feigheit oder Heimweh, nicht aber aus Sehnsucht nach ihrer Ehefrau und ihrer Familie zurück?

Die Jahre der Trennung und ihre unterschiedlichen, zum Teil traumatischen Erfahrungen hatten die Ehegatten voneinander, die Kinder von ihren Vätern entfremdet. Nach dem Krieg lag auf dem Einzelnen, den Paaren und den Familien eine so immense Last, daß ihnen Untreue in den Kriegsjahren, sei es die des Mannes, sei es die der Frau, als Banalität, als »Luxusproblem« erschienen sein mag. Keineswegs banal war, daß bald nach Kriegsende, als binnen kürzester Zeit Millionen von sexuell aktiven Männern – die deutschen Heimkehrer sowie die Soldaten der Alliierten – nach Deutschland strömten, die Geschlechtskrankheiten in bedrohlichem Maße zunahmen, was auch in Partnerschaften zu Verdächtigungen und Streit geführt haben wird. Bereits während des Krieges wurde bei offiziellen deutschen Stellen »das ungezügelte Sexualleben der Soldaten für die Untreue der Ehefrauen verantwortlich gemacht: ›Diese Frauen stellen sich mitunter auf den Standpunkt, daß das, was ihre Männer tun, auch ihnen gestattet sein müsse.‹«[20] Viele Ehegatten waren sicher auf vermutete oder tatsächliche sexuelle Erfahrungen des/der Anderen eifersüchtig.[21]

Die beiden folgenden Zitate beweisen, daß das sexuelle Verhalten von Frauen wie Männern und die Frage der sexuellen Treue in den Kriegs- und Nachkriegsjahren die Deutschen stark beschäftigte. Der Publizist Walther von Hollander schrieb 1946 in der Frauenzeitschrift *Constanze*: »Es ist nicht nur so, daß der deutsche Mann besiegt heimkommt. Mit ihm sind die Sieger eingezogen, und er muß feststellen, daß ein kleiner, nicht sehr wertvoller Teil der Frauen den Siegern anheimfällt ... Dennoch muß der deutsche Soldat auf Grund seiner Kriegserfahrungen zugeben, daß es nun mal in aller Welt so war und ist. Wünscht er etwa den Frauen, die ihn in der Fremde erfreuten, die Rache ihrer Landsleute? Sicher nicht. Aber um der Würde des Besiegten willen wünscht er sich natürlich, daß alle deutschen Frauen den moralischen Abstand halten.«[22]

1948 erschien im allerersten STERN-Heft ein Text, der wie

eine direkte Replik darauf klingt. Unter der Überschrift »Hat die deutsche Frau versagt?« heißt es da unter anderem:

»Wir fänden es passend, wenn derselbe Mann, der in allen Ländern Europas (trotz résistance) mit unverkennbarem Stolz weibliche Eroberungen machte, sich nicht darüber entrüsten würde, wenn seinen Geschlechtsgenossen von ›der anderen Seite‹ ähnliche Erfolge in Deutschland beschieden sind. Es gäbe da manches, worüber dieser Mann nachdenken sollte. So wird es ihn vielleicht infolge seiner langjährig genossenen rassenpolitischen Schulung besonders schockieren, daß auch die schwarzen Soldaten der amerikanischen Armee ihre ›Frolleins‹ finden. Er möchte sich vielleicht einreden, daß eben Schokolade und Camels heute alles vermöchten. Würde er sich aber die Mühe machen, jene Mädchen zu fragen (wie wir es getan haben), so würde er hören, daß die einfache menschliche Güte, die Hilfsbereitschaft und Zartheit gerade dieser amerikanischen Bürger verbunden mit ihrem aus eigener Erfahrung stammenden Verständnis für unsere Not ihnen die Neigung der deutschen Mädchen gewonnen hat.«[23]

Ob und wie solche Diskussionen innerhalb von Partnerschaften und Familien geführt wurden, läßt sich nur schwer feststellen, von »Zufallsfunden« wie der Erzählung einer Bekannten von mir abgesehen, bei ihren Großeltern habe nach dem Krieg jahrelang der Haussegen schief gehangen, weil ihr Großvater nicht nur einer, sondern vielen Russinnen seine Adresse gegeben hatte (»Die richtige! Stell dir diesen Idioten vor!«), die ihn mit Briefen überschütteten. Doch generell blieb es den rückkehrenden Soldaten überlassen, ob und was sie von ihrem Leben im Krieg und ihren Kontakte zur Zivilbevökerung erzählten, und das war auch nicht zu überprüfen. Ließen die meisten Soldaten mit der Uniform auch die Erinnerung an ihre Freundinnen hinter sich? Waren sie, wie eine Krankenschwester in einem Kriegsfilm zu ihrem Geliebten sagt, »nach dem Krieg nur noch ein Lächeln auf deinem Gesicht, das deine Frau nicht versteht«? Wie gestalteten sich spätere Beziehungen bei jenen Männer, die ihre ausländische Freundin geheiratet hätten, wenn es nicht an den Hindernissen der Nachkriegszeit gescheitert wäre? Suchten die ehemaligen Soldaten nach etwas (oder nach jemandem), wenn sie Jahre später als Touristen an die Orte ihrer Stationierung zurückkehrten, mit welchen Hoffnungen oder Befürchtungen blickten sie in die Gesichter der gleichaltrigen Einheimischen? Was ist mit jenen Witwern, die jetzt, mehr als fünfzig Jahren nach Kriegsende, bei den Konsulaten der damals besetzten Länder vorsprechen, weil sie hoffen, mit deren Hilfe ihre Kriegs-Freundinnen wiederzufinden?

Das sind einige der Fragen, die im Schweigen der Heimkehrer liegen. Sie werden vermutlich unbeantwortbar bleiben, sollten aber dennoch zumindest gestellt werden, denn Erfahrungen von Sexualität und Liebe gehörten ebenso wie die von Brutalität und Grausamkeit zu den Kriegserlebnissen und somit zur emotionalen Erziehung dieser Männergeneration. Sie prägten die beiden deutschen Staaten ebenso wie den Alltag zwischen den Ehepaaren und zwischen den Eltern und ihren Kindern. Schweigen soll ungeschehen machen, das aber tut es nie. Wenn Eltern nicht darüber sprechen, was in ihrem Leben wichtig war und ist, entsteht in der Familie einer Gefühlsmauer – es ist eine Tragik, daß das offenbar eine Erfahrung ist, die in der Folge des Dritten Reiches die Kinder von Tätern und Opfern teilen.[24]

Aber das Deutschland, das nichts über das Liebesleben der Wehrmachtssoldaten wissen möchte, ist nicht mehr das Deutschland dieser heimgekehrten Soldaten und ihrer Ehefrauen. Sie hatten eigene und nachvollziehbare (wenn auch nicht unbedingt zu rechtfertigende) Gründe dafür, über die Kriegsjahre zu schweigen und die ausländischen »Besatzungskinder«, die den deutschen Vater suchten, mit dem Satz abzuschmetterten: »Glauben Sie, daß wir uns dazu berufen fühlen, alte Männer mit einer Vergangenheit zu konfrontieren, *die wir bewältigt haben*?«[25] Es ist schon lange das Deutschland ihrer (deutschen) Kinder, die Grad und Erfolg dieser »Vergangenheitsbewältigung« anders einschätzen als ihre Elterngeneration. Warum reden *sie* nicht darüber? Die Antwort scheint banal: Es ist ihnen offenbar schlicht nicht in den Sinn gekommen.

Doch hinter dieser vermeintlichen Banalität steckt die ganze Komplexität des Verhältnisses zwischen der deutschen Kriegsgeneration und ihren Kindern. Sie sprachen (und sprechen) nicht miteinander. Es ist die kollektive Erfahrung dieser Nachkriegsgeneration, daß in ihren Familien über die als wesentlich empfundenen Dinge Schweigen herrschte, und das, obwohl die Kinder meinten, ihre Väter – und viel später auch die Mütter – eingehend nach deren Kriegserlebnissen befragt zu haben. Im Zentrum dieser Befragungen aber stand das Bild der Vätergeneration als *Täter,* das von dem individuell befragten Vater bestätigt oder widerlegt werden sollte. Doch die Art der Fragestellung lenkt die möglichen Antworten,

»das Schweigen wurde dadurch zementiert, daß der Wunsch nach politischer Aufklärung den Gestus der Anklage annahm. […] In vielen Familien entstand die Atmosphäre eines Tribunals, in der die jugendlichen Ankläger Fragen stellten, die der Überführung dienen sollten […] Es geht hier nicht darum, diesen Vorgang politisch oder psychologisch zu bewerten. Jedoch bleibt festzuhalten, daß sich in diesem Klima keine kommunikative Rationalität zwischen den Generationen entwickeln konnte. Die aggressive ›Aussageverweigerung‹ der einen entsprach einer verzweifelten Radikalität der anderen Seite, für die die Vorstellung einer Versöhnung mit den schuldbeladenen Eltern unmöglich war. Insofern gab es keinen Anlaß, eine ›Kunst des Fragens‹ zu entwickeln, die das Schweigen hätte brechen können. Noch weniger gab es wohl einen Grund – womöglich wären die hervorgelockten ›Geständnisse‹ unerträglich gewesen …«[26]

Die Fragen galten ausschließlich dem deutschen Soldaten als Täter – in diesem Bild war für den sexuell aktiven jungen Mann kein Platz. Das hat etwas geradezu Erheiterndes, da das Thema Sexualität für die Achtundsechziger einerseits von immenser Wichtigkeit war, sie sich aber andererseits selbst als die erste (und somit einzige) Generation sahen, die davon etwas verstand.

Mit ihrem »make love, not war« wollten sie sich von den Eltern abgrenzen – die hatten Krieg geführt und zudem (oder: deswegen?) von Sexualität und Erotik nicht die blasseste Ahnung. Die Vorstellung vom (und die Angst vor dem) eigenen Vater als Nazi, Antisemit und Mörder mag die »Tribunale« bestimmt haben, ganz und gar unvorstellbar aber war er als erotischer Held, erfolgreicher Schürzenjäger oder Verfasser sentimentaler Liebesbriefe, als blutjunger verliebter Mann, der obendrein selbst geliebt wurde oder ein uneheliches Kind hat – zu schweigen von der Möglichkeit, daß er ein begnadeter Liebhaber, die Mutter eine erfahrene, raffinierte Verführerin und Geliebte gewesen sein könnten. Die »deutschen« Kinder hatten also gute Gründe, ihre Eltern nicht zu fragen, womit und mit wem sie während des Krieges ihre Freizeit verbracht hatten.

Warum aber haben sich in Frankreich, Dänemark, den Niederlanden und den anderen ehemals besetzten Ländern so wenige oder gar keine ›Deutschenkinder‹ zu Wort gemeldet? Für sie kann nicht, wie für ihre deutschen Altersgenossen, gelten, daß sie nicht auf den Gedanken gekommen wären. Die Dänin Lotte Tarp schreibt: »Seit dem Krieg sind 52 Jahre vergangen, wir 5000 bis 6000 ›Deutschenkinder‹ sind nicht nur erwachsen, wir fangen schon an zu sterben. Es ist an der Zeit, daß eine von uns vortritt und erzählt, wie es ist, von Ausgesprochenem und Unausgesprochenem, von Heimlichkeiten umgeben aufzuwachsen.« Sicher wurden – wie Tarp – viele als Kinder und Jugendliche von ihren Landsleuten diskriminiert und für die Taten ihrer Eltern zur Verantwortung gezogen. Warum also schweigen *sie*?

Mit ihrem Buch rührte Tarp nicht nur an das nationale Tabu, wie herzlos, ja erbarmungslos ihre Landsleute die ›Deutschenkinder‹ behandelt haben, sie brach auch das strenge *familiäre* Schweigegebot über die Schande ihrer Mutter und die Schande ihrer eigenen Existenz. Bei der Lektüre des Buches entsteht der Eindruck, als sei ihr *das* weitaus schwerer gefallen, in einem Zeitungsinterview sagte sie: »Ich wollte gern meiner Mutter gegenüber loyal sein.«

Diese war nach außen niemals von der Geschichte abgewichen, Lottes Vater sei ein dänischer Widerstandskämpfer. An dieser Lüge hatte sie bis zu ihrem Tod unter hohen persönlichen Kosten festgehalten. Es mag ihr ernst gewesen sein mit der Drohung, daß sie sich töten werde, falls Lotte jemals die wahre Nationalität ihres Vaters enthüllen würde. Nach dem Tod von Åses Eltern und den anderen Verwandten der Elterngeneration war somit ihre Tochter der einzige Mensch auf der Welt, der die Wahrheit kannte, der noch »zu ihrer Seele und ihrer Jugend Zugang hatte«. Lotte achtete Åses Recht an der eigenen Lebensgeschichte und wartete mit der Veröffentlichung des Buches, bis ihre Mutter tot war. Indem sie das Schweigen brach, blieb sie loyal (selbst wenn Åse das sicher nicht so gesehen hätte), weil ihr Buch dazu beiträgt, Zugänge zur Seele und Jugend anderer zu öffnen – der Frauen wie der Kinder.

Die Frauen selbst schreiben (noch?) keine Bücher. Sie wollen nicht zurücksehen, fürchten, erneut diffamiert, beschimpft und angeklagt zu werden. Sie schweigen, manche, wie Sylvi, Gudrun und Åse, offenbar um den Preis ihres Lebens. Für manche, deren Hoffnung auf eine Ehe sich damals nicht erfüllte, mag der Grund sein, daß sie die Scham und die Enttäuschung über diesen Verrat nur verdrängen und hermetisch in sich verschließen, nicht aber verarbeiten konnten – das ist das verschämte Schweigen, das alle verlassenen Liebenden eint. Bei den Deutschenmädchen kamen jedoch die Geringschätzung, ja der Haß ihrer Landsleute, öffentliche Schmach und manchmal konkrete Strafen hinzu.[27]

Gleiches galt und gilt für die deutschen Frauen, die mit alliierten Soldaten, insbesondere mit Amerikanern, befreundet waren. Sie wurden von Deutschen und Amerikanern gleichermaßen verunglimpft. »Die psychologischen Wunden dieser Diskriminierungen sind bis heute vor allem in dem beharrlichen Schweigen spürbar, das über dem Thema der deutsch-amerikanischen Fraternisierungen lastet.«[28] Ein Zeitungsartikel aus dem Jahr 1994 (das Jahr, als die alliierten Truppen Deutschland verließen) berichtet über das Schicksal der Freundinnen alliierter Soldaten im Nachkriegsdeutschland: »Ob die Frauen dieser Generation über ihre Liebschaft reden konnten, hing immer von ihrer Umwelt ab. Viele haben bei einer späteren Heirat mit einem Deutschen versprechen müssen, über ihre Vergangenheit zu schweigen. Das war so eine Art Braut-Preis in den fünfziger Jahren. Öfter haben die Kinder nur durch Andeutungen oder durch Zufall ihre Herkunft erfahren.«[29]

Denkbar, daß dieser »Braut-Preis« nicht allein in Deutschland gefordert wurde. Und noch immer ist nicht genug: Jenen Norwegerinnen, die nach 1945 einen Landsmann geheiratet haben, kann es passieren, daß sie nach dessen Tod ein weiteres Mal mit ihren »Jugendsünden« konfrontiert, ja an den Pranger gestellt werden und im Wortsinne dafür bezahlen müssen. Voraussetzung dafür ist, daß 1945 gegen sie ermittelt wurde und daß ihr Mann Kriegsrente bezieht, weil er aktiver Widerstandskämpfer war. Nach einem noch gültigen Gesetz von 1946 wird der Witwe diese Rente nicht weiterbezahlt, falls sie der Nasjonal Samling angehört oder sich während der Besatzung »grob unwürdig« verhalten hat, u.a., indem sie »während des Krieges sexuellen Umgang mit Soldaten oder Offizieren der deutschen Besatzungsmacht hatte«.

»Von den 92805 Norwegern, die wegen Landesverrats angeklagt waren, wurden 37150 Verfahren aufgrund der Beweislage eingestellt. Die Akten werden im Reichsarchiv aufbewahrt. Wenn eine Frau die Übernahme der Kriegsrente ihres verstorbenen Mannes beantragt, wendet sich das Reichsrentenamt automatisch an das Reichsarchiv, um dort überprüfen zu lassen, ob die Witwe Mitglied der NS gewesen ist oder sexuellen Umgang mit Deutschen hatte. Die Suche umfaßt auch die 37150 eingestellten Verfahren.«[30]

Das heißt: Den Frauen, gegen die damals – zu Recht oder zu Unrecht – ein Verfahren eingeleitet wurde, wird diese Kriegsrente verwehrt. Ob sie für schuldig befunden und verurteilt worden waren oder nicht, ist völlig gleichgültig: Nichts ist vergessen. Nichts ist vergeben. Nichts verjährt.

In den letzten Jahren tauchen immer häufiger solche Geschichten von Unrecht auf – nein, sie tauchen natürlich nicht von allein auf, sie werden von einigen wenigen, vor allem skandinavischen WissenschaftlerInnen und PublizistInnen ans Tageslicht geschleift und gezerrt, und zwar zum Teil gegen den entschiedenen Widerstand von Archiven und Zeitzeugen. Die Veröffentlichungen thematisieren einerseits die kollektive Verklärung eines gemeinsamen, ungetrübten, ausschließlich von edlen Motiven getragenen Widerstands gegen den Faschismus, andererseits das eiserne Schweigen um die ›dunklen‹ Seiten der Besatzungszeit. Jetzt, da einige dieser dunklen Seiten sichtbar werden, zeigt sich, daß das Schweigen über die Identität und die »Vergehen« der Frauen – das fraglos in deren Interesse ist, weil es sie und die Ruhe ihres jetzigen Lebens schützt –, einen weiteren, nicht minder wichtigen Effekt hat: Es vertuscht das Unrecht, das vielen angetan wurde. Es unterschlägt sowohl, worin es bestand als auch, wer es ihnen antat. Es schützt nicht nur die Opfer von Unrecht, es schützt auch die Täter.

Ein Beispiel sind die Verfasser der Schwarzen Listen, die in den illegalen Zeitungen erschienen (im fünften Kapitel wurde aus einer solchen Liste zitiert). Darin wurden Gerüchte ebenso wiederholt wie neu geschaffen, und niemand überprüfte, ob das, was da behauptet wurde, der Wahrheit entsprach. Die Listen waren gefährlich, sie glichen einem Pranger. Wer dort aufgeführt wurde, mußte mit Schikanen rechnen. Aus Norwegen sind Fälle bekannt geworden, wo Menschen aufgrund solcher Listen getötet wurden. Es liegt in der Natur der Illegalität, daß die Genannten damals keinerlei Möglichkeit hatten, sich zu wehren, indem sie beispielsweise eine Richtigstellung forderten,[31] und auch nach dem Krieg wurde niemand für das zur Verantwortung gezogen, was in den illegalen Zeitungen stand.[32]

Vielleicht würden mehr Menschen über ihre traumatischen Erlebnisse während der Kriegs- und Nachkriegsjahre sprechen, wenn man Fragen fände, auf die sie antworten *können*. Eine der Frauen, die 1945 in Berlin vergewaltigt worden waren, begründete ihr Schweigen mit den Worten, »Es hat mich auch niemand gefragt«.[33] Einige der Freundinnen der Wehrmachtssoldaten, mit denen ich sprach, hatten ihre Geschichte noch nie oder nur in zensierten Ausschnitten erzählt. Doch »das berühmte Schweigen bezeichnet die Notlage, keine adäquate Ausdrucksform für das Geschehen finden zu können«[34]. Ich bin überzeugt, daß Menschen über traumatische Erfahrungen in ihrem Leben sprechen möchten, das aber nur tun können, wenn sie sich ganz sicher fühlen, daß ihr Gegenüber bereit ist, zunächst ›nur‹ zuzuhören, sie nicht anzuklagen und die Geschichte, die ihm anvertraut wird, nicht zu veruntreuen. Wenn sie also mir, einer Fremden, ihr Geheimnis enthüllten, dann vermutlich deswegen, weil wir beide keine Angst vor der Wahrheit sowie davor haben mußten, ob sie das Verhältnis zwischen uns beiden verändern würde.

Vielleicht haben auch die deutschen Väter auf die Gelegenheit gewartet, über diese Erinnerungen sprechen zu können, selbst wenn es sehr stark den Anschein hat, als sagten sie einfach deswegen nichts, weil sie nicht wüßten, was es da zu erzählen gäbe, und obwohl alles dafür spricht, daß das, was damals geschah, nur die Frauen und die Kinder, nicht aber die deutschen Soldaten, Geliebten und Väter quält.

Klaus, Gudruns Verlobter, der Ende der vierziger Jahre eine andere heiratete, während und obwohl Gudrun noch auf ihn wartete, legt in einem Bändchen Lebenserinnerungen die Liebesgeschichte zwischen ihm und ihr (die dort Ingrid heißt) einem Nachbarn als Kriegserinnerung in den Mund. Dann läßt er diesen auf die Frage, was nach dem Krieg aus ihm und Ingrid geworden sei, antworten, daß es damals nach Norwegen keine Verbindungen außer der postalischen gegeben habe. Danach seien die Jahre des Wiederaufbaus und des Wirtschaftswunders gekommen und »so begab es sich schließlich, daß Ingrid in Norwegen und ich in Deutschland glücklich verheiratet waren«. Als er mit seiner Frau eine Ferienreise nach Norwegen gemacht habe, so der erfundene Nachbar weiter, habe er auch Gudrun besucht, »wir wanderten die alten Wege, die wir früher zusammen gegangen waren«, dabei habe er ihr auch für die »wunderschöne Zeit in Norwegen« gedankt. Er beendet das Kapitel mit einem sentimentalitätstriefenden Gedicht über die rührende Schönheit vergangener Liebe.[35]

Das ist eine umgelogene Geschichte, die das tatsächlich Geschehene so weit wie möglich von Klaus selbst fortrückt, und aus der wenig mehr spricht als schlechtes Gewissen über das Unglück, das er durch sein verantwortungsloses Verhalten verursacht hat, sowie das Bedürfnis, das zu verdrängen und jede Schuld von sich zu weisen, indem er die ganze Beziehung nostalgisch verklärt, ja schönlügt. Mit Gudruns Leben und dem, was diese Liebe noch heute für sie bedeutet, hat das alles nichts zu tun.

Schweigen die alten Männer, weil sie das alles nicht (mehr) berührt, schweigen sie aus Angst vor Vorwürfen, und aus Feigheit? Schweigen sie aus Angst vor einer Begegnung, wie Franz Josef Degenhart sie in seinem Lied *Der Talisman* geschildert hat: Das inzwischen erwachsene ›Deutschenkind‹ Germaine erkennt ihren Vater an einem Talisman, den ihre Mutter ihm 1942 in Paris geschenkt hat, sagt zu ihm, »Der Mutter schwor ich auf der Totenbahr, zu rächen Not und ausgerißnes Haar, als Strafe weil sie ein Feindesliebchen war. Jetzt wird meine Rache wahr« – und erschlägt ihn.

Wollen sie sich im vermeintlich höchst Privaten der Verantwortung für ihre »bewältigte Vergangenheit« entziehen? Und haben ihre deutschen Kinder, die nun auch schon langsam anfangen zu sterben, das Schweigen darüber nicht einmal bemerkt, weil sie trotz des tiefen Entsetzens über ihre Elterngeneration, trotz aller Kämpfe und Anschuldigungen, wider besseres und auch ihr eigenes Wissen ihren Vätern gegenüber so gern loyal sein wollten?

Letzte Fragen an das Schweigen: Wer ist der Vater des Säuglings mit dem dichten schwarzen Haar, den Capas Geschorene auf dem Arm trägt? Wo ist er? Kennt er dieses berühmte Bild? Lebt er seit Jahrzehnten mit dem Wissen, daß es seine Geliebte und ihr gemeinsames Kind zeigt? Schämt er sich?

Die im Dunkeln

Das ›Deutschenmädchen‹ – zur Kenntlichkeit entstellt

An Bahnübergängen im ländlichen Frankreich warnen Schilder mit der Aufschrift *Un train peut en cacher un autre* vor der Gefahr, daß der vorüberfahrende Zug, den man sieht, den Blick auf einen weiteren verdecken könnte, der dahinter kreuzt und den man daher nicht sieht. Wie ein Zug einen anderen, so kann auch »die symbolische Kraft eines Bildes eine andere Realität verbergen«[1]. Capas Geschorene – jene junge Frau mit einem Säugling auf dem Arm – ist ein solches Bild. Seine immense symbolische Kraft liegt darin, daß diese eine Szene alles zu bündeln scheint, was es über ›die Deutschenflittchen‹ und ihr Schicksal zu sagen gibt.

Capas Bild hat einen Mythos mitbegründet – ein Mythos ist, es sei noch einmal wiederholt, die »Verdrehung der Wirklichkeit (im Extrem eine Lüge) oder eine Schlüsselerzählung, die in ihrer Schlichtheit und Abweichung die Geschichte so wiedergibt, wie wir sie gern hätten«[2]. Das Foto ist so stark, so eindringlich, daß die darauf gezeigte Realität den Blick auf andere, auf weitere Realität*en* verstellt, die im Dunkeln bleiben. Am Extrem (auch einer Lüge) läßt sich die Normalität am besten erfassen, es *ist* aber nicht die Normalität. Und so drängen sich im Schatten des übermächtigen Bildes, weitestgehend unbemerkt, nicht nur die zahllosen Freundinnen und Geliebten der deutschen Wehrmachtssoldaten, sondern die Freundinnen von Besatzungssoldaten generell, und von ihnen entsprechen nicht alle, vielleicht sogar nur wenige jenem stereotypen Bild, das Fotografien, Erzählungen und literarische Zeugnisse von ihnen zeichnen. Dahinter verschwinden zahllose »reale« Lebensgeschichten, die weniger vorhersehbar sind und die ebenso aufregend und anstrengend wie sterbenslangweilig sein können. Warum aber werden manche Frauen sichtbar und gelten dann als »typisch«, während andere offenbar nicht auftauchen? Warum gerieten manche ins Licht, warum blieben andere im Dunkeln? Unterschieden sich die Unsichtbaren von den Sichtbaren – und wenn ja, worin?

Die erste und augenfälligste Abweichung von der Realität des Fotos ist, daß keineswegs alle, nicht einmal die meisten ›Deutschenmädchen‹ geschoren wurden. Viele (vielleicht die meisten) wurden zwar auf die eine oder andere Weise belästigt, schikaniert, sogar verprügelt oder arrestiert, sie kamen jedoch im Wortsinn *ungeschoren* davon. Manche – wie Lotte Tarps Mutter – hatten die Zeichen der Zeit rechtzeitig erkannt und kamen den Übergriffen zuvor, indem sie vor Kriegsende in eine andere Stadt zogen, wo sie ohne den Makel des ›Deutschenmädchens‹ von vorne anfangen konnten. Und ich habe mit Frauen gesprochen, denen gar nichts passiert ist, die nicht einmal angepöbelt wurden.

Gleichwohl wurde der kahlgeschorene Kopf zum allgemein verständlichen »Kürzel« für das Schicksal *aller* Frauen, die dem Feind angehört hatten (genauer: denen das vorgeworfen wurde). Es war und ist es für die Gültigkeit des »Kürzels« unerheblich, daß das Scheren von einem Ort zum anderen und von einem Land zu Land unterschiedlich verbreitet war, daß also beispielsweise in Frankreich viel mehr Frauen geschoren wurden als in Norwegen oder Dänemark: »Im kollektiven Gedächtnis sind die Geschorenen eine Frage der *Intensität* (eine ›Szene‹, die nicht aus der Erinnerung gelöscht werden kann, die traumatisiert), nicht der *Quantität*.«[3] Viele Romane und Erzählungen, die vom Kriegsende und der Zeit der Befreiung berichten, erliegen der Faszination, ja Verführung des Kürzels. Geht es um die Tage der Befreiung, wird nahezu zwangläufig eine ›Deutschenhure‹ geschoren, kommt in anderen Zusammenhängen die Rede auf eine Freundin der Soldaten, heißt es meist ebenso vorhersehbar, sie sei damals von ihren Landsleuten geschoren worden.

Die Verführung, ›das Deutschenmädchen‹ auf »die Geschorene« zu reduzieren, liegt in der Ordnung, die sie als leicht zu deutendes Symbol in die Dinge bringt. Sie erfüllt die Sehnsucht, daß Gut und Böse sichtbar voneinander geschieden sein mögen – und dies zweifach: Zum einen im fotografierten Moment, zum anderen beim Betrachten des Fotos. Im Augenblick des (auf dem Bild festgehaltenen) Geschehens gab es viele Gute und eine Böse. Sie waren klar getrennt, so, wie in Zeiten des Krieges alles schwarz *oder* weiß, gut *oder* schlecht sein muß. Die öffentlichen Demütigungen erlaubten der Bevölkerung des Ortes ebenso die direkte Teilnahme an, wie die direkte Ausübung von Rache sowie einer Strafe, die nach der Verhaftung der Frauen, wenn überhaupt, hinter den Türen eines Gerichts vollzogen wurde, wo sie nur wenigen zugänglich und verständlich war. Was bei diesen Prozessen geschah, ist, wie erwähnt, noch immer nicht überall lückenlos einsehbar. Die britische Regierung mußte zwar unter dem Druck der Historiker die ursprünglich auf einhundert Jahre gesperrten Dokumente über die Besatzung der Kanalinseln 1992 öffnen, die Norweger hingegen haben gerade erst alle Unterlagen über Landesverratsprozesse für weitere dreißig Jahre gesperrt. Jahrzehntealte Behauptungen über Individuen, Institutionen und Zusammenhänge können durch die Aufarbeitung des verfügbaren Materials weder bestätigt noch widerlegt werden. Das bedeutet nicht nur, daß die Wahrheit über die als Landesverräter Verurteilten (zu denen auch ›Deutschenmädchen‹ zählten) unklar bleibt, sondern auch, daß die komplette Besatzungsgeschichte Norwegens (und damit in gewissem Sinne natürlich auch Deutschlands) erst nach dem Jahr 2025 geschrieben werden kann. Wie soll man sich der Fragen erwehren, wer wen warum schützt, wer wovor Angst hat?

Kehren wir zu dem Capa-Bild zurück: Der heutige Betrachter dieser Aufnahmen kann sich Grautöne leisten und das Leid wahrnehmen, das die Frau in diesem Augenblick erlebt. Das bedeutet in der Regel, daß sich die damalige Wertung auf interessante Weise verkehrt: Nun zeigt das Bild viele Böse und – nein, nicht eine »Gute«, sondern ein *Opfer.* Dadurch steht der Betrachter (die Betrachterin) automatisch auf der heute als »korrekt« empfundenen Seite – das ist die der Frauen, da die Behandlung, der sie ausgesetzt waren, als *ungerecht* empfunden wird. Das spontane moralische Gefühl sieht nur das Opfer, das schafft eine neue Ordnung, aus der jedoch vieles herausfällt, weil er/sie manches nicht sehen und nicht wahrnehmen, nicht darüber nachdenken will. Damit kann er/sie sich mit den Geschorenen als Opfer identifizieren und sich guten Gewissens von den Handelnden und Zuschauern, die sie mit mittelalterlich anmutenden Praktiken peinigten, distanzieren (»So darf man sie nicht behandeln, das geht zu weit«), die Szene entpolitisieren und das Geschehen von allen komplizierten Sachverhalte dissoziieren, die ihm vorausgegangen waren – und das alles, ohne persönlich dazu Stellung beziehen oder gar ein moralisches Urteil fällen zu müssen.

Die öffentlichen Scheraktionen unterschieden sich in Frankreich auffallend von anderen Ländern. Nur dort wurden Gruppen von Frauen auf nahezu rituelle Weise vor ›großem Publikum‹ öffentlich gedemütigt. In Skandinavien gab es ähnliche ›Inszenierungen‹ – so, wenn die Frauen auf offenen Lastwagen durch die Stadt gefahren wurden oder allein in der Mitte einer leeren Fahrbahn gehen mußten, während sich rechts und links die Bevölkerung auf den Bürgersteigen drängte, sie beschimpfte und bespuckte. Die körperlichen Züchtigungen aber, die es in allen Ländern gab, verliefen – zumindest scheinbar – irrationaler, ja eruptiv und nicht im entferntesten so geregelt, fast stilisiert wie auf Capas Bildern.

Dabei spiegeln seine Aufnahmen durchaus die Grausamkeit einer Situation, in der ein Schwacher vielen Stärkeren ausgeliefert ist. Junge Frauen stehen – allein oder zu mehreren – Menschen gegenüber (seien es einige junge Männer, seien es die Einwohner eines Dorfes), in deren Macht es liegt, nach Gutdünken mit ihnen zu verfahren. Es liegt in ihrem Ermessen, ob sie sie »nur« scheren werden – oder totprügeln. Die gespannte, aber ruhige Ordnung und die optische Ästhetik von Capas Bild mildern den Eindruck dieser Grausamkeit, da sie es erlauben, das Eruptive und Animalische weitestgehend auszublenden, den Haß und die Gefühlsexplosionen der Straßenjustiz, ihre unverhohlene, willkürliche Brutalität, die schiere körperliche Gewalt. Das ist das unberechenbare Gesicht der Rache, zu deren adäquater Wiedergabe es vielleicht doch des Wortes bedarf – wie die folgende Passage von Jean Paul Sartre, überschrieben mit »Was man nicht tun darf«:

Zum unteren Ende des boulevard Saint-Michel hin bin ich dem traurigen Zuge begegnet. Die Frau war etwa fünfzig Jahre alt, man hatte sie nicht völlig kahl geschoren. Ein paar Haarsträhnen hingen ihr um das geschwollene Gesicht; sie trug keine Schuhe: das eine Bein bedeckte ein Strumpf, das andere war nackt. Sie lief langsam, schüttelte den Kopf von rechts nach links und wiederholte sehr leise: ›Nein, nein, nein!‹ Um sie herum sangen einige hübsche junge Frauen und lachten sehr laut; doch mir schien, daß die Gesichter der Männer, die sie umherführten, ohne Fröhlichkeit waren; eine Art schamhafter Erschöpfung lastete auf ihnen. War das Opfer schuldig? War sie schuldiger als diejenigen, die sie schmähten? Wäre sie eine Verbrecherin gewesen – dieser mittelalterliche Sadismus hätte darum nicht weniger Abscheu verdient.[4]

»Wäre sie eine Verbrecherin gewesen« – nun, für viele waren sie das, und inzwischen sind Capas Geschorene und mit ihr alle ›Besatzerbräute‹ zum Symbol für Kollaboration schlechthin geworden, obwohl es zu der Frage, ob Beischlaf den Tatbestand der Kollaboration erfüllt, durchaus unterschiedliche Meinungen geben kann. »Die Geschichte der Kollaboration während der Okkupation könnte von Kriegsgewinnlern handeln oder von Behörden, die allzu bereitwillig zusammenarbeiteten. In unseren drei nordischen Ländern jedoch [Norwegen, Dänemark und Island] hatten Geschichten über die verräterische Frauen eine größere Durchschlagkraft. [...] In der Vorstellung der Bevölkerung davon, wer Verrat geübt hat, kommt den ›Deutschenliebchen‹ und Kriegsbräuten eine herausragende Rolle zu.«[5]

Nicht nur in den drei nordischen Ländern, und nicht nur in der Vorstellung der Bevölkerung: 1994 wählte die Redaktion der deutschen Vierteljahreszeitschrift *Kursbuch* Capas Geschorene – nur sie, ohne die sie umgebende Menschenmenge – als Titelbild eines Heftes mit dem Schwerpunkt »Kollaboration«, und das, obwohl Kollaboration im Deutschland des Jahres 1994 durchaus kein historisches, sondern (wieder einmal) ein brandaktuelles Thema war. Auch wurden in den Heft-Beiträgen weder die Geliebten der deutschen Soldaten im allgemeinen noch diese Französin im besonderen erwähnt – die gleichwohl mit ihrem Bild und ihrer öffentlichen Schmach als Symbol für einen politischen Begriff herhalten mußte.[6]

Ein Bild sagt mehr als tausend Worte, heißt es, und die Wahl dieser radikal beschnittenen Fotografie als Sinnbild der Kollaboration sagt – knapp formuliert – etwa Folgendes: »Der Kollaborateur ist eine Einzelperson, und er ist eine Frau. Sie stammt aus kleinen Verhältnissen, sie ist jung, sie ist sexuell aktiv, sie hat ein Kind, sie ist von den patriotischen, nicht kollaborierenden Bürgern und Bürgerinnen eindeutig und auf den ersten Blick zu unterscheiden.« Von diesen wird sie bestraft, aus deren Gemeinschaft verstoßen – was das Titelbild nicht zeigt, der Betrachter, der das Bild wiedererkennt, aber ergänzen kann.

Die »wahre« Realität des Kollaborateurs, die sich dahinter versteckt, ist natürlich eine andere. Es gab immer und überall »Gesinnungsgenossen« des Hitler-Deutschlands – schließlich ist *Quisling*, der Name des Führers der norwegischen Nazipartei, ein Synonym für »Kollaborateur«. Wichtiger scheint mir, daß in allen besetzten Ländern immer ein Teil der Bevölkerung mit der Besatzungsmacht zusammenarbeitet, und zwar nicht aus politischen, sondern aus wirtschaftlichen Motiven – dazu gehörte im Zweiten Weltkrieg der glänzend verdienende Bauunternehmer ebenso wie das (gemessen am einheimischen Arbeitsmarkt) überbezahlte Küchenmädchen, die beide und auf ihre Weise von der finanzkräftigen Besatzungsmacht profitierten. Und es gibt immer auch Menschen, die denunzieren, um sich wichtig zu machen oder die der feindlichen Macht aus schlichter Niedertracht in die Hände arbeiten, weil sie das als Chance sehen, sich an Nachbarn zu rächen, mit denen sie im Zwist liegen, an einem Ladenbesitzer, der zu hohe Preise verlangt, an einer begehrten Frau, die einen anderen vorgezogen hat. Ehemalige Postangestellte auf den Kanalinseln erzählten Madeleine Bunting, sie hätten hunderte von Briefen an die Feldkommandantur zurückgehalten, in denen Inselbewohner ihre Landsleute denunzierten – sie bezichtigten sie, ein illegales Radio zu besitzen, verbotene Lebensmittelvorräte zu horten, usw.[7]

Die Frage, ob sich die ›Deutschenmädchen‹ unnational oder gar landesverräterisch verhalten haben, hatte 1944/45 in den gerade befreiten Ländern eine hohe Sprengkraft (das galt auch, wie berichtet, für die ›Amiliebchen‹ auf Island). Man stritt sich darüber, wie man mit dem ›Problem Deutschenliebchen‹ umgehen solle – am einen Ende des Streit-Spektrums standen Forderungen nach unnachsichtiger Bestrafung, in Norwegen sogar Ausbürgerung, am anderen das Werben um Verständnis und Nachsicht. Ende Oktober 1945 erschienen in einer norwegischen Tageszeitung zwei bemerkenswerte Leserbriefe, die die Extreme dieser scharf geführten öffentlichen Debatte vor Augen führen. Die Verfasserin des ersten Briefes fand es »unbegreiflich, daß so viele Norwegerinnen ihr Geschlecht und ihr Land dermaßen beschmutzen konnten. Daß sie vergessen konnten, was das Land ihnen an Erinnerungen gegeben hat, Erinnerungen an die Zeit des Kampfes um die Freiheit, an Hoffnungen auf eine fortschrittsfreudige Zukunft. Selbst das ›arme Fabrikmädchen‹ müßte doch wohl dank der ganzen Arbeit für die Volksbildung und dank der Hebung des Lebensstandards etwas von den Idealen ihres Vaterlandes begriffen haben – Treue, Opferwille, Ausdauer«. Zwei Tage später erschien an gleicher Stelle eine Antwort, ebenfalls von einer Frau verfaßt. Darin heißt es unter anderem: »Was interessiert sich ein junges, einsames Mädchen – fast noch ein Kind – für Erinnerungen an die Vergangenheit und für ferne Zukunftsmöglichkeiten? Eine junge Frau, die in den Sorgen und Mühen der Gegenwart lebt und ganz selten einmal ein bißchen Freude erlebt? Was bedeutet das Vaterland eigentlich für sie – was hat es ihr gegeben? Als Alltag hat es ihr schwere Arbeit gegeben, von Morgen bis Abend, Arbeit, für die ihr niemand dankt, und obendrein unfreundliche Worte und bittere Einsamkeit.«[8]

Doch selbst eine solch engagierte und warmherzige Verteidigung gegen die Angriffe tatsächlicher oder vermeintlicher Patrioten ist ein »Zug«, der eine andere Realität verdeckt. Der sichtbare Zug ist »das Vergehen der Dienstmädchen«, den Ellingsen und Brossat unabhängig voneinander für Norwegen, respektive Frankreich beschreiben und als Mythos bezeichnen. Bei dem verdeckten Zug geht es um die Schichtangehörigkeit, das Persönlichkeitsbild und die Anzahl der »Verräterinnen«.

Aus den Akten des Internierungslagers Hovedøya geht hervor, daß die internierten Frauen »vom Land und aus armen Verhältnissen stammten, sie hatten kaum Schul- oder Berufsausbildung«. Das kann auch die norwegische Wissenschaftlerin Kari Helgesen bestätigen, die in der Küstenstadt Molde Polizeiakten aus dem Frühsommer 1945 durchforstet hat: »Mein typisches ›Deutschenmädchen‹ ist (1945) 24 Jahre alt und kommt vom Land in der Nähe von Molde. Sie ist mit beiden Eltern aufgewachsen, der Vater ist Fischer und/oder Bauer, die Einkommensverhältnisse sind bescheiden, die Tochter erhielt über die Volksschule hinaus keine Ausbildung. Sie verrichtet in einer Stadt des Distrikts für andere Hausarbeit.« In einigen Polizeiakten lagen Fotos der Betreffenden: »Der Mythos, wonach die ›Deutschenliebchen‹ nicht so hübsch waren wie normal oder ›hurenartiger‹ aussahen, kann sofort entkräftet werden – aufgrund der Fotos und subjektiven Ermessens.«[9]

Der Mythos vom dummen, häßlichen und unmoralischen ›Deutschenflittchen‹ wurde durch die (wie ein Trost wirkende) Behauptung abgerundet, nur wenige Frauen hätten ihr Land auf diese Weise »entehrt«. Dem widersprechen alle Berechnungsversuche und Schätzungen, Gespräche mit Zeitzeugen vermitteln ein uneindeutiges Bild. Ellingsen vermutet einen Sinn hinter den Behauptung, es habe sich um ein marginales Problem gehandelt: »Die Scheraktionen waren überhaupt nur aufgrund dieser Mythen möglich. Hätte man akzeptiert, daß es viele Frauen betrifft, die sich zudem von den anderen nicht unterscheiden, hätte man nicht so ohne weiteres zu Schere und Internierungsbefehl greifen können.« So wurden auf diese Weise nur jene bestraft, die dem Stereotyp entsprachen (allein lebende junge Frauen vom Land) und die in Übereinstimmung mit dem Mythos auch bestraft werden sollten.[10] Diese Frauen waren es, die in besonderem Maße der Straßenjustiz, dem Scheren und den unterschiedlichen Arten von Schikane ausgesetzt waren. Dies waren die Frauen, die in Frankreich auf den öffentlichen Plätzen geschoren wurden, sie waren es, die in Norwegen interniert wurden. Bekanntschaften und der Umgang mit Besatzungssoldaten waren nicht verboten gewesen und konnten folglich juristisch nicht belangt werden. Kam es aber aufgrund anderer Beschuldigungen zum Prozeß, wurde alles, was sich als unnational definieren ließ – seien es sexuelle Beziehungen mit einem oder mehreren Soldaten, seien es Arbeitsverhältnisse mit den Militärbehörden – gegen die Angeklagte verwandt. Im Lichte stehen also jene, die der Straßenjustiz anheim fielen, verhaftet, interniert oder vor Gericht gestellt wurden und somit auf Fotos, in Zeitungs- und Polizeiberichten auftauchen. Da nur sie aktenkundig wurden, scheinen die Quellen zu beweisen, daß es sich beim »Vergehen der Dienstmädchen« um die historische Wahrheit, nicht um einen Mythos handelt.[11]

Dies ist gleich in zweifacher Hinsicht falsch. Zum einen sahen wir u.a. an Lucie und Gudrun, daß durchaus nicht alle Frauen, die sich in Soldaten verliebten, dem Bild des sprichwörtlichen »armen Hascherls« entsprachen. Viele stammten aus Mittel- und Oberschichtfamilien, waren Töchter (oder Ehefrauen) angesehener Bürger oder hatten es selbst zu etwas gebracht. Duras' »kleines verliebtes Mädchen aus Nevers« (das geschoren wurde) war die Tochter des Apothekers. Arletty, die Hauptdarstellerin des legendären Films *Kinder des Olymp*, war wegen ihrer Liebesbeziehungen zu einem Deutschen interniert, als der Film herauskam. Die vielleicht berühmteste *femme à boche* Coco Chanel bewohnte mit ihrem dreizehn Jahre jüngeren deutschen Geliebten fast drei Jahre lang ein Zimmer im Ritz. Sie wurde verhaftet und sofort wieder freigelassen, aber die Pariser (und die Franzosen) verziehen ihr fast zehn Jahre lang nicht. Allein die Geschichten von Arletty und Coco Chanel beweisen, daß auch die Behauptung, nur die »Dienstmädchen« seien aktenkundig geworden, falsch ist. Richtig ist, daß man sich nur an sie erinnert.

Fassen wir zusammen: Der erste Grund für das Entstehen des »Mythos vom Vergehen der Dienstmädchen« war, daß nur diese, nicht aber die Frauen aus bürgerlichen Familien, in der Öffentlichkeit als »sexuell aktiv« sichtbar wurden. Der zweite Grund folgte (spätestens) bei Kriegsende, und auch er hat mit Schicht- und Gruppenzugehörigkeit zu tun: Die alten Hierarchien stürzten zusammen, von denen, die mit den Besatzern oben gewesen waren, wurden als erstes die Frauen herabgezogen und körperlich bestraft – zumindest jene, die als »deutschenfreundlich« bekannt waren und an die »man« herankam: Für den Mob war eine Coco Chanel ebensowenig zu erreichen wie die Gattin eines Industriemagnaten, die eine Liebschaft mit einem hohen deutschen Offizier gehabt hatte.

Die neue Situation verlangte zudem grundsätzliche und augenblickliche Entscheidungen darüber, wer rückblickend, in der aktuellen Situation und künftig in der Nation welche Funktionen übernehmen sollte – damit meine ich Funktionen wie Kollaborateur und Widerstandskämpfer, an die auch die Zuschreibung von Verrat und Verdienst, Schande und Ehre geknüpft waren. Die verschiedentlich zitierten Arbeiten von Anette Warring belegen, daß hierbei auch das Geschlecht eine Rolle spielte: Obwohl zahllose Frauen »hinter den Kulissen« ihr Leben riskiert hatten, war *der* Widerstandskämpfer männlich, und obwohl zahllose Männer mit ihrer Arbeitskraft und/oder ihrem Wissen und ihren Ressourcen der Besatzungsmacht geholfen hatten, war *der* Kollaborateur weiblich. Die mißliebigen Frauen (und ihre Kinder) wurden zu Sündenböcken deklariert, man wollte sie als realen Körper, als persönlich Schuldige vertreiben, wenn man schon die Deutschen, die kapituliert hatten und dem Zugriff der aufgebrachten (und möglicherweise entfesselten) Bevölkerung entzogen waren, nicht hatte vertreiben können. Diese öffentliche Distanzierung von der ehr- und schamlosen Frau rehabilitierte die entehrte und beschämte Nation.

Dergleichen passierte in allen besetzen Ländern – in Frankreich wurden die Frauen ja explizit als *collaboratrice sentimentale*, bzw. *horizontale* bezeichnet –, in Norwegen und Island aber waren die Reaktionen besonders vehement. Norwegen hatte erst wenige Jahrzehnte zuvor die völlige Unabhängigkeit erreicht, Island war damals formell noch gar nicht unabhängig. Es waren also junge, in ihrer nationalen Identität ungefestigte Staaten – es schweißt bekanntlich ein Land zusammen, dessen Verräter anzuprangern. Die Reinigung von den unnationalen Kräften, dem äußeren Feind ebenso wie dem schwerer erkennbaren und daher besonders gefährlichen inneren Feind, gleicht einer zweiten, dieses Mal ›reifen‹ Gründung als Nation.[12] Dafür spricht übrigens auch, daß gerade diese beiden Staaten von den Gefahren, die von dem Blut ›fremder Kinder‹ für den Fortbestand der Nation ausgehen könnte, geradezu besessen waren.

Dieses Trennen der Guten von den Bösen lag in den Händen jener, die nun die Regierungen, die öffentlichen Ämter und die führenden Positionen in den Medien übernahmen, nachdem sie im Widerstand, im Exil oder in Gefangenschaft gelebt hatten. Die norwegische Exilregierung in London beispielsweise hatte schon vor Kriegsende recht präzise Vorstellungen davon, welche Kontakte zur Besatzungsmacht strafbar waren und welche nicht: »Man muß viele Verhältnisse, die bei einer kurzen Besetzung zu Verurteilungen geführt hätte, sozusagen entkriminalisieren.«[13] Dieser Passus aus der Landesverratsverordnung von 1944 bezog sich nicht auf Verhältnisse zwischen Norwegerinnen und deutschen Soldaten, wie man meinen könnte, sondern regelte die Beurteilung von Wirtschaftskollaboration und bedeutete im Klartext: Je länger jemand für die Deutschen gearbeitet und je mehr Geld er damit verdient hatte, um so weniger war ihm dies anzulasten. Das aber galt offenbar nur für Unternehmer sowie *männliche* Deutschenarbeiter. Für Frauen galt es, wie wir verschiedentlich sahen, nicht in gleichem Maße – und das, obwohl die möglichen materiellen Gewinne der diffamierten Frauen im Vergleich zu denen der großen und kleinen Kriegsgewinnler eher rührend wirken.

An deren Einkünften gemessen war der Vorwurf der krassen Bereicherung an die Adresse der Frauen ebenso dubios wie der unterstellte Landesverrat, der nicht der bitteren Ironie entbehrte – macht er doch ausgerechnet jene Staatsbürger zum Sinnbild der Kollaboration (also der aktiven Parteinahme für den Feind *zum Nachteil des eigenen Volkes*), die nahezu ohne Ausnahme sagen, Politik sei das letzte gewesen, woran sie gedacht hätten. Genau das paßt allerdings hervorragend zum Bild des dummen, minderbegabten und stumpfsinnigen ›Deutschenflittchens‹, das, so eine norwegische Hetzschrift von 1945, angeblich mit dem Geschlecht und nicht mit dem Kopf dachte. Aber dieselben, die den Frauen eine solche umfassende Beschränktheit attestierten, sprachen ihnen im gleichen Atemzug jedwede Arglosigkeit entschieden ab. Sie hielten ihnen weder zugute, daß sie – mangels Intellekt – schlicht »nicht wußten, was sie taten«, noch, daß ihr Handeln von Gefühlen bestimmt gewesen sein könnte, die (nicht nur) bei jungen Menschen völlig normal und sehr verbreitet sind: Lebenslust, Gedankenlosigkeit, Trotz, Verliebtheit.[14] Damit nicht genug, hieß es paradoxerweise auch noch, daß sie sich mit eiskalter Berechnung an jeden beliebigen Soldaten »heranwarfen«, von dem sie sich materielle Vorteile ausrechneten.[15]

Ich kann mir kaum vorstellen, daß heute noch jemand den Frauen ernstlich Landesverrat unterstellt, die Annahme hingegen, es sei ihnen immer und ausschließlich darum gegangen, etwas zu »organisieren«, ist gängige Münze. »Es wundert mich, daß Sie immer von *Liebesverhältnissen* reden«, sagte eine sehr liberale Theologin während einer Diskussion zu mir. »Die Frauen haben sich doch nur mit ihnen eingelassen, um etwas zu essen zu haben.« Ohne es im geringsten zu wollen, ja sozusagen an ihrem eigenen besseren Wissen vorbei, teilte sie mit diesen wenigen Worten die verfügbaren Männer in »richtige« und »falsche« Partner ein, und machte alle Frauen, die sich mit den Falschen ›einließen‹, zu Prostituierten, die den zeitweiligen sexuellen Gebrauch ihres Körpers gegen Güter eintauschten – will sagen: verkauften. Zugleich degradierte sie auch noch den »Fremden« – unterstellt der Satz doch, daß keine Frau mit ihm ins Bett ginge, wenn er nicht dafür bezahlte.

Die Theologin ist nur ein Beispiel für viele, und solch spontane Sätze berühren mich immer eigenartig, denn die meisten Menschen, die dergleichen äußern, sind viel klüger als dieser Satz. Sie wissen nicht nur im Denken, sondern auch im Fühlen, wie falsch derartige Gedanken sind. Doch Vorstellungen von »richtig« und »falsch« sind offenbar so tief verwurzelt, daß sie unentdeckt bleiben, bis sie aus tieferen Schichten auftauchen und sich dann allenfalls im Detail einer Formulierungen verraten. Wissenschaftlerinnen, die 1995 eine Ausstellung zu Thema »Deutsche Frauen und alliierte Soldaten nach 1945« zusammentrugen, sahen sich sogar zu dem Hinweis genötigt, es habe »neben den verschiedenen Formen von Prostitution und Zweckverhältnissen zwischen Besatzungssoldaten und deutschen Frauen auch wirkliche Liebesverhältnisse gegeben«.[16] Alles scheint akzeptabler und leichter zu ertragen als Attraktivität, Zuneigung oder gar Liebe zwischen zweien, die verfeindet sein sollen.

Capas Geschorene steht auch für Bezeichnungen wie »Flittchen«, »Liebchen«, usw., die Frauen als ehrlos und unmoralisch brandmarken, weil sie sich Freiheiten nahmen, die Frauen nicht zukamen. Auch dieses »Ausdeuten« hat eine Sündenbockfunktion, da es geschickt den Blick auf den »Zug« verstellt, daß sich während und wegen des Krieges Rolle, Verhalten und Selbstverständnis *aller* Frauen verändert hatten, verändern mußten. Die Kriegsjahre brachten den Frauen in ganz Europa mehr Unabhängigkeit und Selbstbestimmung. Sie waren der männlichen Kontrolle entzogen, und mit den Aufgaben von Männern, die sie aufgrund des Krieges übernehmen mußten, beanspruchten viele auch männliche Freiheiten, was zu einer größeren Rollenflexibilität zwischen Frauen und Männern führte. Es taten sich neue sexuelle Möglichkeiten für sie auf, wobei unerheblich war, ob die Frauen zunehmend ohne Männer auskommen mußten (wie in Deutschland), ob zu den einheimischen Männern fremde Männer hinzukamen (wie in Norwegen, Dänemark oder Holland), oder ob viele fremde Männer in eine fast männerlose Gesellschaft hineingerieten (wie in Frankreich oder im Nachkriegsdeutschland).

Die bürgerliche Moral verlangte, daß eine anständige Frau diese Möglichkeiten nicht wahrnahm, und die bürgerliche Doppelmoral verlangte, daß sie ungeachtet dessen, was sie tatsächlich tat, unter allen Umständen zumindest den Schein von Sittsamkeit wahren mußte. Wer meinte, diese Regel offen mißachten zu können, wurde (ob im Krieg oder im Frieden) für dieses widerspenstige Verhalten bestraft. Die »typischen Besatzungsliebchen« stellten sich also nicht außerhalb der gültigen Normen, weil sie selbst über ihren Körper verfügten und dabei vielleicht empfängnisverhütende Mittel verwandt oder sogar abgetrieben haben (das taten viele Frauen insgeheim, keine, auch die Geliebten der Deutschen nicht, ließ darüber etwas verlauten), sondern weil sie aus dem Faktum der Selbstbestimmtheit keinen Hehl machten. Das verstieß gegen die Doppelmoral, führte es doch allzu augenfällig vor, daß die Erweiterung des sexuellen Handlungsspielraums nicht nur *theoretischer Natur* war.

Dadurch drängte (und drängt) sich die Vermutung auf, daß die Deutschenmädchen – wie die »Besatzerbräute« in anderen Ländern und zu anderen Zeiten auch – nur die sichtbare Spitze eines Eisbergs (ungezogener, widerspenstiger) Kriegs-Frauen waren, und daß den (noch) nicht Rebellierenden an den offen Mißliebigen exemplarisch vorgeführt werden sollte, wie es

Rebellinnen ergeht. Luc Capdevila findet es übrigens bemerkenswert, daß die öffentliche, wie ein nationales Lehrstück inszenierte Vergeltung an den ›Deutschenmädchen‹ in Frankreich just zu dem Zeitpunkt stattfand, als dort die patriarchale Gesellschaft im Niedergang war – 1944 (erst 1944!) wurde den Französinnen das Wahlrecht zugestanden. Bilder vom öffentlichen Scheren stellen die Ordnung wieder her, weil

»sie zum System der sozialen Repräsentation der Frau und des Verhältnisses Mann/Frau passen. Sie sind Prostituierte, naive uneheliche Mütter, Ehebrecherinnen, Kindfrauen, die in der Abwesenheit des Ehemannes, des verantwortlichen Mannes, Dummheiten machen. Die Bilder beruhigen, weil sie festgefügten Sozialcharaktern entsprechen, die der Autorität des herrschenden Mannes prinzipiell nicht entkommen. Die Prostituierte ist den Männern zu Diensten, die unverheiratete Mutter beugt sich ihrem Vater und die ehebrecherische Frau untersteht der moralischen Autorität ihres Mannes, der verzeiht oder verstößt. [...] Bei der horizontalen Kollaboration ging es offenbar weniger um das Wesen der Kollaboration, als um das Wesen der Frau«.[17]

Diese Analyse ist für Frankreich in dieser speziellen historischen Situation zutreffend, sie verdeutlicht aber auch, wie ungeheuer wichtig es ist, den Blick von den Ereignissen im eigenen Land zu heben und mit Ereignissen in anderen Ländern zu vergleichen. Sicher geht es immer und überall um »die patriarchale Gesellschaft«, aber bei der Beurteilung und Bestrafung abtrünniger Frauen gibt zwischen völlig verschiedenen Ländern solch eklatante Übereinstimmungen – als willkürlich gewähltes Beispiel seien Frankreich, Norwegen und Vietnam genannt –, daß die konkrete historische Situation als Erklärung nicht ausreicht.

Wie der bereits zitierte norwegische Leserbrief zeigte, entgehen auch jene, die es mit den Frauen gut meinen, nicht immer der Klischee-Falle. Ein aktuelles Beispiel ist folgende Passage: »[In Norwegen] lebten – in den Augen der Nationalsozialisten – die arischsten aller Arier, und davon galt es für die ›Aufnordung‹

der Heimat zu profitieren. Deshalb wurde es gern gesehen, wenn ein deutscher Soldat, ein deutscher SA- oder SS-Mann eine Beziehung zu einer Norwegerin aufnahm. Und wenn diese schwanger wurde, war man erst recht erfreut. Daß die Frauen damit stigmatisiert waren, daß sie von ihren Landsleuten verachtet und oft auch bestraft wurden, spielte keine Rolle.«[18] Vertrackterweise macht das Bemühen, die Skrupellosigkeit und Verantwortungslosigkeit der nationalsozialistischen Rassenpolitik besonders klar herauszustellen, die Frauen zur Manövriermasse, mit deren Entscheidungsfreiheit es offenbar nicht weit her war – die Soldaten nahmen Beziehungen zu ihnen auf und schwängerten sie. Die Frauen ließen es geschehen. Es klingt fast, als hätten die Deutschen dafür Sorge tragen sollen, daß die unschuldigen jungen Mädchen nicht zu Schaden kamen.

Solange junge Mädchen und Frauen aber nur als Opfer staatlicher Planung und Übergriffe einerseits sowie als Objekt männlicher Macht und Fürsorge andererseits dargestellt werden (wobei unerheblich ist, um welchen Staat und welche Männer es geht), wird ihnen jede Handlungsfreiheit, jegliche Selbstbestimmung abgesprochen. Dabei ist es eine äußerst wichtige Frage, wieviel Handlungsspielraum sie in den Kriegsjahren tatsächlich hatten, wie frei sie über ihr Leben entscheiden konnten und wieviel Verantwortung sie für diese Entscheidungen trugen.[19]

In der Wahl eines Geliebten, der gegen die Kriterien der meisten in Frage kommenden Autoritäten verstößt, liegt jedenfalls ebensoviel Selbstbestimmung wie darin, sich gegen eine generelle »Vorsortierung« des persönlichen Umgangs zu verwahren, die ihre Familien und Landsleute ›zu ihrem Besten‹ vornahmen. Die Mädchen und Frauen meinten, den Charakter eines Menschen selbst beurteilen und dabei zu einem gültigen Urteil kommen zu können, und sie hielten an diesen Menschen häufig auch gegen den Widerstand ihrer Landsleute fest. Es störte sie nicht, daß Soldaten angeblich »kein Umgang für ein anständiges Mädchen« waren. Sie schlugen die drohenden, jedoch oft auch gut gemeinten Warnungen in den Wind, daß sie das alles eines Tages furchtbar bereuen und teuer bezahlen würden – wie Madame Butterfly, die am Tage ihrer Hochzeit jubelt (»Ich bin verstoßen – ausgestoßen und so selig«) – ohne zu ahnen, daß ihr amerikanischer Ehemann die japanische Heiratszeremonie lediglich amüsant findet und sich keine Sekunde lang daran gebunden fühlt.

Wie bei Madame Butterfly, haben »die Leute« sicher bei vielen Frauen recht behalten – aber über all jene, die mit ihrem »Fritz« glücklich wurden, die vielleicht sogar vor wenigen Jahren Goldene Hochzeit mit ihm gefeiert haben, wird selten gesprochen. Obwohl unsere Zeit und unsere Gesellschaft ins ›Happy End‹ geradezu vernarrt scheint, erfaßt der Lichtkegel erst und vor allem die »Unglücklichen«. Sie machen mehr her.[20]

Trotz aller offiziellen Darstellungen, wonach die Ausgrenzungen und Bestrafungen politisch motiviert waren, wissen einfach alle, daß das Vergehen der Mädchen und Frauen darin bestand, sich mit ihrer »Sexualität« unnational verhalten zu haben. Darum wurden sie erst als »Flittchen« sexualisiert und dann durch das Scheren desexualisiert, auch das übrigens ein Grund dafür, warum die Geschorene als »Kürzel« so beliebt ist. Das Abschneiden der Haare gilt als symbolische weibliche Kastration. Mich erinnert es an die Demütigung, einem Offizier die Schulterklappen und damit die Insignien seiner Macht abzureißen – wobei durchaus signifikant ist, daß die »Degradierung« des Militärs an der Kleidung, die der Frauen an ihrem Körper vorgenommen wird.

Virgili schreibt, es sei eine symbolische Vernichtung des sexualisierten Körpers, daß »die Schuldigen ihre Bezeichnung als Frau verlieren und nur noch mit dem Wort ›Geschorene‹ bezeichnet werden«, während die reale Zerstörung des Körpers durch Exekution bei Scher-Aktionen nur sehr selten vorgekommen sei.[21] In Frankreich werden die Frauen heute immer noch nach dem benannt, was mit ihnen getan wurde: »tondues« – Geschorene. In anderen ehemals besetzten Länder hingegen ist das »Sexuelle« viel stärker an ihnen hängen geblieben, dort werden sie immer noch als »Deutschenflittchen« oder – etwas gemäßigter – »Deutschenmädchen« bezeichnet, danach also, wie andere werten, was sie getan haben. Ich habe für diesen Unterschied keine befriedigende Erklärung gefunden – es gibt die offensichtliche Parallele, daß kein anderes Land bei den »Säuberungen« dem Scheren eine so gravierende Rolle zugewiesen hat wie Frankreich und das Scheren daher im kollektiven Gedächtnis stärker verankert ist als in anderen Ländern. Umgekehrt aber könnte man auch sagen, daß die Szenen deswegen so lebhaft in Erinnerung gelieben sind, weil sie mit dem Wort »tondues« immer wieder beschworen werden. Das alles ist keine Erklärung.

Haare wachsen nach, vom Scheren bleibt keine Spur: Nichts außer Narben auf der Kopfhaut, die niemand mehr sieht, außer einige Fotos von erschreckend brutalen Szenen. Von all dem bleibt nichts zurück – nichts, außer dem Säugling auf dem Arm der Geschorenen. Vor dem Hintergrund der Androhung bitterer Reue bekommt das Kind auf dem Capa-Bild eine neue, schwerwiegende Bedeutung. Aufgrund des Säuglings sehen wir nicht nur eine Frau, die von ihren Mitbürgern mit Scheren und Spießrutenlaufen bestraft wurde, sondern eine Frau, die sich bereits selbst gestraft hat: Sie hat sich ›ins Unglück gebracht‹, wie eine uneheliche Schwangerschaft früher treffend umschrieben wurde, und das auch noch mit dem Feind.[22]

Trüge die Geschorene keinen Säugling, das Bild büßte viel von seiner symbolischen Kraft ein. Das Kind mehrt ihre Schande, und es gilt zudem als Beweis ihrer »horizontalen Kollaboration«. Natürlich beweist ein Säugling lediglich einen stattgehabten Geschlechtsverkehr und niemals die Identität (oder gar Nationalität) des Vaters.[23] Die Behauptung, es handele sich um das Kind des Feindes, verweist auf wenig anderes als auf Phantasien, die um den verbotenen und den unsichtbaren Geschlechtsakt kreisen, sowie auf niederste Rachebedürfnisse: Die Schlampe ist in Schwierigkeiten, das geschieht ihr recht, jetzt muß sie büßen.

»Wie hätte sich eine ›femme à boches‹ wünschen können, vom Feind ein Kind zu bekommen? In den kollektiven Phantasien verdient sie es, schwanger zu sein, der dicke Bauch oder der Säugling auf dem Arm brandmarken sie als Frau, die einen Fehltritt begangen hat, weil sie Frau war. Das Kind, die Strafe für eine Jugendsünde, kann nicht erwünscht gewesen sein.«[24]

Die Projektion vom unerwünschten Kind steht auch hinter der äußerst schlechten, ja verleumderischen Presse, die die Mütter von Besatzungskindern hatten und noch haben. So behaupten Aufsätze und Artikel immer wieder, die meisten Frauen hätten ihre Kinder weggegeben: »Von den norwegischen Frauen, die von einem Soldaten der feindlichen Armee ein Kind bekamen, hatten nur *die wenigsten* die Kraft, sich zu ihren Kindern zu bekennen.«[25] Das ist ebenso frei erfunden wie die Gerüchte über das Schicksal der 67 753 unehelichen Nachkommen alliierter Besatzungsangehöriger im Nachkriegsdeutschland: »Entgegen einer verbreiteten Annahme, die meisten dieser Kinder seien von ihren Müttern in Heime abgegeben worden, trifft dies lediglich auf rund 10% zu. 80% wuchsen bei Müttern oder Verwandten auf.«[26] Die verbleibenden 10% lebten in Pflegefamilien.

Solche Unterstellungen, die das Kind als verdiente (oder auch unverdiente) Strafe phantasieren, sind die logische Weiterführung aller Vorurteile über »Besatzerflittchen«. Die Gedankenkette verläuft etwa wie folgt: 1. Was immer sie von ihrem Liebhaber wollten – Lust, Macht, Seidenstrümpfe oder Kartoffeln – ein Kind wollten sie bestimmt nicht, denn sie sind 2. abgrundtief unmoralisch und leichtfertig, daher 3. unweiblich und folglich 4. egozentrische, schlechte Mütter, die sich den verhaßten Balg schnell und endgültig vom Hals schaffen wollen.[27] Dies ist ein weiterer »Zug, der einen Zug verdeckt«. Es blendet sowohl die Frauen aus, die sich von ihrem Geliebten ein Kind wünschten und/oder sich über das Kind freuten, das sie von ihm bekamen, als auch jene, die sich einfach nur freuten, ein Kind zu bekommen, auch wenn und obwohl sie den Vater nicht liebten.[28] Darüber hinaus werden dadurch auch jene unsichtbar gemacht, die über ihre Schwangerschaft tatsächlich unglücklich, vielleicht tief verzweifelt waren, aber für das Kind, als es geboren war, dankbar waren und es um nichts auf der Welt mehr weggegeben hätten.

Lieber als über die Mütter wider Willen spricht man über die Kinder. So, wie in Norwegen Mitte der achtziger Jahre die Anfänge eines Diskurses über das Schicksal der ›tyskertøsene‹ bei Kriegsende rasch von einem Interesse an den ›tyskerungene‹ – also ›Deutschenbälgern‹ – verdrängt wurde, sind die Nachkommen der Wehrmachtsangehörigen auch in Deutschland der einzige »private« Aspekt der Besatzungsgeschichte, über den die Medien zumindest gelegentlich berichten. Dabei geht es dann in aller Regel äußerst sentimental her, da die Kinder nicht, wie ihre Mütter (wie *alle* diese Frauen, ob sie ein Kind haben oder nicht) zwischen den Polen »Täter« und »Opfer« oszillieren. Sie sind eindeutig »Opfer«, sei es von Nazideutschland, der Nachstellungen ihrer Landsleute oder, wie 1996 bekannt wurde, der Stasi[29]. Hin und wieder sind sie auch Opfer der lieblosen Väter, weil diese den Kontakt zu ihren Kindern nicht gesucht haben oder weil sie, einmal aufgespürt, mit ihnen nichts zu tun haben möchten. Immer aber werden die Mütter angeprangert, denen offenbar die alleinige Schuld (!) daran zugeschoben wird, daß es überhaupt zu »Besatzungskindern« kommen konnte.

Hinter diesem hochkomplexen Mythos rauscht ungesehen der Zug mit den Vätern vorüber (die sich zudem – um im Bild zu bleiben – abwenden und angelegentlich die Aussicht auf der anderen Zug-Seite bewundern). In allen historischen und journalistischen Arbeiten über den Krieg geht es immer nur um den Soldaten. Der Uniformierte verdeckt den *Mann*, und wenn er (selten genug) doch erwähnt wird, dann niemals als Geliebter, sondern höchstens als abwesender und unbekannter Vater, dessen Kinder sich nach ihm sehnen, die ihn suchen, mit ihm Verbindung aufnehmen wollen. Der Deutsche (oder allgemeiner: der Besatzungssoldat) ist im Bild der ›Besatzerbräute‹ mit ihren ›Besatzungskinder‹ nicht präsent.[30]

John Steinbeck schreibt in einem Vorwort zu Capas Bildband »Das Gesicht des Krieges«, Capa habe gewußt, daß man den Krieg selbst nicht fotografieren könne, da er hauptsächlich Emotion sei. Dennoch sei es ihm gelungen, diese Emotion einzufangen, weil er die Randerscheinungen des Krieges sichtbar gemacht habe. Seine Chartres-Serie ist so »emotions-gesättigt«, daß nur die vermeintliche Kühle ihrer Schwarz-Weiß-Komposition und ihr distanziert-unkommentierter Dokumentationscharakter – betont durch den lapidaren Titel »Chartres, 18. August 1944« – sie erträglich macht. Das gilt besonders für das Bild der Geschorenen mit Säugling, das aber inzwischen so häufig als nahezu beliebige Bebilderung für alles mögliche im Umkreis Krieg und Frauen benutzt worden ist, daß es viel von seiner ursprünglichen Wucht verloren hat. Es hat sich abgenutzt und ist zu einem Klischee geworden, das sich über die historischen Fakten gelegt hat – wie jene Schlüsselerzählung, von der zu Beginn die Rede war. Die musikalische Entsprechung des Fotos wäre vielleicht die Moritat. Doch die Realität ist natürlich weder so sentimental, noch so rührselig oder »moralisch korrekt« wie eine Moritat, sondern kompliziert und widersprüchlich.

Über die Freundinnen der deutschen Wehrmachtssoldaten gibt es viel mehr zu sagen, als es dieses Bild tut. Vor allem aber gibt es viele, viele Fragen, um die auch dieses Buch kreiste: Wieviele dieser Frauen waren Spitzel oder Verräter? Mußte man sie wirklich als Sicherheitsrisiko für die illegale Arbeit ansehen? Gab es triftige Gründe dafür, sie zu hassen? Inwieweit stellten sie sich in den Dienst der Nazi-Ideologie? Waren sie, wie Sartre überlegte, tatsächlich schuldiger als diejenigen, die sie schmähten? Nahezu unmöglich werden gültige – und endgültige – Antworten, wenn man noch berücksichtigen möchte, ob »Denunziation« nur dann vorliegt, wenn es sich um einen bewußten, gezielten Akt des Verrats handelt, ob der Geschlechtsakt in diesem Sinne Verrat und Landesverrat sein kann, wie es damals um den Handlungsspielraum von Frauen generell bestellt war, wessen Interessen die offizielle Geschichtsschreibung vertritt, ob es überhaupt sinnvoll ist, dieses Verhalten aus der

Sicht unserer, vermeintlich so viel liberaleren Zeit zu beurteilen. Wer eine Antwort darauf und auf weitere Fragen wie die sucht, wessen sich die Frauen schuldig gemacht haben, welche Motive sie gehabt haben könnten, ob ihnen Unrecht geschehen ist, ob sie Täterinnen sind oder Opfer – wird, wenn er (oder sie) ehrlich mit sich und dem vorliegenden Material ist, immer wieder bei einem »Ja, aber« stranden.

Täterinnen *oder* Opfer – ich selbst halte die Alternative für eine Fiktion. Pauschale Unschuldsvermutungen sind ebenso absurd wie generelle Schuldzuschreibungen, das Entweder/Oder dient lediglich den Interessen jener, die sie äußern. Es bedarf einer gedanklichen Anstrengung, sich von einem Denken in Schuldzusammenhängen zu lösen, denn solange man auf einer Klärung der Schuldfrage beharrt, versperrt man sich die Sicht darauf, was wirklich passiert ist, darauf, daß hinter jeder Realität, die »ein für allemal« zementiert werden soll, weitere stecken, die völlig anders sein können. So wenig, wie es »die Frau als solche« gibt, gibt es »*das* Deutschenmädchen« oder »*das* Besatzungsliebchen« – wer sie über einen Kamm scheren will, macht es sich zu leicht. Zieht man die verschiedenen Leben – wie Bilder aus einer Schachtel – nacheinander hervor, um sie in Ruhe zu betrachten, können sie faszinieren, bestürzen, überraschen, bezaubern, entsetzen. Durch ihre Vielfalt wird Capas Fotografie wieder zu einem präzisen Zeugnis dafür, welche Stimmung bei Kriegsende herrschte, welche Behandlung diese konkrete Frau und mit ihr viele andere Frauen erfuhren. Sieht man sie als eine unter vielen, kann die Geschorene sich von der Last des Klischees befreien und wieder zu dem werden, was sie ist: Eine der zahllosen Facetten eines großen, komplexen Bildes.

»Die beste Propaganda«, sagte meine kluge Gesprächspartnerin Lucie, »kann nichts ausrichten gegen die Realität.« Aber nur, wenn man sie kennt.

Anmerkungen

Vorwort

1 Foucault, Geismar, Glucksmann u.a., *Neuer Faschismus, Neue Demokratie. Über die Legalität des Faschismus im Rechtsstaat*, Rotbuch 43, Berlin 1972, S. 115–143.

2 »Victor« ist ein Kürzel für Pierre Victor; und dies wiederum ein angenommener Name. Der französische Philosoph Benny Lévy nannte sich so, in seinem Leben als Maoist. Victor/Lévy ist eine wichtige Figur weniger im Leben Foucaults als in dem Jean-Paul Sartres. Nach Annie Cohen-Solals Sartre-Biographie (Paris 1985) war er von 1973 bis zu Sartres Tod dessen letzter Sekretär und ständiger Gesprächspartner. (Solal, *Sartre*, Rowohlt 1988, S. 729)

3 Martin König, »Die deutsche Frau und Mutter: Ideologie und Wirklichkeit«, in Hans Eugen Specker (Hg.), *Ulm im Zweiten Weltkrieg*, Stgt 1995, 112–15; Margarethe Ruff, *»Um ihre Jugend betrogen«. Ukrainische Zwangsarbeiter/innen in Vorarlberg 1942–1945*, Bregenz 1996, S. 115; vgl. auch Ulrich Herbert (Hg.), *»Europa und der Reichseinsatz«. Ausländische Zivilarbeiter, Kriegsgefangene und KZ-Häftlinge in Deutschland 1938–1945*, Essen 1991

Einleitung

1 Gertrud Koch, Blut Sperma, Tränen. In: *Frauen und Film*, Heft 54/55 (Schwerpunkt: Ethnos und Geschlecht). April 1994, S. 3-14.

Die im Lichte
Gedanken zu einem Bild von Robert Capa

1 Virgili 1995 (B).

2 *Sunnmøre Arbeideravis*, 4. September 1945.

3 In Brentanos Ballade stürzt Loreley sich übrigens, um diesem Fluch zu entgehen, von einem Felsen in den Rhein. Selbstmord galt schon immer als ehrenwerte Alternative für eine ehrlose Frau.

4 Die Überschrift bezeichnet sie nur als ›tøs‹, was ›Flittchen‹ oder ›Dirne‹ bedeutet. Da seit Mai 1945 dieses Wort in der norwegischen Presse und Öffentlichkeit ständig und ausschließlich in der Verbindung ›tyskertøs‹, also Deutschenflittchen vorkommt, ist die Assoziation jedoch eindeutig.

5 Am 15. 3. 1998 berichtete die norwegische Tageszeitung *Aftenposten* unter der Überschrift »Norwegischer Staat kassierte das Geld der Kriegskinder«: Am 7. August 1959 trafen die Bundesrepublik Deutschland und Norwegen eine Vereinbarung über eine Wiedergutmachung für jene norwegischen Staatsbürger, die durch die Nationalsozialisten zu Schaden gekommen waren. Norwegen erhielt damals einen Pauschalbetrag von 102 Millionen Kronen, über deren Verteilung es selbst bestimmen sollte – somit wurden, so *Aftenposten*, die Verteilungskriterien nach politischen, nicht juristischen Gesichtspunkten bestimmt. Das Geld bekamen im wesentlichen ehemalige Kriegsgefangene und Widerstandskämpfer.

Wie die Zeitung weiter ausführt, beruhten die Zahlungen auf dem »Bundesentschädigungsgesetz« von 1953, das in seiner Neufassung von 1956 auch die Witwen und Kinder von Wehrmachtsangehörigen als Kriegsopfer definiert. Der deutsche Botschafter in Oslo Wolfgang Hans Eminger sagte, offenbar in einem Interview mit der Zeitung, es stehe außer Zweifel, daß »das Gesetz darauf abzielte, Kriegskinder mit deutschem Vater finanziell zu entschädigen. Gerade diese Präzisierung war ein entscheidender Grund für die Revision des Gesetzes«.

Falls diese Darstellung über die Entschädigungszahlungen und deren intendiertem Verwendungszweck zutreffen sollte, hätte die Bundesrepublik vermutlich nicht nur in Norwegen, sondern auch in anderen europäischen Ländern diesen Kindern eine – wenn auch pauschale und sicherlich unzulängliche – Unterstützung zukommen lassen. Daß die Kinder und ihre Mütter sie irgendwo tatsächlich erhalten haben, erscheint mir wenig wahrscheinlich. Der norwegische Artikel erschien nur wenige Tage, bevor dieses Buch in Druck ging, daher konnte ich dem leider nicht weiter nachgehen.

6 Brossat 1992, S. 50.

7 Brossat 1992, S. 80.

8 Zu nennen sind hier im wesentlichen Brossat, Björnsdóttir, Capdevila, Ellingsen, Virgili, Warring, sowie einige weitere AutorInnen in Norwegen. Über andere westeuropäische Länder habe ich nichts gefunden.

9 Zitiert in Brossat 1992, S. 162.

10 Zitiert in Brossat 1992, S. 43.

11 Unveröffentlichte Erinnerungen von Lucie H., die sie mir liebenswürdigerweise zur Verfügung gestellt hat.

12 Vor allem für den Verlust der bürgerlichen Ehrenrechte spielte es eine

Rolle, daß sie Mitglied der norwegischen NS-Partei war. Ich lasse das im Moment außer acht, weil es für diese Argumentation keine Rolle spielt.

13 Ellingsen 1995, S. 14.

14 Lehtinen 1993.

Bist du mein, so soll mein Freund dich haben
Die Frau als Eigentum

1 Alle meine Informationen über die isländischen ›war brides‹ stammen aus den Arbeiten von Inga Dóra Björnsdóttir.

2 Wobbe 1994.

3 Dies gilt natürlich in besonderem Maße für Vergewaltigungen, ein ebenso umfangreiches wie unvermindert aktuelles Thema. Da dieses Buch sich aber mit freiwilligen Beziehungen zwischen Frauen und Soldaten befaßt, werde ich darauf nicht näher eingehen. Wobbe, 1994.

4 Toralv øksnevad – Stimme aus London – vom 11. Mai 1941, zitiert in Ellingsen, 1995, S. 15.

5 Romeo und Julia; 1. Aufzug. 5. Szene, und 3. Aufzug, 5. Szene.

6 Theweleit 1990, S. 13.

7 In: Christina von Braun, *Böses Blut. Mythen und Wirkungsgeschichte der Syphilis.* Fernsehfeature für den WDR, Erstausstrahlung 26. 6. 1994.

8 Es mag den Anschein haben, als sei das heute völlig anders. Ich bin aber der Auffassung, daß die liberalen sexuellen Einstellungen unserer Zeit die Trennung in ›ehrenhafte‹ und ›unehrenhafte‹ Frauen auf der Grundlage ihres sexuellen Verhaltens nicht abgeschafft, sondern lediglich die Parameter neu definiert hat, was als ›hurenhaft‹ gilt.

9 Wobbe, 1994. Hierhin gehört auch folgendes: Als Monika Böttger, die damals noch Weimar hieß, beim ersten Prozeß des Mordes an ihren beiden Töchtern für schuldig befunden und nach der Urteilsverkündigung zum Gefangenentransporter gebracht wurde, führten die Polizeibeamten sie durch eine aufgebrachte Menschenmenge. Diese Menge rief nicht – beispielsweise – Kindsmörderin, Hexe, oder welche Beschimpfungen auch immer in einer solchen Situation vorstellbar wären. Die Menschen schrieen: Amihure, als sei Weimars sexuelle Beziehung zu einem Soldaten der amerikanischen Streitkräfte das Schlimmste, dessen sie sich schuldig gemacht hat.

10 Wobbe, 1994. Die Anzahl der Staaten, in denen der Name des Mannes nicht automatisch zum Ehenamen und auch zum Namen der gemeinsamen Kinder wird, nimmt inzwischen ab – wenn auch langsam.

11 Wobbe, 1994, S. 28

12 Ein Sonderfall ist das Konvertieren zur Religion des künftigen Ehemannes. Da Madame Butterfly beim Betreten des amerikanischen Mis-

sionshauses beobachtet wurde, wird ihr (zu Recht) unterstellt, sie wolle den Glauben der Väter ablegen. Das genügt, damit der Bonze sie aus der Gruppe ausschließt: »Du hast dein Volk verraten. Drum sei verstoßen!«

13 Domentat, S. 172

14 Von der Osten-Sacken. In den fünfziger Jahren waren es wieder die deutschen Frauen, die Deutschland symbolisierten: Als ›Fräulein-Wunder‹ führten sie der erstaunten Welt ein neues, demokratisch gewordenes Deutschland vor Augen.

15 Christina von Braun, siehe Fußnote 7.

16 »Ein hübsches Mädchen ist wie ein Lied. Aber das Lied eines hübschen deutschen Mädchen ist dein Todesmarsch. Sie haßt dich, wie ihr Bruder, der gegen dich kämpft., wie Hitler, der laut ausspricht, was sie nur denkt. Fraternisiere nicht.« Übernommen aus: Von der Osten-Sacken.

17 Christina von Braun, siehe Fußnote 7. Mit nicht sehr subtilem Rassismus zeigt der Film als ›Hauptpersonen‹ einen schwarzen Soldaten mit einer schwarzen Frau, offenbar eine Prostituierten, die er in einem Tanzlokal mit ausschließlich schwarzen Gästen kennenlernt und mit der er recht schnell eine Treppe hinaufgeht – offenbar in ihr Zimmer. Die Diagnose und die Belehrungen erhält der Soldat von einem weißen Arzt.

18 Sander, Interview mit Iwan Stasewitsch. In *BeFreier und Befreite*, S. 121.

19 Domentat, S. 171.

20 Ringdal 1987, S. 175

21 Von der Osten-Sacken.

22 Ellingsen 1995, S. 59.

23 Christina von Braun, Reinheit. In: *metis*, 5. Jg. (1996), S. 5.

24 Björnsdóttir 1989. Laut Björnsdóttir hat das Wort *kanamella* diese Konnotationen noch heute.

25 Ustvedt 1978, S. 92.

26 Warring 1995.

27 Warring 1993.

28 Warring 1995.

29 Emily Kraus-Nover, … und ein Wort an die Frau. In: *Frankfurter Rundschau*, 1. August 1945.

30 Virgili 1995 (B), S. 64, Fn. 2.

31 Helgesen, 1990.

32 Das ist, die heutige Situation in Europa und den USA betreffend, nicht mehr ganz zutreffend, sie hat sich in den letzten Jahren erheblich kompliziert. Zur Zeit des Zweiten Weltkrieges jedoch war das alles noch relativ eindeutig.

33 Björnsdóttir 1995, S. 166.

34 Christina von Braun, *Kollektives Gedächtnis und individuelle Erinnerung. Selbst- und Fremdbilder unter der Einwirkung von Photographie und Film.* Vortrag im Rahmen des Seminars »Frauen und 4. Gewalt«, veranstaltet von der Evangelischen Erwachsenenbildung, Frankfurt am Main. 15. März 1996.
35 Warring 1995, S. 142.
36 Warring 1993.
37 Brossat 1992, S. 54.
38 Anette Warring forscht seit vielen Jahren über den Zusammenhang zwischen Geschlecht, Nationalität und Sexualität. Ihre Dissertation ›*Tyskerpiger*‹. *Under besættlese og rettsopgør.* Kopenhagen 1994. [Deutschenmädchen. Während der Besatzung und der juristischen Säuberung] war nicht nur die erste wissenschaftliche Arbeit über Liebesbeziehungen zwischen deutschen Wehrmachtsoldaten und Däninnen, sie war, soweit mir bekannt, überhaupt die erste Arbeit, die sich mit den Liebesbeziehungen deutscher Besatzungssoldaten während des Zweiten Weltkriegs befaßte.
39 Als Beispiele aus unseren Tagen seien nur an die öffentlichen Diskussion um Homosexualität oder AIDS erinnert. Oder die Gier der Öffentlichkeit, über die Medien immer intimere Details aus dem Privatleben ihrer »Heroen« zu erfahren.
40 Marlene Streeruwitz, Der große Traum. In: *Die Zeit,* Nr. 26, 20. Juni 1997, S. 40.
41 Capdevila 1995, S. 78.

Fünf Jahre lang Seite an Seite
Die Besatzung

1 Brandt 1992, S. 40.
2 Völkerrechtlich herrschte in Norwegen *kein* Krieg. Weder hatte Deutschland Norwegen noch hatte Norwegen Deutschland den Krieg erklärt, spätestens mit Norwegens bedingungsloser Kapitulation am 10. Juni 1940 befand sich Norwegen auch nicht mehr im Kriegszustand. Norwegen war aber im Krieg zwischen Deutschland und England *Kriegsschauplatz.*

Österreichs Anschluß ausgenommen, war Dänemark das einzige europäische Land, das die Deutschen ohne jede Kampfhandlung besetzen konnten. Am 29. August 1943 erklärten die Deutschen in Dänemark den militärischen Ausnahmezustand, ob sich Dänemark von da ab im Kriegszustand mit Deutschland befand, ist offenbar juristisch nicht einwandfei feststellbar. Vgl. Ulateig 1996.

Ein dänischer Historiker sagte mir, Dänemarks größte und erstaunlichste Kriegsleistung bestehe seiner Ansicht nach darin, bei Kriegsende auf Seiten der Alliierten gelandet zu sein.
3 Artikel aus der dänischen Zeitschrift *Hjemmevaernet,* 6. 6. 1993.
4 Zitiert in Warring, 1993.

5 Warring, 1994b. Der zitierte Satz stammt von einem hohen dänischen Regierungsbeamten.
6 Wiemker, 1996.
7 Senje, S. 48.
8 SS für Grossgermanien.
9 Von der Osten-Sacken, S. 12.
10 Lorenz 1989.
11 Jostein Gaarder, *Das Kartengeheimnis*. Übers. v. G. Haefs, München 1995.
12 Bunting 1995, S. 50.
13 Noch lange nach dem Zweiten Weltkrieg gab es in den Bergen und an den steilen Hängen der norwegischen Fjorde Höfe, die nur mit einer Leiter zu erreichen waren. Kam unliebsamer Besuch den Berg hinauf, wurde die Leiter hochgezogen.
14 Fjordtaxi, aus: *Deutsche Polarzeitung* Nr. 109, 19. Mai 1943. In: Skogheim, 1989. S. 98.
15 Sander, 1992, S. 15.
16 Die Beispiele stammen aus Skogheim, 1989, S. 146.
17 Unveröffentlichte Lebenserinnerungen.
18 Ellingsen 1989, S. 2.
19 Zu Finnland: Junila 1988, S. 277. Zu Frankreich: Capdevila, 1995, S. 72. Zu den Kanalinseln: Bunting 1995, S. 117 und S. 316. Zu Norwegen: Fjørtoft, 1984.
20 Von der Osten-Sacken 1994.
21 Katheleen Whitley, in Bunting 1995, S. 37.
22 Fjørtoft 1984, S. 126.
23 Bunting 1995, S. 41.
24 Willi Reimann in Bunting 1995, S. 42.
25 Bunting 1995, S. 42.
26 Senta Pigge, in: Skogheim 1989. S. 76.
27 Werner Großkopf in Bunting 1995, S. 40.
28 Simone de Beauvoir, Kriegstagebuch, S. 400 et passim.
29 Interview mit der Norwegerin Astrid S.
30 Bunting 1995, S. 58.
31 Bunting 1995, S. 334.
32 Bunting 1995, S. 57.
33 Björnsdóttir 1995, S. 173.
34 Von der Osten-Sacken, S. 28.
35 Ellingsen 1995. Er zitiert John Costello.
36 Kundrus 1995, S. 376.
37 Bordelle waren nach dänischem Gesetz verboten, und da die dänischen Gesetze trotz der deutschen Besatzung weiterhin in Kraft blieben, mußten die Deutschen dies respektieren.
38 »Norweger durften nicht hinein, aber viele versuchten es. Flog es auf,

mußte es polizeilich untersucht werden. Und so gab es eine Phase in der [norwegischen] Geschichte, wo die norwegische Polizei nach Freiern fahndete – ungesetzlichen Kunden deutscher Prostituierter.« Ringdal 1987, S. 173.

39 Ellingsen 1995, S. 24.

40 Für diese Überlegungen danke ich Kåre Olsen vom Riksarkivet in Oslo. Im selben Brief schrieb er auch: »Wenn der Ausgangspunkt völlig verkehrt ist, werden die Ergebnisse häufig besonders originell.« Er vermutet, daß der Satz von Henrik Ibsen stammt, aber für mich stammt er von Kåre Olsen, und ich danke ihm für diese Warnung.

41 Helke Sander und Barbara Johr haben sich bei ihrer Erforschung der Massenvergewaltigungen durch Soldaten der Roten Armee in Berlin im Mai 1945 nicht nur auf Geburtszahlen gestützt, sondern eine Vielzahl von Materialien ausgewertet. Vgl. Sander/Johr 1992.

Eine ähnlich akribische Studie – oder zumindest ein Versuch dazu – zur möglichen Zahl der Kriegskinder der deutschen Wehrmachtssoldaten steht noch aus.

42 Ellingsen 1995.

43 Bunting 1995, S. 56.

44 Warring, 1995.

Nichts ist zu machen gegen das Hinsehen
Er und Sie

1 Duras 1961, S. 86.

2 Brandt 1992, S. 36.

3 Gespräch mit Rut Brandt im Mai 1997.

4 Dies gilt für Flirts usw. Gewalt gegen Frauen hingegen ist nicht die Folge des sensiblen oder instinktiven Erfassens der Signale einer Frau, wie die Gewalttäter und ein an solchen Verdrehungen interessierter Teil der Öffentlichkeit gern behaupten, sondern deren brutales Ignorieren.

5 Interview mit der Norwegerin Astrid S. Wolfgang Koeppen beschreibt in seinem Roman *Tauben im Gras* die GIs mit fast identischen Worten: »Um die amerikanischen Jungen war Luft, die Luft der weiten Welt; der Zauber der Ferne, aus der sie kamen, verschönte sie.«

6 Ellingsen 1995, S. 26.

7 Bunting 1995, S. 81.

8 Schwarz 1997, S. 281.

9 Auch in den Ländern, in denen die Wehrmachtssoldaten heiratet durften, mußten die künftigen Ehefrauen den nationalsozialistischen rassischen Ansprüchen genügen – so waren Ehen mit Saminnen, die in Nordnorwegen lebten, grundsätzlich verboten.

10 *SS für ein Grossgermanien*

11 Susanne Heim, Die Frau an seiner Seite. In: *taz*, 31. Januar/1. Februar 1998, Seite XI.

12 P.C. Ettighoffer, Heimat unterm Polarkreis. In: *Deutsche Polarzeitung* Nr. 131, 16. Juni 1943, S. 3. Das Zitat ist leicht gekürzt.

13 Ich übergehe hier zum einen, daß vermutlich viele Soldaten in der Extremsituation des Krieges auch homosexuelle Erfahrungen machten, die sie in ihrem ›Alltag‹ nicht fortführten, und zum anderen die homosexuellen Soldaten, die sich nicht nach einer Frau, sondern nach einem Mann sehnten. Wer homosexuelle Erfahrungen innerhalb der Truppen oder mit Männern des besetzten Landes wagte, setzte sich großen Gefahren aus, da er im Falle einer Entdeckung mit gravierenderen Konsequenzen rechnen mußte (und in einer Armee wohl nach wie vor *muß*) als bei allen denkbaren Kontakten zu Frauen. Als eine homosexuelle Beziehung in der norwegischen Küstenstadt Bergen aufflog, wurde der Deutsche hingerichtet, der Norweger in ein deutsches KZ geschickt. Ringdal 1986.

14 Meldung vom 13. 4. 1944, zitiert in Kundrus 1995, S. 375.

15 Theweleit, 1994, S. 100. Theweleits Gedanken zum soldatischen Mann und den Frauen erklären auch, warum, wie ein ehemaliger Rotarmist in einem Interview mit Helke Sander sagte, die eine Million Frauen in der Roten Armee von den männlichen Rotarmisten nicht angetastet wurden – sie seien ihnen ›heilig‹ gewesen. Falls dies nicht der Wahrheit entsprechen sollte, erklärt Theweleits Beobachtung, wie es zu einer solchen Erinnerung kommen kann.

16 Kundrus 1995, S. 379.

17 Von der Osten-Sacken 1994.

18 Ich danke Elisabeth Wandeler-Deck für diese Gedanken über die Heimatlosigkeit der Sieger sowie viele andere Anregungen.

19 Bunting 1995, S. 51.

20 Wiemker 1996. Wiemker zitiert den Roman *I krigens skygge* [Im Schatten des Krieges] des dänischen Schriftstellers Jens Aage Poulsen über die Freundschaft zwischen einem jungen Soldaten und einer sechzehnjährigen Dänin. Sie drängt darauf, die Freundschaft geheim zu halten, was er nicht verstehen kann.

21 Skogheim 1989, S. 29.

22 Jensen 1986.

23 Jensen 1986.

24 Junila, 1988. Junila fügt hinzu, man habe befürchtet, solche, wenn auch unbegründete Gerüchte könnten die Kampfesmoral der finnischen Soldaten schwächen. Die Gerüchte hätten u.a. zu Schlägereien zwischen finnischen und deutschen Soldaten geführt.

25 Bunting 1995, S. 57f.

26 Bunting 1995, S. 58; Ellingsen 1995, S. 26.

27 de Beauvoir, 1994, S. 398 et passim.
28 Aus einem Brief, vermutlich an die Abteilung Lebensborn, zitiert in der Schrift *»SS für ein Grossgermanien«*.
29 Capdevila 1995, S. 75.
30 Senje 1986, S. 11.
31 Norwegische Frauen durften nicht der Prostitution nachgehen. Eine Begleiterscheinung diese Verbotes war, daß Geschlechtsverkehr im Hotel (ob bezahlt oder nicht) verboten (!!!) war. Ringdal 1987. S. 176.
32 Von der Osten-Sacken 1994, S. 81.
33 Junila 1988, S. 279.
34 Dag Ellingsen, 1995.
35 Auch der Vater der »Soldatenbraut« Madame Butterfly ist bereits tot, als sie neunzehnjährig heiratet. Zugleich ist er bei den Hochzeitsfeierlichkeiten äußerst präsent, da Madame Butterfly das Schwert besitzt und auch vorzeigt, mit dem er Harakiri beging – und mit dem sie sich töten wird, als sie erfährt, daß Linkerton sie verraten hat. Auch hier wacht also der Vater in gewissem Sinne über die Ehre seiner Tochter, als diese heiratet.
36 Interview mit Gerd F. und Astrid S.
37 Auch das war nicht der Deutschen Wehrmacht vorbehalten. Tamara Domentat berichtet über die eher plumpen, gleichwohl effektiven Taktiken der US-Streitkräfte, Freundinnen, Ehefrauen, Gerichten und Jugendämtern Auskünfte über den Verbleib eines Soldaten zu verweigern. Domentat, S. 147.
38 Das klingt romantisch, konnte sie aber sehr unromantisch das Leben kosten. Der Vater einer Freundin erzählte ihr kurz vor seinem Tod, es quäle ihn, daß er in Rußland eine Nacht lang einen zum Tode Verurteilten bewacht und nicht habe fliehen lassen. Der junge Mann hatte sich in eine Russin verliebt, und da es für ihn als Angehörigen der deutschen Wehrmacht ausgeschlossen war, mit ihr zusammen zu sein, war er desertiert. Ich danke Brigitte Rauch-Linder dafür, mir davon erzählt zu haben.
39 Björnsdóttir, 1989. S. 110.

Wir glaubten an ihre Gleichgültigkeit
Die Reaktionen der Anderen

1 Duras 1961.
2 Virgili, 1995 (A).
3 Gespräch mit Astrid S. Unterhielten die »besseren Schichten« hingegen selbst Kontakte zur Besatzungsmacht, durch die sie Vorteile hatten, entsprach das durchaus der »natürlichen Ordnung der Dinge«.
4 Gespräch mit Lucie H.
5 Etwa: ›ausländische Ehefrauen‹ und ›Ehefrauen aus feindlichen Staaten‹.

6 Von der Osten-Sacken 1994, S. 30f. Sie zitiert aus der Aufhebung des Heiratsverbotes mit deutschen Frauen vom 19. Dezember 1946. Zur Geschichte der deutschen Frauen und amerikanischen Soldaten, siehe auch das Buch von Tamara Domentat, *Hallo Fräulein*.

7 Hvordeles liker de britiskfødte hustruer seg i Ålesund? In: *Sunnmørsposten*, 16. Februar 1946.

8 Björnsdóttir 1995.

9 Z.B. Robert Wise, *Until They Sail* (auf deutsch heißt der Film reißerisch *Land ohne Männer*), und Joshua Logan, *Sayonara*, beides übrigens Verfilmungen von James Michener-Stoffen. Eine überaus interessante Abweichung von dieser wohlwollenden Darstellung ist der von dem emigrierten Österreicher Billy Wilder gemachte Film *A Foreign Affair* mit Marlene Dietrich, der im Berlin der unmittelbaren Nachkriegszeit spielt und im zerbombten Berlin gedreht wurde. Im Gegensatz zu anderen Hollywood-Filmen kommen bei Wilder die einheimischen Frauen – also die Deutschen – äußerst schlecht weg. Wann immer möglich, wird betont, daß sie bei der Beziehung zu den allierten Soldaten ausschließlich auf ihren materiellen Vorteil schauen – also samt und sonders käuflich sind.

10 Von der Osten-Sacken, 1994, S. 14.

11 Schwer zu übersetzen. Ganz grob (und völlig ohne den bissigen Charme des Originals): Sexbesessen, überbezahlt und auf dieser Seite des Atlantiks.

12 Zitiert in Warring, 1993.

13 »Soldaten der nördlichen Provinzen, lüsterne britische Soldaten schlafen mit euren Frauen und vergewaltigen eure Töchter.« Zitiert in: Warring 1993, S. 14.

14 Eriksen/Halvorsen (Hg.), 1987.

15 Sander/Johr, S. 18.

16 Ringdal 1987. Alle meine Informationen darüber, wie während der Besatzungszeit in Norwegen gegen Geschlechtskrankheiten vorgegangen wurde, stammen aus diesem Buch über die norwegische Polizei in diesen Jahren. Der Titel des Buches bedeutet auf deutsch *Zwischen Baum und Borke*, eine äußerst treffende Beschreibung der Lage, in der sich die Polizei damals befand.

17 Domentat, S. 176.

18 Von der Osten-Sacken 1994, S. 28 Auf den Philippinen erhielten Prostituierte, die vor dem Rückzug der Truppen im Herbst 1992 für amerikanische Marinesoldaten »arbeiteten«, tatsächlich eine Art Prostitutionsausweis – die Navy gab Kennkarten an sie aus und die so registrierten Frauen mußten sich regelmäßig von amerikanischen Ärzten auf Geschlechtskrankheiten untersuchen lassen. 1993 verklagte ein US-amerikanischer Anwalt in Vertretung der ca. 8500 amerasischen Kinder der Prostituierten die Navy auf Zahlung von 69 Millionen Dol-

lar Unterhalt – der Anwalt argumentierte, die von der Navy ausgegebenen Kennkarten und die gynäkologischen Untersuchungen seien der Beweis, daß die Marine mit den Frauen einen Vertrag abgeschlossen habe, »to provide services to US personnel«. Eine Sprecherin der Mütter sagte, es gehe nicht vorrangig darum, zu gewinnen oder zu verlieren. Es sei »eine großartige pädagogische Chance, der ganzen Welt zu zeigen, daß genau das passiert, wenn man ausländische Truppen in andere Länder schickt«. (*Marie Claire*, Britische Ausgabe, September 1993).

Bedauerlicherweise weiß ich nicht, was daraus geworden ist.

19 Einige heirateten auch Amerikanerinnen, da viele norwegische Seeleute im Ausland waren, als ihr Land besetzt wurde und für die Dauer des Krieges dort blieben, wo sie im April 1940 gerade waren.

20 Leira 1984.

21 Lorenz 1989, S. 43.

22 *SS für ein Grossgermanien*, S. 33. Mit dem Satz »Man muß doch leben« rechtfertigt übrigens auch Madame Butterfly, daß sie nach dem Tod ihres Vaters als Geisha arbeiten mußte.

23 Definition für Kollaboration aus: *Meyers Grosses Taschenlexikon*, 1987.

24 Ellingsen 1995, S. 13–80.

25 Lorenz 1989.

26 Hvorfor så mange arbeider tok arbeid for tyskerne. In *Sunnmøre Arbeideravis*, 2. Juli 1945.

27 Lorenz 1989.

28 Neckel 1991, S. 148.

29 Bunting 1995, S. 235. Leider schreibt sie nichts darüber, ob und wie diese Gruppe ihre Ziele in die Tat umgesetzt hat.

30 Björnsdóttir 1989.

31 Von der Osten-Sacken 1994, zitiert aus *Fraternization with the Germans in World War* II, Frankfurt 1947.

32 Neckel 1991, S. 148.

33 F. Obermaier und J. Mauerer, »Aus Trümmern wächst das neue Leben«. Zit. n. Domentat 1998, S. 189.

34 Warring 1994.

35 Beck 1995, S. 43.

36 Diese etwas gewagt erscheinende Vermutung ließe sich in einem ersten Schritt überprüfen, indem man vergleicht, ob in diesen Ländern sexuelle Gewalttaten (z.B. auch in Friedenszeiten) eine niedrigere Statistik als andere Länder aufweisen. Ich danke Birgit Beck für diesen Hinweis. Es gab auch in Frankreich »tontes au coin du bois«, d.h. geheime, nicht öffentliche Scher-Aktionen, die bereits vor der Befreiung begannen und meist nachts in der Wohnung der Beschuldigten stattfanden. Virgili, der dies erwähnt, spricht nicht von Vergewaltigungen, was natürlich nichts besagen will. Siehe Virgili 1995 (B), S. 61.

37 Fjørtoft, 1997, S. 34. Ob das Kind einen deutschen Vater hatte, wird nicht erwähnt.

38 Warring, 1993. Die Zusammenfassung von Ruth Harris' Aufsatz »The Child of the Barbarian. Rape, Race and Nationalism in France during the First World War« habe ich aus Beck 1995, S. 37 übernommen.

Wenn ich sage, daß Vergewaltigungen spätestens nach Kriegsende bekannt geworden wären, drängt sich selbstverständlich der Gedanke an die Massenvergewaltigungen durch Soldaten der Roten Armee in Berlin im Mai 1945 auf. Zunächst – in den Nachkriegsjahren – wurde viel darüber gesprochen und geschrieben, irgendwann aber wurden sie zu einem Tabuthema – und zwar bei allen: den vergewaltigten Frauen, den Vergewaltigern, den Besatzungsmächten, den beiden deutschen Staaten – bis Birgit Jochens vom Heimatmuseum Berlin-Charlottenburg sowie Helke Sander und Barbara Johr sich des Themas annahmen und es recherchierten. Das Heimatmuseum Charlottenburg trug eine Ausstellung zusammen, die im Herbst 1995 unter dem Titel »Worüber kaum gesprochen wurde: Frauen und alliierte Soldaten« gezeigt wurde, Sander und Johr verarbeiteten ihre Forschungsergebnisse zu einem Buch und einem Film– beide mit dem Titel *BeFreier und Befreite*. Warum so lange geschwiegen wurde, hat für jede und jeden an den Ereignissen Beteiligte/n einen anderen Grund: Die Frauen schämten sich [!], sie und ihre Familien (soweit diese überhaupt davon wußten und wissen) wollten an die Erlebnisse nicht mehr erinnert werden; die beiden deutschen Staaten hatten je eigene Gründe, über die Ereignisse vom Mai 1945 zu schweigen. Das galt offenbar auch für die bundesrepublikanischen Medienmacher, denn als Sander 1987/88 mit ihrem Projekt begann, lehnten sechs ARD-Anstalten die Förderung eines Filmes mit der Begründung ab, man wolle nun, da sich die Beziehungen zur Sowjetunion entspannten, nicht alten Feindbildern neue Nahrung geben. Sander kommentiert das mit den Worten: »Die Befürchtung, daß die Arbeit an einem solchen Thema ein Feindbild neu entstehen läßt, an dem kein Interesse besteht, geht davon aus, daß sexuelle Gewalt etwas ist, womit sie nichts zu tun haben, was nur auf einen früheren Gegner projiziert werden kann. Nur ist für diese Projektion zur Zeit kein Bedarf. Es wäre ja z.B. auch möglich gewesen, sich als Ergebnis der Recherche eine Entlastung der Gerüchte zu erwarten, den Beweis, daß sich die Propaganda sexueller Greuelbilder für politische Zwecke bediente. Auf diese Idee aber ist kein Mann gekommen.« Helke Sander, 1992.

39 Warring,1994, S. 118.

40 Aus den Akten des dänischen Freiheitsmuseums in Kopenhagen. Ich habe die Daten anonymisiert.

41 Virgili 1995 (B).

42 Warring, 1994, S. 119

43 Capdevila 1995, S. 77.

44 Unmittelbar vor Druck dieses Buches erschien Tamara Domentats Buch *Hallo Fräulein*. Auf Seite 32 zitiert sie Dieter Koepke, damals Stellvertretender Generalkonsul der Bundesrepublik Deutschland in den USA, der 1985 anläßlich einer Feier der War Brides in Long Island mit Blick auf die deutschen War Brides sagte: »Wir in der Heimat haben manchmal nicht gesehen, wie sehr die Kriegsbräute zur Heilung der Wunden beigetragen haben, die der Krieg und das Nazi-Regime den Menschen auf beiden Seiten des Atlantiks zugefügt haben.«

Damit sich alle erinnern, auf ewig
Das Kriegsende

1 Das ist verständlich, aber unzutreffend, da der norwegische Anteil an der Selbstbefreiung äußerst gering war.

2 Grini war das bekannteste deutsche Gefangenenlager in Norwegen.

3 Fjørtoft 1997. S. 20.

4 Brossat 1992. S. 161. Brossat zitiert einen Rundfunkbericht des englischen Reporters James Wellard, der am 20. August 1944 über Radio London gesendet wurde. In der fehlenden Passage in der Zitatmitte, die ich durch eckige Klammern gekennzeichnet habe, heißt es erst, »Diese sechzehn Frauen, denen man den Kopf schor, hatten für die Nazis die Arbeit der *maquis* ausspioniert«, danach erläutert Wellard, was das für die betreffenden Widerstandskämpfer bedeuten konnte – sie wurden gefoltert, manche starben dabei. Die von Brossat zitierte Passage endet mit: »In Kürze kommen sie vor ein Tribunal französischer Richter. Die sich am schuldigsten gemacht haben, werden als Vaterlandsverräter und zur Vergeltung für die jungen gefolterten Männer füsiliert werden.«
Ich habe das Zitat gewählt, weil es die typischen Elemente der rituellen Scher-Szenen komprimiert darstellt, die in vielen Erzählungen auftauchen, und ich habe es aus mehreren Gründen gekürzt: Zum einen sollen die Zitaten am Kapitelanfang die Aufmerksamkeit auf Ähnlichkeiten und Unterschiede in der Art der Bestrafung der Frauen in unterschiedlichen Ländern lenken. Zum zweiten waren in Frankreich Rituale wie das beschriebene gang und gäbe, die Anklage scheint nahezu beliebig - sie konnte ebensogut Verrat an ihren Landsleuten lauten wie ›collaboration horizontale‹ oder »maîtresses d'Allemands«.
Ob die Anschuldigungen, die gegen die sechzehn Frauen erhoben wurden, zutreffen oder nicht, entzieht sich aber selbstredend meines Wissens. Da der Bericht über Radio London ausgestrahlt wurde, dem, wie Brossat schreibt, Organ der neuen, im Entstehen begriffenen legalen Macht, mag Skepsis angebracht sein.

5 Virgili 1995 (B).
6 Stein 1984, S. 293.
7 Natalie Zemon Davis, zitiert bei Brossat 1992, S. 40.
8 Virgili 1995 (B). Zu diesem Zitat und dem folgenden Satz »Wie sich das so schnell herumsprechen konnte, ist schwer nachvollziehbar« kommentierte Klaus Theweleit, da habe es nichts gegeben, was sich hätte herumsprechen müssen: Aufmüpfigen Frauen gehe es von jeher sofort an die Haare.
9 Fjørtoft 1997. S. 18
10 Bunting 1995, S. 258f.
11 Warring,1993.
12 »Bayreuth, Ende November. Deutsche Männer stecken das Haar einer Deutschen an, die fraternisiert hat.« *Die Tageszeitung* 14. 9. 95 – Worüber kaum gesprochen wurde: Frauen und alliierte Soldaten.

Solche Übergriffe auf deutsche Frauen waren nicht selten. Dieser Aspekt der deutschen Geschichte harrt noch seiner Aufarbeitung. Siehe dazu auch Domentat, S. 183–200.
13 Brossat, der viele Phänomene im Umkreis der Scher-Rituale glänzend und assoziationsfreudig beleuchtet, ist eine (vielleicht die einzige) Ausnahme. Er ist es auch, der die Frage aufwirft, ob die Methoden der Gefangenenbehandlung in den deutschen KZs 1944 in Frankreich bereits bekannt gewesen sein können.
14 Wobbe 1994.
15 Eugène de Brocard, in: *Le Journal de Genève*, 2. 10. 1944. Zitiert in Brossat 1992, S. 157.
16 Warring 1994.
17 Zu den Frauen, die nach Schweden flüchteten: Gjestland/ Gundersen 1990, S. 13. Zu den Vorkommnissen in Molde: Helgesen 1990, S. 291.
18 Gedicht einer Freundin meiner norwegischen Gesprächspartnerin Astrid S. Ich danke ihr für die Erlaubnis, daraus zu zitieren.
19 Beispielsweise beschreibt Kjell Fjørtoft solche Szenen auch in Tromsø. Ich danke Jan Olav Flatmark, der mir zahlreiche Fotos aus dem Ålesunder Stadtmuseum zeigte.
20 Virgili 1995 (B).
21 Brossat 1992, S. 225. Brossat widmet ein ganzes Kapitel seines Buches den Geschorenen der Geschichte – Aristokraten während der Französischen Revolution, russische Großfürstinnen vor ihrer Erschießung durch die Bolschewiken, chinesische Mandarine, ihrer Zöpfe beraubt – und immer wieder die Opfer des deutschen Faschismus, die Deportierten, die Zwangsarbeiter, die Gefangenen der Konzentrationslagern, aber auch die der sowjetischen Gulags.
22 Brossat 1992, S. 50f.
23 Helgesen 1990.

24 Helgesen 1990, S. 307
25 Reichspolizeichef Andr. Aulie, zitiert. in zahlreichen norwegischen Quellen.
26 So der Titel des Aufsatzes von Kari Helgesen s Aufsatz: »... f.t. siktet som tyskertøs«.
27 »Lagerordnung von Hovedøya«. Abgedruckt in *Kontrast*, Nr. 2/3, 86. Das Pfeifverbot wird in Grøtnæs' Aufsatz erwähnt.
28 Gjestland/ Gundersen 1990.
29 Ringdal 1987. S. 186ff,
30 Gjestland/Gundersen 1990.
31 Gjestland/Gundersen 1990.
32 Hätte Reichskommisar Josef Terboven seine Ankündigung wahr gemacht, die »Festung Norwegen« um jeden Preis zu halten, es hätte das furchtbare Folgen gehabt, zumal den knapp 400000 Deutschen nur etwa 30000 bis 40000 bewaffnete norwegische Freiwillige gegenüberstanden. So aber sprengte Terboven sich eine halbe Stunde vor Inkrafttreten des Waffenstillstandes am 8. Mai in seinem Spezialbunker im norwegischen Skaugum in die Luft. Fjørtoft 1997, S. 14.
33 An mehreren Orten mußten deutsche Soldaten die Minen räumen, die sie zuvor gelegt hatten. Hatten sie die Felder oder Hafeneinfahrten geräumt, mußten sie auch als erste darübergehen/darüberfahren. Einige kamen dabei ums Leben. Gespräch mit Jan Olav Flatmark, Ålesund. Mai 1997.
34 *Sunnmørsposten*. 14. August 1945.
35 Es war offenbar keine Seltenheit, daß Frauen sich während des Krieges und danach als Soldaten verkleideten, wenn auch aus unterschiedlichsten Gründen – Hildegard Knef beispielweise lebte bei Kriegsende monatelang als Soldat verkleidet – davon drei Monate in Kriegsgefangenschaft (!!!) – um nicht Opfer der Massenvergewaltigungen durch Rotarmisten zu werden.
36 Gespräch mit Kjell F., Oslo im Mai 1997.
37 Marc Hillel berichtet von GIs, die in Europa geheiratet hatten und dann, kaum waren sie wieder in den USA, sofort die Scheidung einreichten. Um sicherzugehen, daß ihre europäischen Ehefrauen dagegen keinen Einspruch erheben konnten, gaben sie dem amerikanischen Gericht falsche Adressen in Europa an, so daß die Papiere ihren Ehefrauen und/oder den Behörden nicht zugestellt werden konnten. Hillel 1983.
38 Brandt,1992, S. 90 und 92.
39 Eriksen/Halvorsen (Hg.), 1987. Artikel aus *Lofotposten* 10. August 1945.
40 Wiig 1984, S. 35.
41 Gjestland/Gundersen 1990.
42 Helgesen 1990, S. 300 [Hervorhebung von Kari Helgesen]
43 *Aftenposten*, August 1945. Ich habe das Wort »Eisfront« beibehalten, ob-

wohl es im Deutschen nicht geläufig ist, weil es in Norwegen für diese Zeit und dieses Problem so wichtig war.

44 Ich habe alle Namen, die im Originalartikel natürlich ausgeschrieben sind, anonymisiert.

45 Norwegen erklärte nach dem Ende der Besatzung die Mitgliedschaft in der nationalsozialistischen Partei rückwirkend als gesetzeswidrig, d.h. alle Parteimitglieder wurden bestraft, auch wenn sie nur passive Parteimitglieder waren. Das bedeutete: Internierung, Konfiszierung ihres Vermögens oder eines Teils davon, Aberkennung der bürgerlichen Ehrenrechte auf zehn Jahre. Bei einer aktiven Beteiligung an der Parteiarbeit kamen Verurteilungen zu Zwangsarbeit und/oder mehrjährige Gefängnisstrafen hinzu. Das stand nicht nur im Widerspruch zum internationalen Recht, sondern auch im Widerspruch zum Artikel 97 des norwegischen Grundgesetzes, wonach kein Gesetz rückwirkende Geltung haben kann.

Petra H. wurden also die bürgerlichen Ehrenrechte wegen ihrer NS-Mitgliedschaft aberkannt, die anderthalb Jahre Zwangsarbeit erhielt sie ausschließlich wegen der – möglichen – Konsequenzen ihres Streites mit Ingrid R.

46 Capdevila 1995.

47 Die Aufarbeitung dieses düsteren Kapitels hat in Norwegen bereits vor einigen Jahren begonnen. Eine neue Veröffentlichung zu diesem Thema ist Kjell Fjørtofts Buch *Oppgjøret, som ikke tok slutt*), Oslo 1997, das sich auch mit Liquidationen und Folterungen befaßt, die auf das Konto der norwegischen Widerstandsbewegung gehen.

48 Warring 1994b.

49 Fjørtoft 1997, S. 205

50 Lorenz 1989. Einhart Lorenz war zum Zeitpunkt der Sendung Leiter des norwegischen Arbeiterarchivs.

51 *Sunnmørsposten*, Sonderbeilage zum Kriegsende 1995, Seite 42.

Gezeichnet mit dem Brandmal des Feindes
Die Kinder

1 Tarp 1997. Alle weiteren Zitate von Lotte Tarp sind dieser Autobiographie entnommen.

2 Noordervliet 1995. Alle weiteren Zitate von Nelleke Noordervliet sind diesem autobiographischen Roman entnommen.

3 Die äußerst bewegende Geschichte von Turid wird erzählt in Kjendsli 1988.

4 Wiemker 1996, S. 18.

5 Foucault 1977, S. 150.

6 Lilienthal 1985, S. 189

7 Äußerung des Geschäftsführenden Vorstandsmitglieds des Lebensborn e.V. Gregor Ebner, zititert bei Lilienthal 1985, S. 176.

8 Zitat aus dem Gutachten des Psychiaters Ørnulf Ødegaard für die Krigsbarnutvalg. Hier zitiert nach Simonsen 1995. Hervorhebung von Simonsen. Hätte sie es nicht hervorgehoben, ich hätte es getan.

9 Zitiert in: Fjørtoft 1997, S. 45.

10 Ellingsen 1994.

11 Einige Adoptionen waren offenbar ohne die Zustimmung des norwegischen Justizministeriums erfolgt, die nach norwegischem Recht erforderlich waren. Ich weiß allerdings nicht, welche Folgen dies für jene Kinder hatte, die von deutschen Familien adoptiert worden waren.

12 Die bewegende Geschichte der Kinder, die aus Norwegen nach Deutschland geschickt wurden, wäre Thema für ein eigenes Buch. Vom Schicksal eines Mädchens, das nach Norwegen zurückgebracht wurde, berichtet Kjendslis Buch *Kinder der Schande*, das 1986 in Norwegen und 1988 in Deutschland erschien.

Im Sommer 1997 fand Kjendsli Ungeheuerliches über das Schicksal einiger anderer deutsch-norwegischer Kinder heraus, die bei Kriegsende im sächsischen Kinderheim Kohren-Sahlis waren, in Sachsen blieben und dort bei Adoptiveltern aufwuchsen. Diese ›Kinder‹ haben Anrecht auf einen norwegischen Paß. Um an diesen Paß (und mit ihm an eine komplette Lebensgeschichte) zu kommen, hatte der Stasi ohne Wissen der Betreffenden in den sechziger Jahren Spione mit deren Identitäten ausgestattet. Dazu gehörte infamerweise auch, daß sie die Agenten zu den norwegischen Müttern und deren Familien schickten, die diese ›Kuckuckseier‹ in gutem Glauben als wiedergefundene Familienangehörige willkommen hießen. Näheres dazu in »Kinder für Führer und Stasi«, *Der Spiegel*, 25/1997, S. 72–85. Der Artikel wird auf dem Heftumschlag mit dem denkwürdigen Boulevard-Puzzle »Stasi-Spione aus dem Nazi-Lebensborn – Von Hitler geraubt – Von der DDR mißbraucht« angekündigt, und die Informationen, die er über den Lebensborn e.V. gibt, sind derart flott-reißerisch präsentiert, daß man sie leider als grob irreführend bezeichnen muß.

Mindestens 100 nach Deutschland geschickte Kinder norwegischer Mütter konnten 1947 nicht aufgespürt werden. Was aus ihnen geworden ist und ob sie überhaupt wissen, daß ihre leibliche Mutter Norwegerin war, ist nicht bekannt.

13 Dies ist eine gedrängte und gänzlich unzulängliche Darstellung der Arbeit dieser Organisation. Sorgfältig erarbeitet, umfassend und wissenschaftlich unantastbar ist das Standardwerk *Der »Lebensborn e.V. Ein Instrument nationalsozialistischer Rassenpolitik* von Georg Lilienthal, Stuttgart 1985, Neuauflage Frankfurt am Main 1993. Neueren Datums ist

Deutsche Mutter, bist du bereit ... von Dorothee Schmitz-Köster, Berlin 1997. Schmitz-Köster geht es vor allem um die Menschen in den Lebensborn-Heimen – Mütter, Kinder und Angestellte, mit einigen hat sie lange Gespräche geführt.

Die *Abteilung Lebensborn*, die in Norwegen tätig war, war offiziell dem Reichskommissar für die besetzten norwegischen Gebiete angegliedert.

14 Lilienthal 1985, S. 173.

15 Reichsgesetzblatt 1942 I, S. 488, Zitiert in Lilienthal 1985, S. 170.

16 Schreiben aus der Staatskanzlei vom 27. 4. 1941 mit der Überschrift »Der Führer hat entschieden«. Zitiert in Lilienthal 1985, S. 169.

17 Himmler 1942 in einem Tischgespräch mit Hitler, zitiert in Lilienthal 1985, S. 199.

18 *SS für ein Grossgermanien*. S. 82/83. Zu den Kindern samischer und halbsamischer Frauen, die nicht in die Lebensborn-Akten aufgenommen wurden: Ringdal 1986.

19 Johr, Die Ereignisse in Zahlen, in: Sander/Johr 1992, S. 69. Das Dokument stammt aus der Handakte Major Hans von Payr zu Enn und Caldiff, Oberkommando der Wehrmacht/Wehrwirtschaft- und Rüstungsamt und trägt das Datum 18. 9. 1942.

20 In einem Bericht der *Frankfurter Allgemeinen Zeitung* vom 16. 2. 1950 über den »Lebensborn-Prozeß« heißt es: »In einem von der Kammer vorgelegten Bericht an Himmler bezeichnete der Betroffene Dr. Ebner, der Leiter des Gesundheitsdienstes des »Lebensborn«, die Zwangsübersiedlung von Norwegerinnen, die ein Kind von deutschen Besatzungsangehörigen erwarteten, als eine einmalige Maßnahme. Diese Aktion habe den Zweck verfolgt, rein nordische Frauen in großer Zahl ins Reichsgebiet zu verpflanzen.« Dieses Zitat muß wohl so verstanden werden, daß es tatsächlich Zwangsverschickungen gegeben hat. Näheres darüber weiß ich nicht.

21 Sander/Johr 1992.

22 Die Zahlen für Westeuropa stammen aus Sanders Interview mit Clarissa Henry, in: Sander/Johr 192, S. 160.

23 Beck 1995, S. 43.

24 Diese Zahl stammt vermutlich von Himmler. Lilienthal 1985, S. 214, Fußnote 36. Lilienthal selbst findet die Zahl der unehelichen Kinder deutscher Soldaten in den besetzten Ostgebieten, vorwiegend in Rußland, offenbar absurd, denn er schreibt: »Himmler gab, mit seinem Hang zur Übertreibung, ihre Zahl mit rund einer Million an.«

25 In Faßbinders Film »Die Ehe der Maria Braun« geschieht tatsächlich ein Mord, als der Ehemann aus der Gefangenschaft zurückkehrt und seine Frau im Bett mit ihrem amerikanischen Liebhaber vorfindet, der überdies noch ein Farbiger ist. Die Ehefrau ermordet umgehend den Liebhaber. Damit beweist sie ihre Treue und wahrt ihre (weibliche) Ehre.

Der zurückkehrende Ehemann »ehrt« sie dafür, indem er sich als der Mörder ausgibt und ins Gefängnis geht.

26 Norwegen: »Brente ›damene‹ på Aukra barna sine?«, *Sunnmøre Arbeideravis*, 7. 12. 1945. Der Artikel benutzt für »Quacksalberin« den dazu verkommenen Ausdruck *weise Frau*. Das sei zumindest erwähnt, auch wenn hier nicht der Ort ist, um auf die Geschichte der Diffamierung heilkundiger Frauen einzugehen. Kanalinseln: Bunting, S. 68. Charente-Inférieure: Virgili 1995 (A). Die letzte hingerichtete Französin: Hillel, Interview in Sander/Johr 1992.

27 Angeblich versuchte eine beträchtliche Anzahl schwangerer Norwegerinnen, über die grüne Grenze nach Schweden zu fliehen, um dort ihr Kind zu bekommen. Gespräch mit Dr. Georg Lilienthal, November 1997.

28 Gisela Wuttke, Der Babykrieg. In: *die tageszeitung* 27. April 1993. Dem stehen Zahlen aus der Materialiensammlung zur Charlottenburger Ausstellung über Frauen und alliierte Soldaten entgegen. Näheres dazu im neunten Kapitel.

29 Jutta Voigt, Russenliebe. In: *Wochenpost* Nr. 22, 24. Mai 1995, S. 60–62.

30 *SS für ein Grossgermanien*, S. 82.

31 Noordervliet 1995, S. 54 und S. 247.

32 Diese Beispiele scheinen mir typisch für die Atmosphäre, in der die Kinder aufwuchsen. Ich habe sie aus unterschiedlichen – fiktionalen wie autobiographischen – Quellen zusammengestellt.

33 Noordervliet 1995, S. 241.

34 Björnsdóttir 1995.

35 Umgekehrt ist es nicht möglich, d.h., die leiblichen Eltern können nicht auf diesem Wege nach ihren Kindern fahnden.

36 Kirsten Nilsen, *Dagbladet* (Oslo), 30. Dezember 1994. Nilsen ist beim Norwegischen Roten Kreuz für Familienzusammenführungen, usw. zuständig.

Es hat mich auch niemand gefragt
Das Schweigen

1 Bericht über Helke Sanders Film »BeFreier und Befreite« und das gleichnamige Buch in *Der Spiegel* 28/1995, S. 58f.

2 Interview mit Gerd F. und Astrid S.

3 Interview Jan Philipp Reemtsma in *Frankfurter Rundschau*, 14. April 1997.

4 Alexandra Stiglmayer in *Brigitte* 16/97, S. 202.

5 Beispielsweise Leira, 1987; Hansen Grønli, 1989; Senje, 1986; sowie, mit Einschränkungen, Skogheim, 1989.

6 Es ist durchaus verständlich, daß dieser unerquickliche Teil von Oslos Geschichte bei Stadtführungen nicht erwähnt wird. Weniger verständ-

lich ist, daß er offenbar überhaupt nicht zur Ausbildung der Fremdenführer gehört: 1997 hatten weder die Studentinnen und Studenten, die im Sommer Touristen durch Oslo führen, noch die beiden hauptberuflichen und von der Stadt ›akkreditierten‹ »Oslo-Guides«, die ich danach fragte, von den dortigen Internierungslagern jemals auch nur gehört.

7 Bemerkenswerte Ausnahmen sind zum einen Dag Ellingsen, der seit der Mitte der neunziger Jahre mehrere Artikel dazu geschrieben hat, und es gegenwärtig darum nicht mehr tut, weil für eine größere Studie keine Gelder aufzutreiben sind, und zum zweiten ein Forschungsprojekt einiger Historikerinnen an der Universität Oslo, das aus gleichem Grund über die Planungsphase noch nicht hinausgekommen ist. Kari Helgesens Aufsatz »... f.t. siktet som tyskertøs« von 1990 ist der erste – offenbar noch immer einzige – Versuch einer empirischen Arbeit. Helgesen hatte in mehreren Archiven Unterlagen darüber gesucht, mit welchen Begründungen die als ›Deutschenflittchen‹ bezeichneten Frauen arrestiert und in Haft gehalten wurden.

8 Zur Auskunftsfreudigkeit von Norges Hjemmefrontmuseums: Ulateig 1996, S. 12, sowie Helgesen 1990, S. 290. Helgesen schreibt, wenn es, wie man ihr mitteilte, dazu keine Unterlagen gebe, müßten sie »entfernt« worden sein. Zum Sperren der norwegischen Landesverrats-Akten: Fjørtoft. 1997, S. 232. Zum Sperren und Vernichten der Akten über die Kanalinseln: Bunting 1995, S. 6.

9 Warring 1996.

10 Emily Kraus-Nover, ... und ein Wort an die Frau. In: *Frankfurter Rundschau*, 1. 8. 1945.

11 Schwarz 1997 S. 237.

12 Beck 1995, S. 35.

13 Interview mit Jan Philipp Reemtsma, siehe Fußnote 3.

14 Siehe dazu Kap. 7, Fußnote 12.

15 Zitiert in Domentat, S. 31.

16 Anonym. *Eine Frau in Berlin, Tagebuchaufzeichnungen*. Genf und Frankfurt 1959. Zitiert aus Sander/ Johr, 1992, S. 113.

17 Zitiert bei Schwarz 1997, S. 197.

18 Interview mit Jan Philipp Reemtsma, siehe Fußnote 3.

19 Zitiert bei Schwarz 1997, S. 187.

20 Kundrus 1995, S. 378.

21 Wobei diese Eifersucht nur selten so weit gegangen sein dürfte wie bei jener 43-jährigen Deutschen, die ihren Ehemann nach sechzehn Jahren Ehe denunzierte, weil sie glaubte, daß er sie als Besatzungssoldat in Polen mit einer anderen Frau betrogen hatte. (Rezension in *Der Spiegel* (11/90) über Helga Schubert, Judasfrauen).

Andererseits mag es auch geradezu lebensferne Blindheit gegeben haben, wie sie von einer dänischen Witzzeichnung aus dem Jahre 1950 aufgespießt wurde. Die Zeichnung illustrierte offenbar einen Artikel zum Thema »Die Zahl der deutschen Touristen hierzulande wächst ständig«. Sie zeigt ein Ehepaar mit zwei kleineren Kindern an einer Straßenecke stehen. Die Ehefrau trägt einen sehr üppigen Pelz, der Ehemann ist eine sprichwörtliche »Witzfigur« mit feistem Gesicht, Bauch, X-Beinen, einem zu kleinen Hut, usw. Er blickt starr und dämlich geradeaus, während Frau und Kinder auf die andere Straßenseite schauen, wo eine Frau – offenbar eine Prostituierte – steht, die Hände in die Hüften gestemmt. Der Text lautet: »Diese Dänen haben einfach keine Kultur, Wolfgang. Steht die doch da und kreischt, ob du nicht Oberfeldwebel Casanova von Himmelbett bist!«

22 Zitiert in: *Worüber kaum gesprochen wurde: Frauen und alliierte Soldaten.* 1995.

23 Jo (Pseud.). Hat die deutsche Frau versagt? In: *Der Stern*, Heft 1, 1. August 1948, S. 14. Nachgedruckt in: 50 Jahre das Beste vom Stern (Beilage zum *Stern* vom 1. 10. 1997).

24 Fatalerweise spricht vieles dafür, daß das Schweigen der Opfer, nicht aber der Täter, seinen Ursprung in Scham und Schuldgefühl hat – das fällt mir beispielsweise immer wieder auf, wenn ich Erinnerungen von KZ-Überlebenden höre oder lese. Eine Überlebende der Konzentrationslager, die jahrzehntelang über das Erlebte schwieg, schwieg lange Zeit auch vor ihrem Sohn. Nichts sei schwerer, sagte sie, als den eigenen Kindern hiervon zu erzählen.

25 Noordervliet 1995, S. 146. Hervorhebung von mir.

26 Schneider, Stillke, Leineweber, 1996, S. 16. Dieser »Versuch einer Generationengeschichte des Nationalsozialismus« – so der Untertitel des Buches – befaßt sich unter anderem eingehend und klug mit der Frage, wie Fragen gestellt wurden.

27 Als die Japanerin Cho-Cho-San, die Madame Butterfly aus Puccinis gleichnamiger Oper, erfährt, daß der amerikanische Vater ihres Kindes, mit dem sie sich verheiratet wähnte, nach dreijähriger, nicht erklärter Abwesenheit mit einer amerikanischen Ehefrau nach Japan zurückgekehrt ist, begeht sie Selbstmord. Sie tut dies, weil sie verzweifelt, aber auch, weil sie entehrt ist – in das Harakiri-Schwert, in das sie sich stürzt, ist den Text eingraviert: »Ehrenvoll sterbe, wer nicht leben kann in Ehre«.

28 Domentat 1998, S. 183.

29 Mai Lefers, Sex und Allied Forces, in: *die tageszeitung*, 6. 9. 1994, S. 11.

30 Fjørtoft 1997, S. 47.

31 Das war erst nach der Befreiung möglich – im Mai 1945 erschienen in norwegischen Tageszeitungen Namenslisten von NS-Mitgliedern, und ich habe zwei Richtigstellungen gefunden, wo auf jeweils einen Namen hingewiesen wurde, der einige Tage zuvor irrtümlich auf die Liste geraten war.

32 Näheres dazu bei Ulateig 1996, S. 193.

33 Das Schweigen als direkte Folge der nicht gestellten Frage ist für die Generation, die den Zweiten Weltkrieg er- und überlebt hat, offenbar ein verbindendes Leitmotiv. Trude Simonsohn, eine Überlebende der Konzentrationslager, sprach im Dezember 1997 in Frankfurt/Main über ihr Leben und die Gesellschaft nach 1945. Der Titel ihres Vortrages lautete: »Wir erzählten nicht, da niemand fragte«.

34 Schneider, Stillke, Leineweber, 1996, S. 198.

35 Ein offenbar bewährtes Rezept, das auch in Puccinis *Madame Butterfly* vorkommt: Linkerton reist mit seiner amerikanischen Ehefrau nach Japan, wo er, triefend vor Nostalgie und Sentimentalität, auch seine damalige Geliebte wiedersehen möchte. Es kommt ihm nicht im entferntesten in den Sinn, daß sie die Heirat mit ihm wie auch sein Versprechen, zu ihr zurückzukommen, ernst genommen und seit vier Jahren auf ihn gewartet haben könnte – zu schweigen davon, daß sie ein Kind von ihm haben könnte. Als er das alles erfährt, fällt ihm dazu nichts anderes ein als Wehleidigkeit und Selbstmitleid. Er jammert: »wie peinigt mich die Reue« und »nie finde ich Ruhe«, auch, »nicht länger trage ich die Qual, ich bin feige« – entehrt durch seinen Verrat aber fühlt sich nicht er, sondern Butterfly, die sich denn auch umgehend ins Harakiri-Schwert stürzt.

Die im Dunkeln
Das ›Deutschenmädchen‹ – zur Kenntlichkeit entstellt

1 Elsaesser 1996. Seinem Aufsatz ist das Motiv »Un train peut en cacher un autre« entlehnt.

2 Ellingsen 1995, S. 14.

3 Brossat 1992, S. 10.

4 Jean Paul Sartre, Paris unter der Besatzung, hg. v. Hanns Grössel. Zitiert in: Gabriele Kalmbach (Hg.), *Paris 1940–1944. Die dunklen Jahre der »Ville Lumière«*. Berlin, 1993, S. 263.

5 Ellingsen 1995, S. 199f.

6 *Kursbuch* 115. Kollaboration. Berlin 1994.

7 Bunting 1995, S. 140.

8 *Dagbladet*, Oslo 30. 10. 1945 und 1. 11. 1945.

9 Zu Hovedøya: Gjestland/Gundersen 1990, S. 16. Zu Molde: Helgesen 1990, S. 290.

10 Ellingsen 1995, S. 41.

11 Dies ist keine jener Beweisführungen, bei denen gerade die Abwesenheit jedes Beweises zwingend beweist, daß etwas da gewesen sein muß. Das für mich krasseste Beispiel hierfür ist die Argumentation, Kindesmißbrauch sei für das Kind so traumatisch, daß gerade die Unfähigkeit

eines erwachsenen Menschen, sich an Mißbrauch in seiner Kindheit zu erinnern, ein sicherer Beweis dafür sei, daß er stattgefunden haben müsse.

Es gibt zahlreiche Wege, den »Mythos« von den dummen und einfältigen ›Deutschenmädchen‹ zu entlarven, der einfachste (der allerdings rapide unmöglich wird) sind Gespräche mit ihnen.

12 Ich halte es auch für denkbar, daß hierin etwas ganz Archaisches liegt, das aus vielen Schöpfungsmythen bekannt ist: Ich meine die Notwendigkeit einer zweiten Geburt, eines ›zweiten Anfangs‹. Die erste Welt wird ausgelöscht (in der Bibel beispielsweise durch die Sintflut), alles geht unter, danach beginnt die Welt noch einmal neu und gereinigt.

Das erinnert mich auch an die erstaunliche Bemerkung einer Jüdin über das Kriegsende. Sie sagte: »Und dann ist der Messias nicht gekommen« – auch dies ein Bild der ›Säuberung‹, der Errettung, der Erneuerung und eines Neuanfangs im biblischen Sinne.

13 Lorenz 1989.

14 Slavoj Žižek deutet in anderem Zusammenhang auf eine solche gedankliche Inkonsequenz hin: Obwohl »die Political Correctness-Dekonstruktivisten [...] auf der Ebene des ausgesagten Inhalts sehr wohl wissen, daß kein Subjekt, nicht einmal der widerwärtigste Rassist oder Sexist, voll verantwortlich (und also auch voll schuldig) für seine Taten ist, d.h., daß »Verantwortung« eine juristische Fiktion ist, die dekonstruiert werden kann, behandeln sie – auf der Ebene der subjektiven Position des Aussagens – Rassisten und Sexisten als voll verantwortlich für ihre Taten«. Žižek, 1994. Thomas Elsässer hat mich auf diesen Aufsatz aufmerksam gemacht, wofür ich ihm danke.

15 Ich habe den Eindruck, als sei dieser Vorwurf der Berechnung im besetzten Frankreich und im Nachkriegsdeutschland, und dort bis zum heutigen Tag, viel häufiger geäußert worden als in den skandinavischen Ländern, und möchte wenigstens in der Fußnote darüber spekulieren, ob der Vorwurf der materiellen Bereicherung in den protestantischen (und damals sehr armen) Ländern Europas nur deswegen nicht so laut wurde, weil der Protestant gehalten ist, alles Materielle gering zu schätzen und der Askese huldigt.

16 *Worüber kaum gesprochen wurde.*

17 Capdevila 1995, S. 81.

18 Dorothee Schmitz-Köster, Noch immer gibt es Gerüchte und Geheimnisse. Zufluchtsort und Zuchtanstalt – die Häuser des ›Lebensborn‹. In: *Frankfurter Rundschau,* 28. 10. 1995, S. ZB5.

19 Zu den wenigen, der das tut, gehört Dag Ellingsen in seinem hervorragenden (leider nur auf norwegisch verfügbaren) Aufsatz *De norske »tyskertøsene«*: der myter rår [Die norwegischen ›Deutschenflittchen‹: Wo die Mythen walten]. Ellingsen 1995.

20 Es gibt Ausnahmen wie jener Bericht über eine Goldene Hochzeit, die zum fünfzigsten Jahrestag der Befreiung in der Ålesunder Zeitung *Sunnmørsposten* erschien. 1995 war es nicht mehr möglich, im Zusammenhang mit dem Kriegsende das Schicksal der ›Deutschenmädchen‹ völlig unter den Tisch fallen zu lassen, und so diente dieser Bericht über das »Happy End« dazu, en passant auch einige Unerquicklichkeiten zu diesem Thema erwähnen zu können, ohne die patriotisch-frohe Grundstimmung einer »Festzeitung« zu trüben.

21 Virgili 1995 (A) S. 124. Ähnliche Gedanken äußert Warring in mehreren ihrer Publikationen.

22 Ich bin immer davon ausgegangen, daß die Frau auf Capas Bild mit dem Vater des Kindes nicht verheiratet war, weil sie sich sonst nicht in dieser Situation befände. Erst jetzt, wo ich so viel über dieses Bild nachdenke, frage ich mich, wieso ich mir dessen immer so sicher war. Alain Brossat hat einen Brief erhalten, in dem es heißt: »Der Säugling auf Capas Foto, Ende 1943 geboren, lebt in Paris. 1964 hat jemand ihr [es handelt sich bei dem Kind um ein Mädchen] in guter Absicht eine Zeitschrift gezeigt, in der ihre Mutter in der rue du Cheval-Blanc zu sehen war, von der Menge vorangetrieben ... Sie war erschüttert, weil ihre Familie ihr die Vergangenheit ihrer Mutter verschwiegen hatte. Sie bekam eine nervöse Depression und versuchte, ihrem Leben ein Ende zu setzen. Der Deutsche, der ihr Vater ist, hätte ihre Mutter indes geheiratet. Er fiel in einem der letzten Kämpfe des Krieges. Aber seine Tochter unterhält immer noch gute Beziehungen zu ihrer Familie in Deutschland.« Ihre Mutter – Capas berühmte Geschorene – sei 1966 in Chartres gestorben. (Brossat, S. 318).

23 Nur ein Kind, dessen Aussehen sich drastisch von dem unterscheidet, was im besetzten Land üblich ist (ich denke natürlich an die Kinder schwarzer GIs im Nachkriegsdeutschland oder der amerikanischen Soldaten in Asien) könnte als »Beweis« für ›horizontale Kollaboration‹ angeführt werden – und auch das nicht zwingend.

24 Capdevila 1995, S. 78.

25 Stefan Moes, Das Gefühl, von einem anderen Planeten zu stammen. Kinder deutscher Soldaten in Norwegen, 50 Jahre nach dem 2. Weltkrieg. In: *Nordis*, 5/95, S. 48–51. Meine Hervorhebung.

26 *Worüber kaum gesprochen wurde*, S. 10. Dem steht die Behauptung von Gisela Wuttke entgegen, in den fünfziger Jahren seien zehntausende von deutschen »Besatzungskindern« zur Adoption freigegeben worden. Wuttke, Der Babykrieg. In: *die tageszeitung*, 27. April 1993.

27 Dergleichen wird natürlich von allen Frauen behauptet, die sexuell ›auffällig‹ leben – seien sie Prostituierte, seien sie, wie im Mordfall Weimar, eine Ehefrau mit einem (ausländischen) Liebhaber.

28 In Helke Sanders Film *»BeFreier und Befreite«* kommt eine Frau zu Wort,

die im Mai 1945 von einem Soldaten der Roten Armee vergewaltigt und schwanger wurde. Sie sagt, die Schwangerschaft habe sie seinerzeit nicht mit Trauer und Entsetzen, sondern geradezu mit Dankbarkeit erfüllt. Zwei ihrer Brüder seien in Rußland gefallen, nun, dachte sie damals, habe ihr Rußland ein Kind geschenkt.

29 *Der Spiegel* (25/1997, S. 72–85) berichtete ausführlich darüber, wie einige DDR-Bürger, die während der Besatzungszeit von ihren norwegischen Müttern zur Adoption freigegeben und daraufhin nach Deutschland gebracht worden waren, vom Stasi um ihre Vergangenheit und ihre norwegischen Verwandten betrogen wurden. (Siehe *Gezeichnet mit dem Brandmal des Feindes,* Fußnote 12).

Dabei gelingt es dem Verfasser (bzw. der Verfasserin) des Artikels, in nur wenigen Absätzen allen vorstellbaren Übeltätern gegen die unschuldigen Kindlein eins überzuziehen. Meine Kritik an diesem journalistischen Stil hat nicht das Geringste damit zu tun, daß die in dem Artikel aufgedeckten Machenschaften des Stasi Verbrechen, und die davon betroffenen Bürger der damaligen DDR tatsächlich deren Opfer sind.

30 Das spiegelt in gewisser Weise nur die Normalität, denn eine Frau, die ein Kind hat (und es nicht weggibt), ist immer Mutter und dessen Mutter, während ein Mann nur Vater ist, wenn er sich als solcher versteht (oder von einem Gericht dazu gezwungen wird).

Auswahlbibliographie

Alle Zitate aus fremdsprachigen Büchern und Zeitschriften wurden von mir übersetzt.

Beauvoir, Simone de. *Kriegstagebuch. September 1939 – Januar 1944.* Übersetzt von J. Klein. Reinbek 1994.

Beck, Birgit. Vergewaltigung von Frauen als Kriegsstrategie im Zweiten Weltkrieg? In: *Gewalt im Krieg. Ausübung, Erfahrung und Verweigerung von Gewalt in Kriegen des 20. Jahrhunderts.* (Jahrbuch für Historische Friedensforschung 4, hg. von A. Gestrich). Münster 1995. S. 34–50.

Björnsdóttir, Inga Dóra. Public View and Private Voices. In: *The Anthropology of Iceland,* Hg. von E. Paul Durrenberger und Gísli Pálsson. University of Iowa Press, Iowa City 1989. S. 89–118.

Björnsdóttir, Inga Dóra. Island: Uheldige kvinner i et heldig land. In: Ellingsen, Björnsdóttir, Warring, 1995, S. 149–196.

Brandt, Rut. *Freundesland. Erinnerungen.* Hamburg 1992

Brossat, Alain. *Les Tondues. Un carnaval moche.* Paris 1992.

Bunting, Madeleine. *The Model Occupation. The Channel Island under German Rule, 1940–1945.* London 1995.

Capdevila, Luc. La »collaboration sentimentale«: antipatriotism ou sexualité hors-norme? (Lorient mai 1945). In: *Identités féminines et violence politique, Les Cahiers de l'Institut d'Histoire du Temps Présent,* No. 31, Oktober 1995.

Daatland Leira, Astrid. *Kjærlighet har ingen vilje.* Oslo 1987

Domentat, Tamara. *»Hallo Fräulein«. Deutsche Frauen und amerikanische Soldaten.* Berlin 1998.

Duras, Marguerite. *Hiroshima Mon Amour.* Übersetzt von Walter Maria Guggenheimer. Frankfurt am Main 1961.

Ellingsen, Dag. »Alt var mye bedre under krigen«, in: *Økonomisk Rapport* 12/89, S. 2

Ellingsen, Dag, Inga Dóra Björnsdóttir, Anette Warring. *Kvinner, Krig og Kjaerlighet.* Oslo 1995

Ellingsen, Dag. De norske ›tyskertøsene‹: Der myter rår. In: Ellingsen, Björnsdóttir, Warring (Hg.) 1995, S. 13–80.

Elsaesser, Thomas. One Train May Be Hiding Another, in: Josef Delen (Hg.), *The Low Countries - Yearbook 1996–1997,* Rekken 1996.

Eriksen, Knut Einar und Terje Halvorsen (Hg.) *Norge i Krig. Fremmedåk og frihetskamp 1940–1945.* Bind 8: *Frigjøring.* Oslo 1987.

Foucault, Michel. *Sexualität und Wahrheit,* Bd. 1. Aus dem Französischen übersetzt von Ulrich Raulff und Walter Seitter. Frankfurt am Main 1977.

Fjørtoft, Kjell. *Vi fikk vår frihet. Finnmark høsten 1944.* Oslo 1984.

Fjørtoft, Kjell. *Oppgjøret som ikke tok slutt.* Gyldendal Forlag, Oslo 1997.

Gjestland, Trygve und Thor Gundersen, »Internert da freden kom: ›Tyskertøser‹ på Hovedøya«. In: *St. Hallvard,* Nr. 2/1990, S. 4-19.

Hansen Grønli, Vidar. *Kjærlighet under håkekorset,* Oslo 1989.

Helgesen, Kari. ... f.t. siktet som tyskertøs. *Historisk Tidskrift,* Oslo, Nr. 3, 1990.

Hillel, Marc. *Die Invasion der BeFreier. Die GI's in Europa 1942–1947.* Hamburg 1983.

Jensen, Johan O. *De nære årene. Norske kvinner og menn forteller om krigen.* Oslo 1986.

Junila, Marianne. Relationerna mellan de tyska soldaterna och den finska civilbefolkningen i norra Finland under fortsättningskriget. In: *Studia Historica Septentrionalia* 14:1/1987. Oulu 1988.

Kjendsli, Veslemøy. *Kinder der Schande.* Aus dem Norwegischen übersetzt von Gabriele Haefs, Berlin 1988.

Kontrast (Norwegische Zeitschrift) Nr. 2/3–1986.

Kundrus, Birthe. *Kriegerfrauen. Familienpolitik und Geschlechterverhältnis im Ersten und Zweiten Weltkrieg.* Hamburg 1995.

Lehtinen, Ullaliina. Feelings are ›patterns in the weave of our life‹ - not a basis for a feminist epistemology. In: *NORA,* 1993, Nr. 1, Vol. 1.

Leira, Astrid Daatland. *I krig og kjærlighet.* Oslo 1984.

Leira, Astrid Daatland. *Kjærlighet har ingen vilje.* Oslo 1987.

Lilienthal, Georg. *Der »Lebensborn e.V.«. Ein Instrument nationalsozialistischer Rassenpolitik.* Stuttgart 1985; Neuauflage Frankfurt am Main 1993.

Lorenz, Einhart. *Norwegen - Land der Kollaborateure?* Sendung im 1. Programm des Hessischen Rundfunks im Rahmen der Serie: Kollaboration und Nationalsozialismus in Europa 1938–1945. 11. 1. 1989, 21.00 – 22.00 Uhr.

Moes, Stefan. Das Gefühl, von einem anderen Planet zu stammen. In *Nordis,* 5/1995, S. 48–51.

Morin, Edgar. Der Liebeskomplex, In: *Lettre International 39,* Berlin 1997, S. 76 - 78. Übers. von Uta Goridis.

Neckel, Sighard. *Status und Scham. Zur symbolischen Reproduktion sozialer Ungleichheit.* Frankfurt 1991, S. 148.

Noordervliet, Nelleke. *Der Name des Vaters.* Aus dem Niederländischen übersetzt von Rosemarie Still. München 1995.

Olsen, Kåre. Norsk-tysk kompetansestrid 1940–1945 – krigsbarnproblematikken. In: *Norsk Arkivforum*, Nr. 12 (1996), S. 78 – 109.

Osten-Sacken, Ernestine von der. *Deutsche ›War-Brides‹ nach dem Zweiten Weltkrieg: Aus der amerikanischen Besatzungszone in die USA*. Magister-Arbeit an der Freien Universität Berlin, 1994.

Ringdal, Nils Johan. Tykertøser av alle kjønn. In: *Løvetann* 5, Oslo 1986, S. 29–32.

Ringdal, Nils Johan. *Mellom Barken og Veden. Politiet under okkupasjonen*. Oslo 1987.

Sander, Helke und Barbara Johr (Hg.). *BeFreier und Befreite. Krieg, Vergewaltigung, Kinder*. München 1992.

Sander, Helke. Erinnern/Vergessen, in: Sander/Johr 1992.

Schneider, Christian, Cordelia Stillke, Bernd Leineweber. *Das Erbe der Napola. Versuch einer Generationengeschichte des Nationalsozialismus*. Hamburg 1996

Schwarz, Gudrun, *Eine Frau an seiner Seite. Ehefrauen in der »SS-Sippengemeinschaft«*. Hamburg 1997.

Senje, Sigurd. *Dømte Kvinner. Tyskerjenter og frontsøstre 1940–45*. Oslo 1986.

Simonsen, Eva. Moralsk defekt og åndssvak? In: *Spesialpedagogikk* 65/95. S. 3-8.

Skogheim, Dag. *Portretter av en fiende*. Oslo 1989.

SS für ein Grossgermanien, III. Folge: Mit Schwert und Wiege. Hg. vom Höheren SS- und Polizeiführer Nord, SS-Obergruppenführer und General der Polizei Rediess. Ohne Jahresangabe.

Stein, Gertrude. *Kriege die ich gesehen habe*. Übersetzt von Marie-Anne Stiebel. Frankfurt 1984

Streeruwitz, Marlene. Der große Traum, in: *Die Zeit*, Nr. 26, 20. Juni 1997

Sunnmøre Arbeideravis, 1945/1946

Sunnmørsposten, 1945/1946

Sunnmørsposten, Sonderbeilage zum 50. Jahrestag der deutschen Kapitulation. 1995

Tarp, Lotte. *- det sku' nødig hedde sig*. Kopenhagen 1997.

Theweleit, Klaus. *Objektwahl*. Basel, Frankfurt am Main 1990.

Theweleit, Klaus. *buch der könige, Band 2: orpheus am machtpol*. Frankfurt am Main 1994.

Ulateig, Eigil. *Med rett til å drepe*. Oslo 1996.

Ustvedt, Yngvar. *Den varme freden – den kalde krigen. Det skjedde i Norge*. Bind I, 1945–1952. Oslo 1978.

Virgili, Fabrice (A),. Les »tondues« à la Libération: le corps des femmes, enjeu d'un réappropriation. In: *CLIO, Histoire, Femmes et Sociétés*, 1, 1995, S. 111–127.

Virgili, Fabrice (B). Les Tontes de la Libération en France. In: *Cahier de l'IHTP*, No. 31, Octobre 1995. Identités féminines et violences politiques (1936–1946), S. 53–65.

Warring, Anette. *Tyskerpiger – om køn, nationalitet og sexualitet.* Vortrag beim IV. Nordiske Kvindehistorikermøde, 1993.

Warring, Anette. *Tyskerpiger. Under besættelse og rettsopgør.* Kopenhagen 1994a.

Warring, Anette, Køn, sexualitet og national identitet. In: *Historisk tidskrift,* 94, Kopenhagen 1994b, S. 292–315.

Warring, Anette. Danske tyskerpiger – hverken ofre eller forrædere. In: Ellingsen, Björnsdóttir, Warring 1995. S. 81–148.

Warring, Anette. National bodies – collaboration and resistance in a gender perspective. Vortrag bei der »European Social Science History Conference«, session »Women and War«. Amsterdam, 9.–11. Mai 1996 .

Wiemker, Rebecca. *Verbotene Früchte der Fraternisierung. Die literarische Bearbeitung des Motivs »tyskertøs« und »tyskerunge« in Norwegen und Dänemark.* Magister-Arbeit, Universität Kiel. 1996.

Wiig, Birgit. *Kvinner selv. Den skjulte norgeshistorien fra vår nære fortid.* Oslo 1984.

Wobbe, Theresa. Violentia: Überlegungen zur Verschränkung von Rassismus und Sexismus, in: ›*Kultur*‹ und ›*Gemeinsinn*‹, hg. von Jörg Huber und Alois Martin Müller. Basel/Frankfurt/Main 1994, S. 19–34.

Worüber kaum gesprochen wurde: Frauen und alliierte Soldaten. Materialien zu einer Ausstellung des Heimatmuseums Charlottenburg:. 3. September bis 15. Oktober 1995. Hg. vom Bezirksamt von Berlin-Charlottenburg/Abt. Volksbildung.

Wuttke, Gisela. Der Babykrieg. In: *die tageszeitung,* 22. 4. 1993, S. 12.

Žižek, Slavoj. Genieße Dein Opfer! Symbolische Gewalt und die Universalisierung des Opferbegriffs. In: *Lettre International* 26, Berlin 1994.